方祖燊全集
（五）

第十一卷・中短篇小說選集

第一輯　傳奇小說集
第二輯　歷史小說集
第三輯　報告小說集
第四輯　私小說集

國家圖書館出版品預行編目資料

方祖燊全集 / 方祖燊著. -- 初版. -- 臺北市：文史哲, 民85-88
冊： 公分
ISBN 957-549-044-4 (一套：平裝). -- ISBN 957-549-221-8 (第五冊：平裝). -- ISBN 957-549-222-6 (第六冊：平裝). -- ISBN 957-549-223-4 (第七冊：平裝). -- ISBN 957-549-224-2 (第八冊：平裝). -- ISBN 957-549-225-0 (第九冊：平裝). -- ISBN 957-549-226-9 (第十冊：平裝). -- ISBN 957-549-227-7 (第十一冊：平裝). -- ISBN 957-549-228-5 (第十二冊：平裝). -- ISBN 957-549-229-3(第十三冊：平裝)

089.86 85013624

方祖燊全集・五

中短篇小說選集

著　者：方　祖　燊
出版者：文　史　哲　出　版　社
登記證字號：行政院新聞局版臺業字五三三七號
發行人：彭　正　雄
發行所：文　史　哲　出　版　社
印刷者：文　史　哲　出　版　社
臺北市羅斯福路一段七十二巷四號
郵政劃撥帳號：一六一八〇一七五
電話 886-2-23511028・傳眞 886-2-23965656

實價新臺幣三八〇元

中華民國八十八年七月初版

ISBN 957-549-221-8

自序

一九五〇年，我在臺灣省立師範學院讀書的時候，因爲與家鄉音訊隔絕，經濟來源中斷，開始編故事寫童話，賺些稿費做零用錢。現在這些作品雖然一篇都沒有留下來，但也可以看出我原本很會杜撰故事。後來，我進入社會工作，終生與筆結緣，寫作層面極爲廣泛，可以說「五花八門」；偶而興之所至，也仍然常常構思些動人故事，寫些短篇小說。這部小說集所收的二十七篇作品，就是這樣寫成的。我把它分做四輯：

第一輯傳奇小說：寫的都是我的所見和所聞；所謂「奇」者，指的是這輯裡小說的題材，比一般的奇特一些。〈窩藏盜匪者死〉寫一個保安處副處長黃蘇爲了執法而殉職。〈獵虎〉寫寧化縣政府因爲老虎傷人，派人獵虎的事。我對猛虎死亡，深寄以同情。〈決鬥〉描寫兩個走江湖賣藝的人，只爲要掙口飯吃，而作生死決鬥。〈花園的怪夢〉是據我賃居東張一個大戶人家的廢園，聽來一個傳聞寫成的；致使三個女人發瘋都是以眞實的人事爲影子。〈情之蛛網〉故意藉神祕的催眠術與腹語，來剖析畫家的深心祕密和女人的妒忌天性。〈阿田的願望〉以阿田爲典型描寫臺灣農人生活的不斷改善。〈養狗者戒〉是由夜裡的一通電話寫起的狗糾紛。〈那一串瘋馬的日子〉描敘抗日時期兩個青年爲救亡從軍，參加浙贛戰役的英勇事蹟。〈廚師與畫家〉寫一對華僑夫妻移民美國的小故事。〈臺北人的第七幻覺〉緣於小偷猖獗，以致臺北人產生了一種莫名恐懼的幻覺。你讀了，你就會相信：我把它們列於「傳奇」之謬見。

第二輯歷史小說：好友董樹藩兄爲《中央月刊》總編輯，在一九七三年特別爲我開闢了一個《中國文學家故事》專欄。因此我能夠採用魯迅《故事新編》的方式來寫，每篇約五千字。這裡選錄八篇，就是這一類作品：〈太史公〉寫司馬遷忍辱偷生，終於完成了不朽的《史記》。〈三好〉寫王維在音樂、繪畫和詩歌的三絕藝。〈清平調〉寫李白作「清平調」的才華。〈變法〉寫王安石的變法，受阻於舊派。〈西湖春〉寫蘇軾開發西湖的政績。〈隨園軼事〉寫袁枚重要的軼事；「經營隨園」尤其著稱；隨園，據說就是《紅樓夢》裡的「大觀園」。〈蕭爽樓〉，寫沈復與陳芸的愛情悲劇。〈吳稚暉推行國語〉寫教育部邀請全國語文專家召開「讀音統一會」，在吳稚暉主持之下，審定國音，創造新字，制定「注音字母」，對後來各省國語的推行，有極大的貢獻。

另外一篇〈盜塚〉是我和內子黃麗貞教授，在一九八五年八月，前往瀋陽、大連參加「中國修辭會議」。在會議結束之後，我們飛往寧夏銀川，經蘭州，到西安，和王明仁伉儷一起暢遊。八月二十一日遊覽近郊的永泰公主塚、武曌園、唐高宗和武則天合葬的乾陵。永泰公主李仙蕙是武則天的孫女，因為和她的哥哥李重潤、丈夫武延基，在背後閒話老奶奶和張易之、張昌宗，被活活杖斃。又聽說永泰公主塚曾被盜掘。回到臺北後，深深感受到政治鬥爭的冷酷無情，兄弟成仇，母子絕情，拼個你死我活。武則天殺人無算，才登上我國歷史唯一的女皇帝的寶座。因此就武則天的事蹟寫成這篇小說，兼及永泰公主塚的被盜。盼望這種用血腥的手段來取得政權的事，永遠根絕於中國。

第三輯報告小說：〈殲癌日記〉，我在一九九一年六月二十四日進入臺北榮民總醫院治療痔瘡，卻意外發現罹患了三期直腸癌，經過三次手術、六個療程的化療。我用「日記體」把這整個治療的過程，用藥情況，飲食細節，家人照顧，以及治療後的追蹤，一一據實記錄了下來。現在，我已安然渡過了所謂「癌症患者五年存活期」，身體也一天比一天更加健康。我想這種如何抵抗癌症，渡過生死難關的經驗？也許對一些癌病患者有一些幫助吧。這篇日記，在一九九二年七月間在臺北《青年日報》副刊連載。副刊主編李宜涯女士能讓這樣的長篇日記刊出。實在感謝。

第四輯私小說：「私小說」只是用以表示這一輯所收的，都是寫我個人的事情。我一生雖然平凡，卻也有許多事情值得一記。從我的父母兄弟姊妹的種種悲歡離合、甜酸苦辣的遭遇，也有許多令人歡笑哭泣的故事可以講述。我已經編好了要寫目錄，可惜只寫了一部分。這裡我選錄了七篇：〈幻滅〉寫我父親參加辛亥十一月九日，光復福州的革命戰役的事蹟。〈鐵石磯〉寫我在漁村看到漁民圍捕抹香鯨，我從寧化坐船過鐵石磯險灘，我在陳厝水鄉駕船穿行蘆葦間的往事。〈小鎮草臺戲〉寫我在東張鎮看草臺戲。〈萍水相逢〉寫一九四三年我流落南平難民站的遭遇。〈秋夢〉中的他，實際寫的是我初戀的故事，只是結尾稍加改變：我並沒有出國留學；小說中的「大姊」是另一個的自我。〈擬情書〉我過去讀過一篇擬情書，而模擬這種文體抒寫我的情思。〈癌彈〉寫我有一次喉嚨口長了一顆膿栓，誤以爲是「惡性腫瘤」的故事。

最後，我希望我自己能夠繼續撰寫小說，將私小說的其他各篇完成。其實，我所寫的小說多多少少都跟我眞實的生活，有一些關係吧。

方祖燊全集・中短篇小說選集

目錄

第一輯　傳奇小説集

窩藏盜匪者死

這是發生在一九四一年間的事。我的大哥祖澤在上杭水警隊當會計主任，帶著大嫂和我住在水警隊內。隊裡有兩棟三層樓洋房，左邊一棟是水警隊的辦公樓，右邊的一棟是少數外地來的職員的眷舍。我們住在眷舍三樓的一戶。四周圍著粉牆。牆內的空地種著許多果樹，一丈來高的有紅李、緋桃，梨樹和栗子樹則高達四、五丈，每當秋冬涼風颳起，梨子、栗子常自簌簌墜落。梨子又甜又脆。栗子外殼長滿了刺，好像綠色海膽，你只要用兩腳的鞋底一踩，綠殼自動裂開，爆出三、四粒白皮的鮮栗，生吃又甜又嫩，烤吃又鬆又香。那時，我才讀初中一年級。放學回來，我不是趕著可愛的小雞在操場飛跑。就是等在樹下揀栗子梨子吃，日子過得十分快樂。

警員李杰哥是上杭當地人。他管事務，每月初就帶著人挨家挨戶送配給的米油煤炭。他年紀很輕，二十多歲，有一雙黑亮的眼睛，說話又很爽氣，常來和我下象棋，成了我的大朋友。

有一天早上，李杰哥來我們家說：「今年秋稻豐收，剛好又是十年大慶典，今天縣府前面大廣場非常熱鬧，我帶你去見識見識。」我跟大嫂說了，我們就出去了，穿街過巷，走了不少路，有一些大宅朱門，有一些矮屋木扉，但最令我奇怪的是家家戶戶的大門上都貼著一紙小告示，上面寫著一行字：「窩藏盜匪者死黃蘇」。紙張都已經變色，墨色也褪得很淡。「李杰哥，」我問：「門上為什麼要貼著這樣的一張告示？黃蘇，又是誰呢？」

「黃蘇是福建保安處副處長，咱這裡的土匪強盜都怕他。這告示是他帶領保安隊到上杭勦匪時貼的。武平、上杭、連城一帶山高林密，土匪成群，小伙三五人，大股幾十人，時常攔路搶劫，放火殺人。黃蘇來了，就用強烈手段對付他們，抓到決不寬赦。那時，他就住過我們水警隊部裡。」說著已到了縣府前的大廣場了。

這天非常熱鬧，鑼鼓喧天，十五、六條大漢打著五顏六色的腳綁疊起羅漢；舞獅的一人舉著青面獠牙的獅頭，一人披著彩色斑爛的獅身，逐步上舞踏上了最高的一個人的肩膊，十分驚險又十分靈活地舞著；忽然間疊羅漢散了，獅子也跟著下來就地一滾，一翻身又作起了跳躑、咆吼、打睡、抓癢的種種逗人歡笑的舞姿。走高蹺的踩在離地數尺的木腳上，裝神扮鬼，扭扭捏捏。還有猴子穿著紅衫，戴著小帽，騎在小山羊背上。看衆來來往往，如潮洶湧。但最精彩的是國術表演，李杰說那個表演者就是我們水警隊裡的郭教官。他赤著上身躺在幾把鋒刃如霜的刀架上面，兩個大漢在他的胸脯上放了塊厚厚木板，又壓上一塊石板，然後兩人舉起大鐵鎚輪番猛擊石板，沒幾下石板斷裂，他們抬開木板，郭教官雙腳一蹬就跳開刀架，只見他毫髮無傷，站立觀衆面前，背部有幾道淺淺的刀痕。大家同聲叫好。李杰說：「這叫『金鐘罩』，是一種氣功。」接著又說：「郭教官是跟黃蘇副處長一起來上杭的。黃蘇死了；郭教官傷心之極，不想回省會永安，就留在我們水警隊當拳擊教練！」

我們走去看傀儡戲。臺上正演著〈牛魔王〉。孫悟空和牛魔王正打得十分熱鬧。

「我們到後臺去，看看他們搞啥事兒？」李杰說。走進了後臺，我們看到他們按著生旦淨丑的排列，在壁間插著十幾個腦袋瓜兒光光的木偶頭，抹脂搽粉，勾著臉譜，頸下有一根竹棍子，軀幹是一具一具用竹子木頭紮成的骨架。這時有些人正忙著替木偶頭妝扮，給它們穿戴上髮飾冠戴，並且用小鋼針貫穿牢靠，再按上手腳穿好了戲裝。因爲項下有一根竹棍子可以支撐全身，弄木偶的可以用手搬弄。李杰說：「這是大木偶戲叫做『手托傀儡戲』。演者扯動鐵絲活索，木偶就能夠活活生生的演出。」後臺另外有人配合著樂曲和動作在唱說。李杰說：「唱的說的都還好聽！你看這些木偶都有三尺高，平常的小木偶只有一尺多高，演來自然不如它們靈活好看。」

我們轉出了後臺，向前走了三四十步，有一堆人圍著看走江湖賣藝的在表演吞刀吐火穿火圈，打拳舞劍變戲法。正當大家投錢叫好、熱鬧烘烘的時候，忽聽得有人喊說：「凌虛宮的黃道長已經進場，正準備爬上刀梯。」這裡的觀衆一聽說就一哄離開，大家都向廣場的中央擠了過去。

我和李杰也隨著人潮湧向中央，遠遠就看到廣場的正中間，豎立著一支一百尺高的大木竿，竿頂有四條大籐索拉向四方用木樁釘牢在地上，整個木竿的兩邊橫插著一把把刀鋒向上的菜刀，構成了所謂「刀梯」。這些殺豬切菜的刀子在陽光照耀下閃閃發光，似乎鋒利無比。有一個頭戴黃冠身著法服的道長，右肩上佩掛著長長的牛號角，身後跟著幾個道童，來到了竿臺下。道童分站在臺的四角，手裡舉著法幡。這位黃冠道長手搖鈴鐺，燒過符籙，就一個人繞著竿臺騰躑跳躍，身手非常矯捷。只聽有人說：「他是身懷絕技的異人。」這時有人和李杰打招呼，原來是郭教官。他說：「這是黃蘇副處長殉職後，上杭第一次盛典！」

「是的，」李杰說：「黃蘇先生在時，那次比這次的規模還大呀！」

這位道長約四十多歲，面色枯瘦，但中氣十足。他燒符拜臺一過，就躍上竿臺開始兩手一上一下地攀援著刀鋒，赤腳一上一下地輕踏著刀鋒，小心翼翼的，一步一步往上攀緣。越爬越高，人越來越小，我的心跳也越漸加速，腳也發軟幾乎站立不住！不知誰說：「鬼魅不敢靠近，仙鶴也不敢飛過。他若能爬得上去，自然國泰民安，五穀豐登！要是半途而廢，那就災害連年！」我眞替他擔心，要是刀子插得不牢，就會連刀帶人一起摔下來；要是割傷了腳趾手指，他能爬得上去嗎？看得大家都心驚膽跳，替他捏一把冷汗；那位道長卻泰然自若，終於爬到了竿頂，嗚嗚的吹起了號角，唸著符咒，並作出倒掛旋身各種驚心駭人的動作。我的手掌心則不斷滲出一把把冷汗。這時有一個女人嚇唬得昏迷了過去。又好一會兒，那個道長才從高竿上，緣著長繩好像一隻飛鳥飄墜下來！待大家回過氣來，這才掌聲雷動，久久不絕。只聽那位黃冠道長站在竿臺上說：「我在上面祈求黃蘇先生的英靈保佑我們，降福地方！」聽了這話，廣場上雷動的掌聲一霎間稀落，終於消失；甚至有人激動到掉淚！郭教官和李杰兩人的眼框裡都湧現著一落的淚影……。

我雖然沒有見過黃蘇這一個人，也不知道黃蘇這個人做了什麼事？這樣令人記掛悼念不已！但從廣場回來之後，他的名子和影子卻印上我小小的心靈！就是今天我打著電腦寫這篇小說的時候，仍然和五十幾年前的感受一樣。

時光像河水的流逝，這一年歲暮，寒氣襲人，梧桐葉隨風飄零，只剩下一樹樹光禿禿的殘枝，上杭的市況因爲五穀豐收，人民的生活比較豐裕，酒樓茶館也熱鬧了許多，入夜後伙計在店門口吆喝聲音也特別有勁兒。「一碟扁鴨，一碟薰雞，一碟豆干，一斤白酒，還有三客熱包子喲！」叫得頂大聲熱鬧的。誰會料到就在這樣安定的時期，在這年十二月十五日深夜，我被大嫂從睡夢中叫醒。她一口氣說：「土匪攻進了縣城，佔據了縣政府。快起來，小弟！」我好不容易從睡眼惺忪中醒過來，就聽到連續不停的槍聲。我趕緊翻身爬出了被窩，穿上了棉衣，就問：「大哥呢？」大嫂說：「到對面的辦公大樓去了！」我跑到了二樓，看到李杰幾個人正忙著在窗口安裝一挺重機關槍，蜂窩式的槍口對準著圍牆的大門口和窗戶下長長小路。他對我說：「小弟別怕！土匪要是眞來了，這挺重機槍就夠他們受的了！」又說：「我們這座洋樓，幾年前是一所教會辦的醫院，水泥牆有一尺多厚，普通的槍彈是穿不透的。」

跟李杰一起，我的小膽子也壯大起來。我從窗口望出去，左邊的那座辦公樓這時燈火通明，人聲嘈雜。水警隊隊員在操場上整隊出發，前去增援縣政府。之後，一切又歸於充滿著緊張氣氛的沉靜。圍牆內除了辦公樓外，其他的角落仍是一片漆黑，樹影婆娑，星稀月明和數點微弱的路燈映照著黑暗。似乎有些魆魆的人影在樹的暗處潛動埋伏，各就位置等待匪徒來犯時候攻擊。這時，遠處不時傳來了密集的槍聲，一陣緊似一陣，使人不安，毛孔寒慄。為了渡過這緊繃漫長的黑夜，李杰說起有關黃蘇和土匪和醫院的一個故事。

過去，上杭城裡地痞流氓橫行，按月向商家勒索保護費，設立賭場娼館，販毒走私，要狠械鬥，為害社會，連警察都不敢管，眼睜睜看著匪徒為非作歹；老百姓只有給錢消災，沉默求全。城外則成了盜匪的世界，收買路錢，搶掠綁票，徵糧搶稅，這些盜匪過處幾乎連土地都剝去了一層皮。善良的老百姓害怕他們，不敢得罪他們，前來寄宿一宵兩夜也不敢報官，有時還得替他們通風報訊。這種治安惡化、社會不安之極的情況，直到了福建省保安處副處長黃蘇先生到了上杭才得完全改變。

黃蘇先生的身材魁梧，一貌堂堂，濃濃倒立的短眉，眼形細長卻威稜逼人，臉形寬廣顯得穩重，兩耳緊貼兩側，看來是一個英明果決有膽識的軍人。我們隊上有個會看相的人卻說：「黃蘇先生的面相雖貴，但失之眉濃和睛兇，一生必定經歷過許多驚濤駭浪的生涯。四十六是一大關卡，能夠平安渡過，則後運極佳。」

當日，黃蘇先生到上杭視察，看到這種種情形非常痛心。他對我們說：「這種情形必須徹底改善。人民受害，政府怎能不管？善良百姓跟邪惡盜匪混久了也會變質。首先要加強的是人民的心防，使老百姓不怕盜匪流氓，有拒絕盜匪流氓藏匿自己家裡的強力藉口。」所以他一到了上杭不久，就在城裡居民的門上張貼：「窩藏盜匪者死」的嚴厲告示。另一方面加強警力的訓練，並由省裡請來拳擊、射擊的好手來當教官，大量添補槍械彈葯。我就是這時候加入保安隊受訓的，郭教官也是這時候從永安調來的。黃蘇先生接著雷厲風行，肅清地痞流氓，從此無人敢在城裡要狠鬥兇，魚肉鄉里。接著請省政府派來保安隊支援，追勦大匪頭飛山虎。

飛山虎是惡名昭彰的匪首，手下有百十來人，幾十桿槍，縣東的亂石隔山，縣西的小溪隘都有他的寨子，一處被攻破就移往他寨，人稱他「飛山虎」。他有一個老婆能雙手開槍，槍法奇準，更加厲害，人稱她「飛天鳳」。這一虎一鳳在上杭城外做起了土皇帝。黃蘇認為要勦匪先要勦滅大股的，大匪頭一消滅，小匪徒自然銷聲匿跡。他親自率領保安隊追擊飛山虎，攻破一處山寨就燒毀一處山寨，最後終於在上杭和永定交界峰巒嶄絕的茫蕩洋山的窟穴中，捕獲了飛山虎，押回上杭，經過審判，半個月後在縣府的大廣場上槍決。果然其他土匪都再不敢明目張膽為非作歹了。上杭縣城內外恢復安寧，人民能夠安居樂業的過生活，因此人民非常感念黃蘇先生。不過，當日飛天鳳卻帶著十幾個殘匪突圍逃脫。

上杭市況繁榮，人民富裕，三年前八月中秋舉辦了一次大祭典，黃蘇先生那次趕上參加，還在大會上向上杭人發表演說：「治安良好，人民才能安居樂業；社會安定，百業才能繁榮發展。我希望縣長和縣民今後能共同合作，對抗邪惡，消滅黑暗的勢力。」

盛典之後幾天，黃蘇先生就回省城去。秋末，我們保安小隊又從省城出發，巡視連城、龍巖、永定各縣。我永遠不會忘記十月十六那一天一早，我們大小兩部車從連城駛向上杭。本來連城林縣長和黃蘇副處長坐小汽車，大車坐著我們一小隊保安隊警察，約三十人，從連城出發，車子沿山而行，盤旋而上。經過垂珠嶺，——據說從前元兵攻破長汀；文天祥率兵經過這裡回顧汀州，垂涕掉淚，因此叫做「垂珠嶺」——我們進入了上杭縣境，還一路無事。中午，車子到了朗村，黃蘇副處長和林縣長都下了車，和我們一起在小飯館用餐過後，黃副處長就跟我們一起坐上了大車。

大夥兒因爲黃蘇副處長跟我們同車都特別興奮，飯後的倦意都一掃而光。我看著黃蘇先生和我們的小隊長喁喁噥噥地低語。車子又走一個多小時，我不知自己什麼時候打起瞌睡；待我驚醒卻是一排響徹山間的槍聲。大夥還來不及應變，只見公路右山坡上杉樹林裡，又是飄風急雨一般的射來一排槍彈。我們兩輛車子向前急馳，走不到三百多公尺，卻發現不遠處公路上橫放著一根大杉木，車子只好緊急煞住。我們的小隊長大聲叫：「設法衝過去！」小汽車開足了馬力，往前連撞數次，終衝歪了那根橫木，露出一點夾縫，靠著司機開車的技術，車子一邊向上微斜一點衝了過去；可是十輪的大公車始終沒法子衝過去，只好停下來。我們紛紛下車，找好位置應戰。黃蘇副處長在我的左近，我們藉著車子掩蔽向山坡上猛射。我們步槍的射程較遠，但土匪有大杉樹隱身，又居高臨下，佔盡了地形的優勢。我們的弟兄有幾個不幸受傷。雙方又激烈槍戰了二三十分鐘，有一個女匪徒頭上紮著一帕白巾，雙手用槍，在杉樹間連躍帶跳，漸奔漸近，大聲直喊著：「黃蘇出來，還我老公的命來！」好幾個保安隊員都被她射倒，躺在血泊之中。

黃蘇似乎也被她激怒，濃濃的短眉在帽子的警徽下更見濃黑，細長的眼睛露出逼人的威稜，罵說：「你這些該死的匪徒！」那個女匪非常快速地閃避槍彈來到跟前，一心只爲著報仇！清晰的一聲槍響，我發現黃蘇副處長已被她擊中一槍！我趕緊過去，扶著他上車。他仍是那麼鎮定威嚴，痛苦地對我說：「我不要緊！小心應戰，不要讓匪徒得逞！」那女匪離開我們車子不到五十公尺，她手槍子彈似已射光，正打算轉身離開。這時我只見郭教官的身形飛快閃了幾閃就到了她近旁。兩人對上了手，在郭教官重拳奮擊之下，她終被我們逮捕。後來才知道她就是飛天鳳。她的手下遠遠看到她被捕，就退往山中。我們爲了黃蘇副處長和一些隊員受傷，也就不再追擊。移開橫在路上的杉木，車子繼續向上杭急駛，一個多小時就到了上杭，直駛進這所外國教士開的醫院。不幸的，黃蘇副處長終因失血過多，在那一天深夜裡在這一棟大樓下一間病房裡走了！「唉，像他這樣一個爲民除害的人，卻死於匪徒之手！眞是老天無眼，有什麼天理之可言！」我還記得，黃蘇先生臨終前告訴我們說：「身爲警察絕對不可向邪惡勢力低頭！」也因此，我決定從保安隊轉職水警隊，以服務桑梓爲我終生的職志。

這時外面的槍聲由遠而近，我們的水警隊也數度緊張了起來，準備作戰。隨著天色逐漸濛濛亮起來，終至於天亮，槍聲也隨之稀落，終至於沉寂。徹夜作戰的水警隊部份隊員終在十六日上午九點多鐘回來。他們對大家說：「土匪已經潰退．逃出縣城，我們隊員正在追擊之中。」……

現在每見犯罪的日多，就會教我想起了「黃蘇」和勇敢的警察！也感慨數十年來各地新的邪惡勢力不斷地滋生，而且更加猖獗！

又有誰去維護正義？誰去對抗黑暗的勢力？誰去維護社會安定？

（一九九五年九月二十九、三十日青年日報）

獵虎

1

寧化是我的故鄉福建西部的一個小城，四境有許多高山峻嶺，只有縣城附近環抱著平坦翠綠的田野，好像落在一口大釜的底部。

城南邊有一條大溪，流水湍急清澈。傍晚時，常有一些快樂的小孩子在這溪邊遊戲，看紅霞滿天。大溪上橫跨著一座長長的拱形石橋，中間有屋頂，每天早晨有許多人到這「橋屋」下的兩廊擺攤位，做買賣，十分熱鬧。出城北門三里是翠華山，再北爲鳳凰山，草木叢密，四時蔥翠，有一些農家，處處散佈在山谷中形成村落。又北爲陶峰山，爲牙梳山，爲苦竹嶺，峰巒重疊，崗壟蜿蜒，是盜匪逃亡猛獸出沒的地區，一般人很少去的，只有以打獵爲生的獵人前往；當然有時這些山上的猛獸也會竄入平地的農家，那就要引起極大的驚慌與騷動。獵戶們打到的野獸，有野狼、麂鹿、狐狸、兔子、豪豬，大都拿到拱橋市集上剝皮出售。

野狼和狐狸氣味難聞，肉不能吃，皮可製裘；麂肉瘦嫩，最爲美味，野兔也不錯；豪豬比較肥腴；麂皮細軟，還可以做皮鞋。偶而還有一兩次老虎肉賣。

殺老虎，多半在大溪邊，蓋便於剖剝沖洗；但老虎肉臊臭難聞極了。有人買了一兩斤，從街頭經過，走到了街尾，而瀰漫在街頭的虎臭，還未曾消失，由此可知其氣味之強烈了。不過，每次遇到老虎肉出售，雖價格二三倍於豬肉，但買的人仍非常多，不到半天，整頭老虎就給賣光了；大家都認爲虎肉非常滋補，對男人尤能強腎益陽，虎骨、虎鞭還可入藥釀酒，打到老虎，縣政府還另有重賞，所以獵虎雖然危險，而當地的許多獵戶還都喜歡深入高山，捕獵老虎。其中最有名的，是一位姓張的獵戶，我們叫他「張賽裴」。

大家爲什麼叫他做張賽裴呢？這是有出典的。唐朝人裴旻很會射箭，曾經一天射殺老虎三十一隻；他前後也曾射殺過五頭老虎，所以大家就叫他張賽裴。張賽裴在寧化縣城裏可說是一個無人不曉的傳奇人物。

2

張賽裴，三十歲上下，是一位身材魁梧的粗豪漢子，說話聲音很響亮，笑聲至爲爽朗，雙目閃閃有光，充滿著英氣，不過當他發怒時卻蘊涵著難以逼視的威稜，連老虎、花豹見了，也會害怕逃走。張賽裴臂力過人，身形敏捷，善用短刀，槍法奇準，射獵野獸常常是一槍中的的。他從十幾歲起，就跟隨他的父親上山打獵。他的父親老了，他就繼承了這打獵的行業，以此為生，而且成了這一行業的中心人物。跟他一起打獵的夥伴，還有李七、黃劍雄、邱小三幾人。

張賽裴還有兩匹駿馬，一匹是赤鬣黑色的公馬，高八尺多，目若黃金，體如矯龍，毛色又光又亮；平日和另一匹白脊青色的母馬，一起在孔廟洗硯池前的草場上嬉戲奔馳。但每當發情時，公馬常猛追著母馬的後面，相距不到一尺。牠的胯間物長約一尺，又紅又黑，粗如短杵。母馬似不堪其擾，一邊翻蹄向前快馳，一邊時時飛起後蹄亂踢，砰碰作聲。看牠們飛馳追奔的雄姿，有如閃電霞飛，非常俊美。張賽裴騎著牠們追獵野狼、狐狸、麋鹿、麅、兔子，沒有不成功的。

張賽裴和他的朋友賣完了獵物，常常聚集在拱橋附近的一家酒店裏，一人來一碗蕃薯燒，炒一大盤麅肉，再來幾碟小菜，鹵豆干、煎蠶豆，就高談闊論起來。酒店裏的其他客人最愛聽的就是他講的打獵故事：

什麼野狼最為纏人，白臉尖嘴，利牙如錐，跟你後面，不停追纏，而且三五成群，所以連老虎也怕牠三分，不過狼卻很怕狗，據傳說狗是狼的娘舅。外甥見娘舅，自然矮半截。

鹿的腳很長，跑得飛快，公的有角，母的沒角。牠喜歡吃葛葉、香蒿、水芹、苹草、菖蒲，生性友善，愛團體生活，看到好吃的東西，就大聲呼叫同伴來吃。難怪中學裏周老師說：古人宴客，就演奏「鹿鳴」詩：「呦呦鹿鳴，食野之苹；我有嘉賓，鼓瑟吹笙」。鹿性警覺，夜裏常將長長犄角朝外圍成一環防禦圈，保護小鹿，乘月色看去，隱隱約約，就像成叢矮樹露出許多枝杈。稍有響聲，牠們就成群飛奔逃走。

麂，腳比鹿短而有力，善於跳越障礙。狐狸，鼻子尖，尾巴大，叫聲像嬰兒夜啼，有黃、黑、白三種，白色的毛皮最值錢。狐狸最狡猾最會騙人，很難捕捉，所以我們說能蠱魅迷惑男人的女人做「狐狸精」呢！

「啊，原來狐狸精不是由於生性淫蕩，只是很會蠱騙你這位頂頂有名的張大爺呢！」酒店的老闆插嘴進來，說得大家都哈哈大笑了起來。張賽裴的笑聲尤其豪爽響亮。

3

八月將近中秋節的時候，寧化縣政府的公告欄忽然貼出了一張懸賞的大佈告，重要的地方都用朱筆密密圈出，大意是說：「離城三十里的鳳凰山附近的鄉村，發現猛虎騷擾民居，傷害人畜，故徵求獵戶，前往捕殺，如果成功，將給予重賞。」

張賽裴已被李縣長請去，和鳳凰村派來報訊的王幹事、縣政府自衛隊鄭振山隊長一起商議；由張賽裴率領一些獵戶，鄭振山隊長帶兩位隊員協同前往鳳凰村，幫助村民圍獵老虎。張賽裴從縣政府出來之後，和張隊長、村幹事一起到酒店，並找人通知李七、黃劍雄、邱小三幾人到酒店會齊，詳細計劃捕虎的事。這天酒店的生意也因此特別好，擠滿了一些閒人；於是老虎傷人，一死一傷的消息，也就傳開了去。據鳳凰村的王幹事說：

「前幾天，村裏李老爹的大孩子在大溪邊釣魚，忽然發現旁邊的小山丘上，蹲著一隻像水牛那麼大的老虎；瞪著一雙眼睛，好像兩隻凸出的酒杯，發著綠光，正向他眈眈而視，不時抬起頭來發出可怕的吼聲。這孩子一見害怕極了，早扔下釣桿，想跑回家去，已來不及了。他就翻身跳進了溪裏，趕緊游離岸邊。幸好，他已經跳到了水裏；那一頭老虎也早已經從那小山上連跳帶竄地猛撲了過來。就差了那麼一髮絲兒，沒被老虎吃了！眞是驚險萬分。李老爹的孩子說：他憋了一口氣，潛進水裏去，希望那老虎能自己走開。他在水中潛泳了一會兒，需要換氣，又只好露出頭來；可是那隻老虎仍坐在岸上，沒有離開，像一塊大岩石蹲著，眈視著水面，張威作勢，像要撲了過來。」張賽裴焦急說：「逃到水裏，不是辦法。老虎不會爬樹，渡水卻是老虎生來的本領！」王幹事又說：

「李老爹的孩子還以爲老虎不會游泳；他就向水深地方游去。他說那隻老虎在岸上好像很躁急，怕他逃走，就站起來，沿著溪邊巡視。他還開玩笑說，那老虎已經饞得在流口水，好像說：『像他這樣俊肥的孩子，再不抓住，可能就永遠沒有機會囉！』他已經越游越遠。這傻大蟲一急，就騰身一跳，向溪面攛撲了過來。笨老虎身子過重，一落水，就撲通的大響，水花四濺，沈到水底去了。他又說沒想到老虎一下子就浮了上來，並且在水面豎起那又長又粗的尾巴，像一艘桅杆上未掛風帆的船，直向他游了過來。牠好像用尾巴來平衡牠整個身軀，沿著溪邊沿兒迅速朝他游了過來。他又趕緊深深潛沒水裏去躲避牠。老虎生氣極了，好幾次非常憤怒地騰挪跳躍，好像巨石大岩，猛擲過來，把一條溪都攪得好像一大鍋的沸水似的，翻騰洶湧。幸而他很會游水，再加大溪很深，老虎亂跳，也喝了不少水，終於自己走了。李老爹的孩子終於死裏逃生，撿回了一條小命。

「但接著不到兩天，終於發生老虎傷人的事了。到山上砍柴的兩個樵夫，遠遠地看到兩隻老虎，他們急忙爬上了高樹。這兩隻老虎似乎聞到人味兒，來到了樹下，抬頭望望樹上，作威大聲的吼叫，好像是說：『你們在樹上，我們也要上來抓你！』他們說這兩隻老虎蹲下，據地一吼，向上猛跳，跳有一丈多高，幾乎勾著了他們。兩個人嚇得用扁擔、砍柴刀，往下直捅，覺得捅到了一隻老虎的眼睛。老虎大叫一聲，踉踉蹌蹌地走了，另一隻老虎跟著也走了。

「他們丟下了所砍的柴捆下山，走不到三四里，發現路上散落了一把柴刀、一隻鞋子，還有斑斑的血跡。他們想也許有人遇難了。第二天，找了一些人沿著血跡找去，走了三四里，看見小松樹有十幾株拔了出來，好像是人忍痛掙扎時用手抓住拔出似的，又好像是老虎嘴裏啣著人經過時撞擊拖倒似的，到了血跡闊處才停止，草地上還剩下半條男人的胳臂，還有些好像是衣服上撕裂下來絲絲的碎縷，一些內臟還沒有完全吃光，一片模糊，但草上的血跡，好像已經經過動物吮舐淨盡的樣子，看到了，實在感到恐怖嘔心！

「村裏還有一個少年給咬去一大塊腿肉，深到腿骨。這幾天夜裏，老虎時常來我們的村裏偷牛偷羊。聽見老虎的咆哮聲音，落葉狂風，教人毛髮悚慄，驚擾得家家雞犬不寧，吠叫不停。一早出門，路上田裏，到處留有清晰的爪印。陳村長特地派我上城來，請求幫忙。李縣長說各位都是獵虎的好手，古道熱腸，樂於救人，希望各位能夠馬上起程，救救敝村。」

「王先生，今天已晚。也得準備槍械用物，明天一早，我們來這裏接你一起出發。」張賽裴很爽快地答了話。他們出了酒店，各自回去準備，鄭振山隊長答應由自衛隊供應槍枝子彈。

4

第二日太陽剛出來的清晨，空氣還很清涼，他們一行八人已經飽餐開始出發了，槍枝、彈藥箱、乾糧、繩索、帳篷、水壺由張賽裴帶來的兩匹馬馱著。除王幹事外，自衛隊三人都穿軍服，張賽裴四個獵人都是短衣漢褲，腰間各插了一把短刀。出了北門外三、四里，就逐漸進入了山區。

打獵老虎是一件帶有冒險意味的事，不像趕狐逐兔那麼簡單，一不小心，還有生命的危險。這幾人中，除張賽裴射殺過老虎，其他人都未曾打獵過老虎，所以這個粗豪爽朗的漢子卻不禁擔憂懸慮了起來，路上就將他過去打虎的經驗，對付老虎應該特別注意的地方，告訴了大家：

「老虎的嗅覺非常靈敏，百步之內，就能聞到其他動物的氣味，牠的身軀雖然龐大，但只要有一尺來高的短短草叢，牠就能蹲伏不露。當牠聞到氣味，常常蹲下身來，慢慢移近，待到牠吼然大叫，就巍巍然的一隻大老虎出現了。所以遇到無風草動，就應該警惕，注意！」

他又說：「一般說來，老虎從高處淩空攛撲下來，最難應付，來的速度極快，常常夾風帶葉，氣勢最爲兇猛驚人。假使我們發槍一擊不中，就有被撲倒地的可能。這時決不可返身奔逃，要冷靜，及時設法向旁邊閃開！」

又說：「假使路上單獨突然遇到老虎，來不及舉槍射擊，也不可害怕發抖，露出恐懼的形色，應當面對著老虎，瞪眼怒視，作勢要跟牠爲敵；牠也就不敢一下子撲了過來；蓋老虎也怕兇人。——這就像村裏的狗吠得很兇，你只要對牠瞋目露牙，牠就乖乖的不敢出聲了。——然後你再慢慢倒退著走，到了彎曲路，就要迅速跳開；蓋老虎的脖子粗短，不能回轉頭看人，只能向前直行，你一到了老虎的背後，就可把握有利的時機開槍射擊牠要害了，千萬要沈著應付。」

這時鄭振山隊長說：「聽說老虎也怕人多和噪音，有這種事嗎？」

「凡是野生的動物，大概都怕噪音。十幾年前，我跟父親上山打獵，人很多，大家用木棍敲打樹枝，弄出聲音；山中的許多野獸都被這人爲的噪音趕了出來，驚慌奔逃；老虎也不例外。那一次圍獵，我們打了許多野獸。」

「鄭隊長、王幹事，我們的張大哥，不但射殺過老虎，還有一次親手用刀子割下一隻活老虎的尾巴呢！這一節虎尾巴，現在還高高釘在張大哥家裏的大廳中間牆壁上呢！」李七有意替他心目中所崇拜的英雄吹噓，好像能夠跟這位打虎英雄做朋友，也是一椿值得稱道的光榮體面的事情。

「聽李縣長介紹，你獵虎的事蹟很多。」王幹事問道：「但張先生，你又怎麼割下活老虎的尾巴呢？」

「請勿見笑！那不過是我一次『死裏逃生』的小事罷了！那值得掛齒！」話雖這樣說，但張賽裴談起這段往事仍然帶著相當自傲的口吻，大聲笑著說：

「有一天下著微雨，我從石牛鄉有事回來，打著雨傘，趕著山路，前後一片白霧，迷迷濛濛。沒料到這時突然有一隻老虎從旁撲來。我躲避不及，就連人帶傘，跌落山崖下。我趕緊坐起，不料老虎也摔了下來，正躺在我的右邊。我趕緊一隻手旋轉著雨傘面，引開老虎的注意力，另一隻手急取褲腰間這一柄短刀，右手用力向牠在我身邊的尾巴部分，橫切了過去；徼幸切中了，整條的虎尾就被我割了下來。老虎驚痛跳起逃走了。我也幸而死裏逃生了！」在他的臉上，猶可見出他那表示勝利的豪情和慶幸逃脫大難的複雜的笑影。

「過去，我在軍中聽過一個故事，就是孔子的徒弟子路，跟老虎打鬥，也曾砍下了一大段大蟲的尾巴！張先生，膽大心細，鎮靜勇敢，眞可媲美子路！」自衛隊鄭振山隊長翹起一隻大姆指，哈哈大笑著讚美張賽裴先生。

鳳凰村就在他們說笑聲中，可以看到了。

5

鳳凰村，在鳳凰山腳下，廣大的田野上的禾稻已經成熟，結滿了豐實的金穗，在中午刺人的陽光下，發出閃閃的光彩，處處有三五成落的農家村莊。

村莊的周圍多栽著綠竹，環境優美寧靜。村中的狗兒，聽見陌生人來，都隔著竹籬圍牆在大聲吠叫。他們又走了十幾分鐘，經過村裏唯一的一條市街。街不太長，兩旁除了一些住家外，還有二、三十家商店，有肉舖、菜攤、藥店、雜貨店、布店、打鐵舖，……還有一家寶興酒店。矮矮胖胖的王老闆看見來了許多人，以爲要住店，還特別走出店前來打招呼說：「王幹事，是你的朋友要光顧小店嗎？」

「不，」王幹事笑答說，「王老闆，陳村長可能今晚要在這裏請客。」

他們又往前走了沒多遠，就到陳村長的家，也就是鳳凰村的村公所所在地。

陳村長，五十多歲，皮膚被太陽曬的黧黑，臉上刻劃著飽經風吹雨打的深深紋路，眉骨稍高，眼眶略陷，有一個輪廓顯明而突出的鼻子，是典型的鄉下人，淳良勤勞。他和一般鄉下人不同，是他讀過一些書，很熱心公益，樂善好施，臉上常掛著藹然智慧的微笑，在鳳凰村裏，說話很有份量，所以被推舉爲村長。

這時，有人進來，向他報告說：王幹事已經帶了縣裏的人回來了。他就趕緊起身，走向大門口等著，一看到張賽裴他們，就老遠伸出手來，表示他熱烈的歡迎，並且吩咐所有的人幫著他們卸下行李，安頓馬匹，又叫人到寶興酒店送來幾道飯菜。招待他們吃過午飯，才帶領張賽裴幾人出去勘察老虎留下的一些蹤跡。

他們沿著田間的村道，朝鳳凰山那邊走去。鳳凰山很高，整座山都被蔥蘢的樹林草木蓋住了，眞不知要入山追尋老虎，要如何走法？村道兩邊都是田野，阡陌縱橫，溪流彎曲。田野裏，有一些農夫正忙著收割稻穀，汗水像雨一般地下滴，臉上漾著豐收的快樂。又哪裏看得出王幹事所說的虎患？不久，陳村長指著一處田野說：「你們看這些地方的稻子，好像被什麼動物殘踏過似的，偃倒一邊，有些田埂濕地，還很清楚地可以看到一些像菜盤子那麼大的爪印。這當然是老虎留下的爪印。而且昨晚又有一家被叼去兩隻肥豬；入夜，村裏就人心惶惶，大家都很害怕。」

「看這爪印，可能不止一隻老虎。」李七說：

「上一次，樵夫在山上遇到的就是兩隻。」王幹事說，「也許就是那兩隻老虎跑下山來了，跑進了我們的村子。」

「一般說來，老虎大多是獨來獨往的，除非是一隻公的，一隻母的，假使有

三、四、五隻在一起，成群生活，那一定是牠們的小虎。小老虎長大了，就會打鬥，所以多數是獨行俠。看爪印這麼大，每隻都有六七百斤吧。」張賽裴說著，心裏卻很擔憂老虎的兇猛，又說：「我們循跡搜索老虎的時候，千萬不可一人逞強，獨自冒進。那最危險了。」

「今天，各位也很累了，夜裏就住在我家裏，明天再去抓老虎吧！」陳村長說。

這天夜裏，陳村長在寶興酒店宴請他們。寶興酒店在小街的中心。店後靠著溪邊，栽著叢叢綠竹，右邊有一條小衚衕。店面不大，擺了五六張方桌，一張圓桌，靠牆壁的一邊高高疊著三層酒罈。王老闆自己在櫃臺內管賬，他的老婆在廚房裏掌廚，兩個兒子就充當跑堂，女兒打雜，幫著洗菜切菜，沖碗燒火，完全是家庭企業式的酒店。平日，鄉下人也常常到這裏喝酒聊天，現在因爲「虎禍」爲患，入夜就沒有人敢上街，生意清淡。陳村長因爲張賽裴等人是來幫忙打老虎，又是初次來鳳凰村，而且他們都帶著槍，不怕老虎，所以特別請他們到寶興喝酒吃飯。陳村長叫了好幾道老闆娘拿手的好菜；一碟酥鯽魚，一碟鹽水煎蝦，一碟白斬雞，一碟芹菜炒肉絲，一碗蒸筍干燜肉，一碗灼田雞，一碗芋煨白菜，一大海碗雞血絲豆腐片蛋花湯，都是鄉下村野的名菜，又叫了幾碗蕃薯燒。主人頻頻勸飲，客人喝得興高彩烈。張賽裴又很健談，就說了一段有關老虎的笑話兒，以助酒興。他說：

「有一個人也是被朋友請去喝酒，結果喝得大醉。他在回家的路上，爛醉如泥，就倒在路邊睡起覺來，而鼾聲如雷。剛好有一隻老虎經過，以爲他是死人，就用大如手掌的尖尖舌頭，去舔他的臉。他在醉夢中，覺得臉上有一點刺痛。據他說老虎的大舌上生有倒刺。他就迷迷糊糊，朦朦朧朧，有點要醒過來，微微想睜開眼睛看看；在月光的映照下，彷彿有一雙亮如火炬的大眼球正凝視著他。他說他感覺似乎有一隻老虎就站在他的旁邊。他就一動也不敢動了，趕緊摒住了氣息──裝死。老虎好像聞到醺人的香香酒氣，又用大鼻子去親去嗅他的嘴唇。老虎粗粗硬硬的長鬚，剛好刺進了他的鼻洞，接觸到鼻毛，癢癢的，癢癢的，很難忍住！於是他禁不住突然打起了一聲大噴嚏。那大噴嚏嚇得老虎魂飛魄散，驚跳了起來。他才完全從醉天夢地中醒了過來，驚出一身冷汗；在朦朧的月光下，看見一團龐然大物猛然跳擲了起來；再看清，果然是一隻老虎哇；接著就聽見老虎猛吼遠去的聲音哪。他的酒意也就完全驚醒了。」大家聽了都笑了起來。鄭隊長說：

「眞是好故事！我們大家向張先生敬酒。」

「好哇，」張賽裴說：「我也陪一杯。」說著拿起酒碗仰頭就喝乾了。

「鄭隊長，」自衛隊一個姓李的隊員問道，「老虎，爲什麼又叫『封使君』？」

「你還是請教張先生吧！」鄭隊長謙虛地說。

「這個，這個——，」張賽裴對老虎的習性很熟悉，但對「老虎又叫封使君」這一件事，的確不知；他感到很窘，臉上更添了些酒意紅暈。陳村長畢竟讀過一些古籍，學問比較廣博，就替他解答了：

「『封使君』的典故，出於漢朝，據說宣城太守封邵死後變成了老虎；當地的老百姓說『千萬無作封使君，生不治民死食民。』人變老虎的傳說很多。唐人小說李景亮的『人虎傳』，就是寫人變虎吃人的故事。民間傳說，還有『老虎背上，長出肉翼，像蝙蝠一樣的，能夠飛行空中』；其實老虎這種猛獸已夠厲害，要是再添上羽翼，飛到各地害人，那人早就『死無噍類』了。可見天生萬物，給他能力，都有個限制。」

因爲明天他們還要早起辦事，當晚喝得差不多了，也就結束了這個夜宴。

6

第二日清晨，他們在陳村長家用過早點，帶著槍、乾糧、繩索、水壺，出了陳家大門，循著昨天所見斷斷續續的大爪印，一路追蹤找去。好幾次斷了蹤跡。後來直找到大溪旁邊的一處沙灘上，巨大的爪子深深地印在沙地上，而且在這地方方圓一丈多的範圍內散落了許多美麗的五色的雉雞毛。

「這是老虎留下的嗎？」鄭隊長問。

「是的。」張賽裴說，「老虎吃野兔，一口就吞了下去；吃雞、鴨、野雉，羽毛是吞不下去的，牠就抬起頭來，用力把殘留在嘴巴裏的羽毛噴了出來，花雨一般的散落滿地。由此看來，牠可能就藏匿在附近，也可能游過對岸去了。」

於是他們分做兩組：張賽裴、黃劍雄、李七等三人，由溪的淺處，涉水到對岸；鄭振山隊長帶手下隊員和邱小三，四個人前往附近山區，分頭搜索。直到夕陽銜山，仍然沒有什麼發現。這兩隻老虎像鬼魅般的從大地上，從草叢間，從密林裏消失。看看天色昏暮，才又回到陳村長的家裏住宿。他們一連又搜索了三四天，都無所獲。

7

八月十三夜，天上的月姊兒，日漸圓滿，皎潔明亮。距離不遠的鳳凰山，在朦朧的月色下，依稀可以看出巍然濃黑的山影。這時，山下的農家大都進入夢鄉，只有少數的燈火在黑暗中發出幾點光暈；古人的詩有「萬山如墨一燈紅」，如將「一」字改成「數」字，那就可以用來描寫這夜裏寧靜的境界。

幾天來，村民爲了虎患而惶急驚慌的氣氛，也逐漸隨時間而沖淡了。人類就是這麼健忘，而且有極大的忍受痛苦與災難的能力，就是毀滅家園的戰爭，相繼死亡的瘟疫，黑暗暴虐的苛政，只要它們過去了，創痛也就很快的平復，依舊覺得這個世界是那麼美麗，那麼安寧。更何況現在只是發生小小的虎禍，只死了一個人，傷了一個人，那又算什麼？在大城市裏，因搶劫、兇殺、車禍、謀害、自殺、疾病，一天之內，又不知死了多少人呢？只要死的不是自己，死的不是自己親人，又何必操心呢？幸而，在這個世界上，並非都是持著這種想法的人，還有一些人在爲大衆的事在深夜裏操心計慮，還有一些勇敢的人面對著危險而敢於挺身出來，加入戰鬥的行列，來剷除禍害，來維護大衆生活的安寧。像陳村長、張賽裴、鄭隊長……，他們就屬於這一類的人物。在這美麗安寧的月夜裏，大家正做著好夢的時候，他們還在商議明天搜尋老虎的事，他們打算到更遠的山中，更危險的地方，去尋找這兩隻老虎。

正當他們決定了辦法，準備就寢的時候，忽然聽到遠處村犬的吠聲，不久又聽到馬廄裏馬兒長嘶的聲音，再接著就聽到有人在敲門，聲音很響。陳村長說：「這麼晚了，會有什麼人來呢？」正想出去開門。張賽裴連忙阻止他，並且問說：「誰呀？」

敲門更急了，陳村長也問：

「找誰呀？」都沒有人答應。

問了兩三次，陳村長又說：

「有事，明天再來吧！」

但門敲得更響，似乎有人用東西在撞門似的，大門被撞得「搖搖欲墜」。張賽裴覺得情況有點不妙，就縱身一躍，從大廳到了天井，矯捷如豹，靈活如猴，攀爬上了兩三丈高的梧桐樹，緊緊握住粗枝，傾身前探，朝牆外一望，從斜斜的月影下，依稀可以看出是一隻老虎正用頭撞門，碰碰的響。他趕緊從樹上溜了下來，回到了大廳，說：「老虎！」

「什麼？老虎在敲門！」

頓時，廳上馬上緊張了起來，找槍、舉槍、散開、瞄準，好幾枝槍差不多同時向大門下半部開火射擊，槍聲劃裂了靜夜，子彈從黑暗中發出，閃光穿透了門板。老虎中槍驚痛，向前猛衝，撞倒了大門，竄進大天井，又挨了兩槍。老虎趕緊轉過身，把兩隻前爪按一按地面，跳上半天空，撞壞一角屋簷，跳到牆外逃走了。

經老虎這麼一鬧，大家也就睡不著了。張賽裴說：「這一隻老虎已經受傷，明天大概很容易就可以找到牠了。」

第二日，天一亮，大家出門一看，就看到了大門外爪印縱橫，近門地方還留下兩個小凹跡；右邊牆外不遠處也有一灘血跡。

他們吃了早點，拿著槍，帶著馬，順著一路斑斑的血跡找去。走了兩里多，在大溪的淺處，找到一隻半浮半沈的死老虎。他們七個獵人用繩索把老虎捆好，花了許多力氣，才把這隻老虎推呀拉啊拖上了岸。這是一隻黃質黑斑的老虎，身上有五處傷口，左邊一隻眼睛好像早已受傷瞎了。張賽裴說：「這是一隻雌老虎，大概昨夜負傷後亂逃，掉到水裏淹死的。」也有人說：「也可能是老虎中槍，跑得口渴，所以到溪邊喝水，傷發死了！」

他們就近砍了些小樹幹，去了枝葉，用繩索編做了一張簡單的木床，把這隻死老虎抬到上面，用繩索綁好，讓兩匹馬拉著，運回陳村長家的大天井中。村裏的人聞訊，紛紛前來觀看。膽子大的孩子甚至走近去，摸摸老虎白額吊睛的頭部，扳開牠僵硬了的嘴巴，觸摸像利鋸的牙齒，還有拈牠的長長鬚子。過去，誰敢碰觸這山君的健鬚。牠一爪就會撲去半個腦袋，一口就會撕裂人的肉體；但現在這隻老虎死了，也失去了生命的力量，柔順的像一隻綿羊。有人認為這是這一隻昔日教人類驚怖百獸震恐的老虎的不幸，失去了生命，也失去了威權！以致讓平凡庸碌的人類隨便狎弄。他們不禁替這隻老虎悲傷了起來。

8

正當大衆圍觀老虎的時候，忽然有一個人用參加百米賽跑那樣的速度，向陳村長的家跑來。張賽裴看見那矮胖的個子，就認得是寶興酒店的王老闆。他用手排開衆人，擠了過來，上氣不接下氣的，喘氣連連，說不出話來。大家讓他轉過氣來，他才大聲嚷嚷了起來，說：

「不……不得了！另外有一隻大……大的老虎，跑進……」

「你家。」

「我酒店裏。」

「你的酒店，可不就是你的家。」

「那老虎是公的？還是母的？」不知誰跟王老闆開起玩笑，問起這話兒來。

「沒看清楚。」王老闆說：「也許是公的，比這隻還大。」

「那一定是來找躺在這木床上的這隻母老虎！」

「別開玩笑了，讓王老闆說吧！」

「我因爲昨晚算賬晚了，又喝了些酒，又累又醉。今天早上醒的比較晚，在半睡半醒中，好像聽家裏說，城裏來的幾位先生打死一隻老虎，他們都要來看，我想再躺一會兒，等下再單獨來看，就叫他們先走。我又睡了一會兒，正準備下床，就在這時候，我，我發現一隻大老虎在臥房的門口，探進頭來看我，嚇得我魂不附體。我急得趕緊躲進被窩，用棉被裹住整個身子，只露一條細縫偷看。我在棉被裏直打哆嗦呢！」

「你怎麼又能逃了出來？」大家七嘴八舌地問。

王老闆正要說下去，忽然看見他的老婆、兒子擠了過來，就罵說：「你們眞該死！出來，也不把門關好，害我差點就給老虎吃了！」

「我們出來，已經帶上了後門。」

「帶上，有屁用！風一吹，還不是開了！所以就讓老虎進了門啦！」

「爹，那老虎怎麼又沒把你吃掉！」王老闆的老二有點呆，楞頭楞腦地亂問。大家聽了都不禁笑了起來說：「後來，你怎麼脫身啦？」

「那老虎探了一下頭，並沒有進房來，就往前廳去了。接著我聽到前面一聲大響，大概是酒罈摜下來碰到地上破裂聲音。我就趁著這機會逃走。我不敢從房門出來，只好爬窗到旁邊的衚衕，轉到屋後，又把後門從外搭上了。我想那隻老虎現在恐怕還在我的酒店裏呢，請你們城裏來的幾個打獵先生，趕緊拿了槍跟我去打吧！」王老闆說他出險的經過，既得意，又誠懇。這時他的老婆卻責備他說：「你怎麼只穿短褲內衣就跑了出來。天氣這麼冷，凍病了，怎麼辦？」

張賽裴幾個人隨手拿起槍，說：「王老闆，你不要去了，你跟陳村長借件衣服穿吧！我們認得路。」但村裏在場的許多膽大年輕的人也要跟去圍捕。張賽裴沒辦法，只好讓他們跟了去。

張賽裴七人勇敢地走在最前面，都平舉著槍，準備隨時射擊，其他鄉裏力壯的男人都拿著粗木棍、鋤頭跟在後面，走到王老闆的「寶興酒店」的前面。

原來這隻老虎可能要找牠的伴侶，就沿著溪邊找去，後來到了酒店的後面，看見一片竹林，猗猗深綠，可能以爲是山林，就走了進去，闖到了寶興酒店的後面。剛好酒店的老闆娘早晨起來，開了店門聽到左鄰右舍說，打死了一隻老虎，已抬到村公所——陳村長的家，許多人都去看了。她也就關好前面的店門，帶了三個兒女，開了後籬門，前往陳村長家看老虎去了。

她忘記把門關好；老虎就從後籬門，進了屋裏，經過王老闆的臥房外，就朝門裏探了一探頭，又往前廳去了。

王老闆卻嚇得半死，趕緊趁隙爬窗，逃了出來報訊。

老虎到了前廳，看到廳子裏擺了許多桌子、椅子；牠也不知道是什麼東西，就東撞西碰的，把桌子椅子碰的東歪西倒，亂七八糟的，一不小心，碰歪了高疊牆壁邊三層高的酒罈，下層的不穩，上層的酒罈跟著就滾落了下來，摔到地上，突然爆破，發出像砲彈開花的爆響，驚得老虎，亂跳亂蹦，攪得更多的酒罈砰砰訇訇、碰碰磅磅，滾落碎裂，酒如泉噴水湧，麴香四溢。倒了滿地的酒，老虎用舌頭去舐，入口辣辣的，非常嗆喉，更加迷亂昏醉。有的酒罈砸到了老虎，也蠻痛的，老虎更加驚慌在大廳上東奔西跳，時時發出怒吼聲，又壓壞了許多桌椅，弄出許多聲響，傳到了酒店外。

這時，張賽裴帶了許多村民，趕到了寶興酒店的外面，聽到裏面傳出來酒罈爆破聲，桌椅壓扁聲，老虎狂吼聲，空氣中瀰漫著醺人欲醉的麴香酒味，知道老虎還困在酒店裏，沒有逃走。他就立刻分配大家做三部分：幾個人隱身酒店大門的兩邊，一些人在街上兩旁的店屋裏；兩三個在右邊衚衕裏酒店窗戶的左右；一大部分人埋伏在屋後的竹林裏。有槍的七個獵人也兩三人一組，分散把守街上、衚衕裏、屋後這三個地方。又吩咐大家一看見老虎從大門、窗戶、後籬門出來，就從兩旁舉棍猛擊，又吩咐在酒店外面大聲吶喊叫嚷。

老虎正困在廳裏，不知如何出去，忽然聽到外面人聲嘈雜，喊聲驚人，更加慌張了，不由得趕緊找路逃走，又從過道往回走，又經過王老闆臥房的門口，看見右側的窗戶透進光亮。牠就走進王老闆臥房裏，驚魂稍稍安定了下來，朝床上一瞧，卻看見床裏邊也有一隻和牠一模一樣的老虎，——原來王老闆開酒店很賺了些錢，有時上城裏去，看見有錢的親戚，內室的床上橫鑲著一面鏡子，心想這可以增加閨房的情趣。這生性比較風流的王老闆花了不少錢，買回了一個長方形的照身鏡，帶回家裏，把它橫釘在木床的裏面。這木床是他結婚時購置的，已經有二十多年了，形式雖然古老，但床架上的雕鏤，在鄉下已算是很細緻的。床上鋪的籐綳卻因年代久遠已經發黃，有的地方還有些破了。他在籐綳上鋪了床單，床裏邊又釘上了這一面鏡子，看起來還很不錯。晚上，他和他老婆睡在床上，看著鏡子，顛鸞倒鳳，也的確增加了不少樂趣。現在，那知道這隻老虎看到鏡子裏的那隻老虎，卻也忘記了身處險地，而想跳上床去，跟牠親近。

這一隻老虎稍稍縱身一跳，就上了床，沒想到身子太重了，這舊籐綳一下就被壓塌了。老虎整個身子，陷在籐綳下面，只露出一個頭來。老虎又吃了一驚，又往上跳了起來，籐綳就架在牠的粗脖子上，好像犯人套著一副枷板兒，樣子很可笑。大概也很不舒服，牠舉起前爪，用力撲打，也掙不脫。牠帶著籐枷，越枷越急躁，暴跳如雷，橫衝直闖，衝到東邊，東邊的東西都掃光，衝到西邊，西邊的東西也都掃光，屋內的家具紛紛壓破，裂如柴片，碎如齏粉，碰到內室隔間的薄薄的牆壁，牆壁就跟著洞穿、塌倒，好幾個房間都給衝撞得一塌胡塗。最後老虎自己碰撞的昏天黑地，煩躁不安，就搖頭張嘴，用猛爪抓地，而咆哮狂嘯，地面都震搖了起來，又按一按地，縱身向窗戶直攛過去，連窗櫺一起撞飛了出來，跳落到衚衕裏，籐枷已粉碎脫掉。

把守在衚衕裏窗戶左右的村民，正緊張地高舉著長棍子，看見老虎撞了出來，盡力向下猛擊了下來，一個打中了老虎的臀部，另一個剛好敲中了老虎的鼻子。老虎覺得頭暈眼花，屁股痛極了，也無心傷人，急忙往前就逃，才由衚衕，轉入街口，又被埋伏巷口的人猛擊，棍子如雨點般落下。大家還想進前攻擊。老虎用一隻前爪一抓，就有兩三個人的棍子脫手飛起，受點輕傷。老虎又仰頭咆哮，這些鄉下人才害怕後退。但老虎已受傷頗重，踉踉蹌蹌，往前緩緩走著。守在後籬門竹林一帶的村民，聽說老虎已到了酒店前的街上，紛紛由另一衕衕趕了過去，阻斷了前面的路子。大家出聲鼓噪吶喊，後面的人又鼓噪吶喊，老虎被人逼迫，進退不得，就在一家店門口，俯首帖耳，坐了下來；有時抬眼向街上左右張望，眼神已經黯淡無光，心裏好像惶怖極了。

張賽裴這些獵人也不敢開槍，怕流彈傷到鄉民。這時，村裏的狗也鑽了進來，紛紛向老虎大聲吠叫。相持了半晌，老虎雖很想跳身咆哮，但已有氣無力，威風盡失，好像一隻柔順的大病貓，唔鼾唔鼾了兩聲。這時，不知誰開了一槍，沒有射中。老虎躲進了一家店舖，藏身櫃臺的後面。這時鄭隊長開槍向櫃臺射擊，擊傷了老虎。這隻老虎又撞翻了櫃臺，向前突奔而出。張賽裴迅速一刀飛去，正中老虎的頭部。帶傷的老虎，血線噴湧，跳躍騰擲，拍撲吼叫，作最後的掙扎，終於力盡，嗒然墜落，斃命在這一條小街上。這是一隻滿身錦斑的公老虎，非常漂亮。

老虎死了，鳳凰村的鄉人，個個都是打虎的英雄，家家都飲酒慶祝，只有寶興酒店損失最大。

9

第二日，陳村長和張賽裴幾個帶著人，用兩輛木板車，將這兩隻老虎運到縣城去請賞。

母的一隻身長八尺，重六百多斤；公的一隻身長九尺，重八百多斤。兩隻老虎的尾巴都有八九尺長。牙齒長三寸多，擺在縣政府的操場上公開展覽了一天。然後剝皮獻神，一張作爲關帝廟神座的座褥，一張留在縣政府文物館裏。老虎的肉交由獵戶出售，所得款子就作爲犒賞，這次獵虎有功的張賽裴、李七、黃劍雄、邱小三，還有自衛隊鄭振山隊長和他手下兩位隊員。鳳凰村的陳村長，李縣長也下令給予嘉獎，並分了上百斤的虎肉，交由陳村長帶回鳳凰村，分給參加打虎的村民，使大家都能品嘗到這山珍異味。另外撥出一筆獎金給鳳凰村寶興酒店的王老闆，作爲修理店屋的費用。

據吃了老虎肉的人說：肉色如灰，氣臭如煙，帶點鹹鹹的味兒，像皮革那麼堅韌，咬也咬不動，湯也沒有什麼好味道。也有人說多煮半天，也就爛了。不過，當地人都認爲老虎肉非常滋補呀，所以這兩隻大老虎，沒有半天也就被切割一光。

這天夜裏，有人喝了燒酒，吃了虎肉，賞著明月，拉著胡琴，唱道：

「我好比籠中鳥，我好比虎落平陽……」

啊！人世間就是充滿著這樣無法排解的矛盾。

（一九八二年八月八、九、十日刊於青年戰士報）

決鬥

我在一壺居茶館喝著鐵觀音，細嚼著核桃雲片糕，那芳香又清甜的口感，使我覺得茶食悠閒之美，眞能教人忘卻了塵囂，而自得其寧靜之樂。卻沒想到泡茶的老三今天拉高了嗓門子，對大家說：「金鋼指黃飛龍和走鋼索的趙鵬兩人決定三天後決鬥。」在這小城這不啻是一條驚天動地的大新聞，茶館裏頓時熱鬧烘烘起來，大家七嘴八舌，問東問西。一壺居的常客唐老先生首先發問：

「他們選定了地點沒有？」

「選定了。」老三說。

「在大廣場嗎？」小李問道。

「不是。」

「就在碼頭邊，他們經常賣藝的地方嗎？」唐老又問道。

「也不是啦。」

「不要再賣關子了！」有人不耐煩地說：「你就乾脆，直告訴咱們吧！」我認得那說話的是王六斤先生。他是大家都知道的急性子。

「不是我不說，是你們直著問囉，叫我騰不出嘴巴來答話呢！」老三急著分辯說。

「好了，好了，」王六斤說：「別再嗑舌頭，說閒話了。」

「大家都知道：他們兩位都是跑江湖的，經常在咱們茶館外大街邊擺攤賣藝呀。」

「是的，」我這時不禁也捲入了話題，說：「半年前，我和同學玩摔交。我的同學抱著我直倒下去。我趕緊兩手鬆開，結果是左手先碰到地面，當時只聽得喀啦一聲，手肘跟胳臂連接的骨頭就脫臼了，痛澈心肺，幾乎昏了過去！我的同學還翻過來，把我緊壓在下面。後來，他才發現我出了問題，趕緊找黃飛龍來替我治療。黃飛龍來了，他把我的手臂一拉一扣，又只聽喀喳的一聲，就不頂痛了。他說：『脫臼接好了。』又給我敷上草藥，綁上綳帶，過了幾天，青色的淤血全吊了出來。現在已經看不出什麼痕跡了。」

「你說的黃飛龍吧，我看總有四十多歲吧，下巴比較豐滿有肉。」

「你說的是弟弟黃飛虎。」唐老先生用他寫小說的手法，來描寫黃飛龍說：「黃飛龍則靠近五十了，個子不太高，乾瘦皮膚黝黑，身體卻十分硬朗，他夏天穿著藍布的短衫漢褲，冬天穿著藍布的棉襖漢褲。他始終喜歡一個人獨來獨往，隨意找個地方，擺個攤子，賣他的骨折筋傷的膏藥和藥酒。有時他也表演一兩手鐵沙掌和金鋼指來吸引觀衆。」

「唐老先生，什麼是鐵沙掌、金鋼指呢？」我問。

「我想，大家都看過他表演吧。他那指如枯籐、掌粗似鐵的那一雙手，的確是很厲害的。他能夠把一些尖利的碎玻璃，在手掌中用力地揉搓幾下，最後都成了粉屑。他能夠用食指鑽磚塊，你看紅色的磚屑紛紛地落下，鑽十幾二十下，就穿透了一個洞。這種功力，看來不起眼，卻的確相當驚人！要跟他比武，決鬥，趙鵬一定會吃虧的！」

泡茶的老三卻不以爲然的搖頭說：「大家都喜歡看趙鵬他們鑼鼓喧天的走鋼索，兩人三人的對打，穿火圈，舞刀耍槍。那種驚險勁兒，看得你心驚膽跳；那種熱鬧架式，看得你目迷口呆。每次演出觀衆都給拉了過去，黃飛龍的那邊就沒人看了。」

這時，在茶館裏剛好還有一個八段錦的行家。他是在專科學校裏教體育的賴劍聲先生。因此，大家請他就武術家的觀點發表一些意見。他說：

「趙鵬很年輕，三十出頭，身材高大壯健，肌肉結實，是一塊鍊武的好材料。我看過他打了一趟拳，是屬於外家拳，一拳護內，一掌出擊，互相聲援，一套八式，招招橫勁，打來虎虎生風，氣勢十分懾人。他接著又打了一套形意拳，分做龍、虎、猴、馬、鼉、雞、鷂、燕、蛇、鶴、鷹、熊十二形，拳含直勁，變化多端，看來相當動人。再加上他人多，有小姑娘穿著彩衣走鋼索，赤著肐臂的兩個徒弟穿火圈，套招對打，還有打鑼敲鼓的，當然看的人多，生意就好了。不過，趙鵬的勁道也十分足，一石鏥，一腳踢了去，也直飛七八尺遠呢！也不是一個弱手啊！」

「賴先生，」茶館的張掌櫃突然插嘴進來說：「聽說你的師父，出身陝西重陽宮，太極拳的名家。」

「太極拳是張三丰所創，柔中有剛，神氣內斂，以綿、軟、巧爲主，借人之力，因人之勢，擊敗敵手。是的，我師父的太極拳已經練到出神入化的地步。有一次，師父在大家力求之下，推辭不得，表演了一下子功夫。我們十幾個人用繩子綑著他腰部，往後儘力拉都拉不動，就像鐵鑄柱子，紋風不動；當他一發聲吐勁，十幾個人就都蹬、蹬、蹬的倒退了十幾步，個個仰身跌倒在地。」

我聽了，心裏想道：「賴老師也眞會吹牛，現在哪有這樣的奇人？」賴劍聲先生接著又說：「他們兩個，……大家都是江湖人士，平常『井水不犯河水，河水不犯井水』。怎麼竟要約期決鬥呢？」
「可能是師門恩怨？快意尋仇嗎？」
「不是，不是，黃飛龍是頂和氣的人，不像是要跟人拼個你死我活的人！」
「那他們有過過節嗎？」
「也沒聽說過。」
「同道相擠？譬如說對方藥沒效呢！」
「也沒聽說有這種話言。我倒聽說他們走得很近，黃飛龍到那裏賣藝，趙鵬一伙就跟到那裏賣藝。」
「那又有什麼不對呢？」
那泡茶的小三卻發表了一番道理。他說：「這樣的跟去跟來，黃飛龍的生意就都被搶走了！膏藥賣不出去，藥酒賣不出去，辛苦採來的草藥也沒人要；最後連吃飯都成了問題。只好找趙鵬談判。套一句江湖道上的話，大概是說：『你走你的陽關道，我過我的獨木橋』；我賣我的藥，我治人的傷；你走你的鋼索，你賣你的藝；大家混一口飯吃，你別老跟著我。我到永安，你可以到廈門去；我到廈門，你可以到泉州去；我在一壺居茶館外，你可以在大廣場去表演你的拿手武藝！我不礙你的生意，你也不要打破我的飯碗！」

「人總要給人留個生存的餘地。」唐老先生說。

「對呀，能這樣，也就太平了。」

「聽說趙鵬說：『黃師父，天下的路，人人可以走。誰規定你可以去的，我不能去。你有本事，就不要怕我！』」小三說。

「黃飛龍怎麼說呢？」

「黃師父說：『趙師父，碼頭就這麼大，觀衆就這麼多，你老跟著我擠在一處，弄得大家的膏藥都不好賣呢！』但趙鵬說：『你是說，我搶你的生意。沒生意，怪我！黃師父，要怪的，怪你的那套不吃香！哼！你跟後面，我都不怕你搶我路頭！』」

「怎麼會有這樣說話狂妄的年輕人。武術界最講究前輩。」賴劍聲說。

「黃師父聽了很生氣，『既然你不給人留生路。那就按江湖規矩辦嗎？』趙鵬說：『我早就想跟你比個高低，看看你內家拳利害？還是我外家拳利害？要是你贏，我會躲得遠遠的；我贏，我要在那兒，你別再吭聲！』因此，他們就約定了三天後下午兩點鐘決鬥，並且請國術會王會長作證人。」

「他們在那兒決鬥？」

「就在我們一壺居過去兩百多步的一塊空地上。各位早早光臨。」

黃飛龍和趙鵬生死決鬥的事，就這樣喧傳南平這座山城。

兩三天時光很快就過去了，黃飛龍和趙鵬決鬥的那天下午，一壺居附近的那片空地的中央，早已架起一座擂台。一點鐘不到，擂台下四周早已擠滿了看熱鬧的看衆，不下五六百人。空地的周邊還有賣茶水的，賣點心的，也都湊上一角。還有幾個警察在維持秩序。王會長已經坐在台上等候。

大約一點半鐘，黃飛龍單人擠上了擂台。不久，趙鵬在他的徒弟簇擁之下來了。看衆紛紛讓開一條路。到了台下，身手矯捷的趙鵬踴身一躍，就上了一丈來高的擂台，博得看衆一陣雷也似的喝彩。兩人並站台上，一比之下，趙鵬比黃飛龍要高出一個半頭，十分槐梧，神采飛揚，態度有點傲慢；黃飛龍則越顯得瘦矮乾癟，毫不起眼。當王會長分別向觀衆介紹他們。黃飛龍抱拳爲禮，只得寥寥落落的幾聲掌聲。趙鵬抱拳爲禮時候，觀衆大喊「趙鵬加油」，熱烈的聲浪掩沒整個空地。這陣聲浪好像已決定了兩人的勝負與生死。許多觀衆都已認定渺小的黃飛龍絕不是趙鵬的對手。「他也要跟趙鵬比試，簡直自不量力，自找沒趣！」有人這麼說。也有人說：「這一場龍爭虎鬥，一定有看頭，你來我往，總要餵個一百招吧！」也有人說：「台上沒擺一個兵器，不知道怎麼比法，大概比拳腳吧。」也有的說：「拳腳對打也頂好看的！」在大家猜測聲中，王會長終於向觀衆說，黃師父和趙師父因爲跑碼頭，賣膏藥，生意牴觸，雙方決定一決高下，打贏的可以自由到處賣藝，打敗的只好認輸，不得再有異議。這正合『優勝劣敗，弱肉強食』自然法則，也合武士道公平比武的精神。不過，拳頭無眼，非死即傷，傷了死了都不得怨人；所以這兩位武術名家，要我這個會長做見證人，他們並且立下了切結書，在我這裏。假使不幸，有人受傷死亡，各自認命，門徒不得報仇，不得訴訟。但我還是盼望他們能夠和諧結束這場生死的決鬥。現在宣告比武的辦法，是每人在對方的腹部各打三拳，黃飛龍師父讓趙鵬師父先打三拳，然後他再回敬三拳。」

辦法一宣布，觀衆失望之極，有人說：「這樣比武有什麼看頭！」賴劍聲先生剛好就在我的身邊，說：「他們兩人瘋了！這麼採取這樣以生命一搏的比法！」我說：「有這麼厲害嗎？」

「有一方擋不住對方奮力一擊的拳力，輕則受傷，重則死亡！他們比的是內勁！」賴劍聲說：「只爲了餬一口飯，竟要以生命相搏，殊不值得！我看過趙鵬一掌劈碎了一疊十幾片大瓦的表演，內力相當雄厚。」

這時，兩名決鬥者已經分立在擂台兩邊，彼此抱拳行過禮後，就擺好了架步，凝神注視著對手，似乎都在運氣蓄勁。全場的看衆也隨著他們的動作，而平靜了下來，嘈雜的說話聲音全都消失，一時鴉雀無聲，寂靜之極，空氣綳緊到凍住似的，只有我自己急促呼吸的聲音可聞。正當緊張的一刻，忽聽王會長宣告：「開始。」只見趙鵬連進三步，「喝」的一聲，擊出了第一拳，著實擊中腹部，好像黃飛龍的腰身微向後彎了一下，那一拳的勁道，就如石沉大海，化於無形。黃飛龍仍然一動不動站在原地。趙鵬的第二、第三兩拳，連續擊出，一拳比一拳更見威猛，只聽啪啪兩聲，像擊中了柔韌的革鼓，又像擊中了鋼鑄的牆壁。黃飛龍一絲兒都沒有移動，更遑論傷他毫髮。這時，全場叫好聲轟動而出。賴劍聲告訴我說：「黃飛龍大概練過『鐵布衫』這類的功夫，『功蘊於內，不露形貌』，能夠運氣移勁，堅實內膜；當敵人攻擊某一部位，他的氣勁就會移動來保護。黃飛龍的功力非常深厚，所以能夠抵擋趙鵬節節升高的攻擊。」

現在，輪到另一方出擊。黃飛龍表示願意握手言和，但趙鵬礙於面子，不肯答應，一定要黃飛龍出手，打出勝負。黃飛龍十分無奈，凝勁緩緩地擊出一拳。據說趙鵬當時運集全身氣勁於腹部來對抗他。說時遲，來時快，趙鵬像洩了氣的布袋，當場仰面躺了下去，臉色慘白。他的幾位徒弟趕緊上了擂台照顧他。

黃飛龍抱拳對趙鵬說：「你受了內傷。我會請王會長轉上一包我獨家煉製傷藥給你，趕緊服用，五六天就會康復。不然，會有生命之憂！」說完，向王會長與觀衆一作揖，就匆匆下台走了！黃飛龍這一招是什麼招式？賴劍聲說是「鐵沙掌中的碎骨手」，力可斷碑。也太兇猛霸道一點。有人說後來王會長親自把傷藥送了去，但趙鵬不肯服用，只服自己治傷的藥，沒幾天就死了。也有的說趙鵬服用了黃飛龍的藥，傷好了，可是內心的傷痕——抑鬱不樂，始終無法消除，終其一生不再到南平賣藝了。

（一九九五年三月十四、五日青年日報）

花園的怪夢

最近，我回到東張這個小鎮，想租一間房子，暫住一兩個月。我高中時的同學小林就帶我去看老龍吉的花園。

1

在我小時就聽說過本地首富老龍吉先生，在南洋做生意發了財，回來之後，在鎮上蓋了一群房屋，一共有一百間房子，分給他的兒孫和親戚居住。他和他的女兒就住在這屋群一角的花園裡。小林告訴我：老龍吉和他的女兒都已經過世了。後來這座花園改做龍家的家塾。但不到半年家塾也停辦，至今也快二十年了。空在那裡，實在可惜。你看了，一定會喜歡它的。

說著，我們就到了龍家。我們進了大門，拐了幾彎廊道，從一個小邊門進去，就到了花園。小林指著說：你看這個寬敞的花廳，後來就作了家塾的書齋。兩間耳房，右邊一間原來是老龍吉先生住的，左邊一間是他的女兒雪英住的。花廳前是一座小庭園，整個用青石砌成。園左邊有一口石板鋪底長方形的魚池，養著十來隻金鯽，在汨汨的流水中游來游去；中間有石花架，架上擺些盆花；右邊有一個八角形石洞。石洞上頭有一座亭子，有石階可以上去。站在亭中，可以看到全園的景致，還可以看到牆外雜草蔓生的荒地。從亭子再上去，有一條窄窄的步道，緊靠著隔壁人家的高牆，直通到左上方的一座閣樓。牆上有一個圓月窗。這時露出一個娟秀的形影，大概是聽到我們說話的聲音，所以伸出了半個頭看了一眼，又如煙消失。花廳的後面，有飯廳、廚房和廁所。

這座花園，似乎時常有人來整理，還相當乾淨。房子的確不錯，我相當滿意，只是有一種說不出的感覺，尤其閣樓裡蛛網密佈，好像很久沒有人上去過，所以一走進去，就有一股陰濕的霉味撲鼻而來，就是大白天也還不時傳下來一些怪怪的響聲。

我想好好清洗一下，應該是很漂亮的房子，正如小林說的住起來相當舒適。不過，我總奇怪，這麼美的花園，爲什麼空在那裡？由小林的介紹，我終於找到老龍吉的小孫子訂了短期的租賃合約。

第二天一早，我就搬了進去。經過了打掃清洗，這座花園看來又顯得爽朗整潔，十分宜人。這天剛好是十五，夜裡月色明媚，園中花影婆娑，剛搬到新居，睡不著覺，我一個人坐在小亭裡，喝著清茶，直到更深夜靜，心想能夠租到這樣好的房子，實在可以多住些日。的確夜已深涼，這時忽然刮起一陣強風，夜棲樹上的烏鴉，被吹得呀呀亂叫！閣樓那邊也傳來一陣怪異的聲響，好像有人在上面躡手躡腳地走動，令我毛骨悚然，心裡發毛。我趕緊進屋裡去，拿了手電筒，上去看，卻看不出有什麼異狀。

我又回到屋子裡，睡上床去；大概很快我就睡著了。在這出奇靜寂的花園裡，我覺得自己不是躺在床上，是懸空睡在空中，又好像在花園中飛翔，又彷彿有一個女人，一個美麗可愛的女人從閣樓上飄了下來，落到花園裡。她有黑黑的頭髮，大大的眼睛，但她卻用尖尖刺耳的聲音，唱著一支極其怪特的歌：

「我的身上燃燒著地獄的毒火！
我就是燒熔了肉體和靈魂，
也燒不掉我傷害你的罪惡！
我要把我的皮膚撕裂下來，
這樣，我那罪孽深重的心，
就可以掀露了出來！
我還要劈開我的骨頭，

一根一根剔開，
讓什麼都暴露了出來。
啊，我只是一具醜惡的骷髏！」

她那麼痛苦地唱著怪特的歌，她的臉孔一下子僵硬扭曲了起來，看來十分驚恐害怕！她是一個絕望痛苦之極的人，跳進魚池裡去，讓她自己的淚水淹死了！

我驚得一身冷汗醒了。我想大概是一個人住在這樣空蕩荒廢的花園裡，心裡不安所致。可是以後連續好幾天，我都做著同樣的惡夢。有一夜，我夢見這個女人，蓬頭垢面，從閣樓上跳進魚池，死了，僵硬的屍體，直挺挺地浮了上來！又有一個晚上，我又夢見她穿一身破爛，在閣樓裡搶天呼地，全身發抖地大喊：「不要責備我，不要折磨我！讓我死了算了！」我又看見她從閣樓上跳了下來，腦漿砰裂，死在花廳前面的那一口魚池的石板底上，難怪那些金鯽全都養得那麼長大！

接連而來的惡夢，弄得我的精神更加不安極了，也充滿了恐懼害怕之情。一到晚上，閣樓上傳來聲響，就教我心驚膽跳，寒毛豎立，心裡不禁懷疑這龍家的花園可能出過什麼可怕的事情吧！於是我決定要打聽個水落石出，這樣才能安心在這裡住下去。首先，我向龍家的子孫打聽；他們好像都不願意談這事。我問小林；小林也不知道有什麼事情發生過。所以我心中這個結也沒法打開。直到日前這個小鎮發生了一起觸目驚心的事件，這才連帶揭開了龍家花園神秘的謎底。

2

這一天是十二月三日，有一個女人在市鎮廣場附近的七層高樓跳下來自殺了。你不用打聽，只要到附近的酒館一坐，叫來一瓶白干，兩碟小菜，慢慢品酌，就可以聽到大家對這個自殺女人的最新訊息。

原來這個跳樓身死的女人是吳三的老婆，叫做陳寶珠。陳寶珠在高中讀書時就是風頭人物，既多才又漂亮。婚前追她的人很多，郭俊民和吳三這兩個青年跟陳寶珠最爲要好。吳三追求女人很有一套。他給陳寶珠開了無數美麗的支票，說要給她買新房子，要讓她吃好穿好的，要帶她到國外去渡蜜月，要生許多孩子都要讓他們受最好的教育。總而言之，要讓她過最好的日子。陳寶珠終於答應嫁給了吳三。

誰知吳三說的是一套，做的又是一套。結婚的儀式一了，吳三眞的面目就猙露出來，所開支票沒有一項兌現，陳寶珠陪嫁帶來值錢的東西也一件件被騙走，供他吃喝玩樂，揮霍一淨。陳寶珠只好出去工作，賺錢維持家用，不夠花，還要她回娘家要錢來給他花。要是不給，就拳打腳踢。陳寶珠喜歡種花插花；他說種花有什麼用？花又不能當飯吃！都給拔得光光的。陳寶珠喜歡唱歌；他說像鴨子叫，遠不如他捧的小歌星唱得好。他們生了幾個孩子；他也不管他們有沒有飯吃，有沒有書讀。他說書讀多了，就懂得反抗我這個老子。他什麼事都不想做，一家貧苦的生活十幾年來都沒有改善。

大概三年前，郭俊民從國外回來，去看他們一趟。這一下可好了，吳三就疑神疑鬼，開始懷疑他的妻子，跟郭俊民有染，限制她的行動，要她一下工就回家。要是回來晚了，就妒火中燒，無緣無故，猛抓她的頭髮，打得她鼻青臉腫，遍體鱗傷，而且還要她承認自己是不貞下賤的女人！她第二天只好請假在家養傷。這樣的事一再發生。她被這個無賴漢折磨得不成人樣！我們做鄰居的看不過眼，去勸他。他說這是他的家務事，不容外人干涉。陳寶珠的父母找他理論。他說你們把女兒嫁給我，就是我吳家的人，你們已經管不著了。

陳寶珠的父母考慮到讓女兒跟他離婚；這時，他又痛哭流涕，表示衷心悔過，保證不再打他老婆。可是不久又故態復萌，變本加厲，摻一把沙在飯裡，要他老婆吃下；把墨汁抹黑她的臉部，要她承認是黑心人。要她像狗一樣的爬在地上走。簡直以消遣人為樂，完全是一個發瘋人的行為。陳寶珠曾經幾度離家出走，但都被他找了回來，又是一陣毒打。到最後，她一看到她的丈夫，就害怕得發抖，痛苦之極，變得瘋瘋癲癲，只好跳樓自殺了！

我聽了這個女人悲慘的遭遇，總覺得這是不可思議的事情，人世間哪會有這樣沒有人性的丈夫呢？然而這確是擺在面前活生生的事情！說這件事的人，說他就住在他們的隔壁，是他們的鄰居，所以知道的很清楚。

3

這時，有一個中年人說：「這個案子，和二十年前老龍吉的女兒雪英的發瘋是一樣的，只是龍雪英是自苦到發瘋，陳寶珠是被逼成發瘋，卻大大的不同。」

「李老師，當年龍雪英發瘋；我很清楚啊！她嫁黃家後，盼了好幾年才生了一個男孩兒。夫妻兩人都把他當做心肝寶貝，非常小心照顧。到了三歲，這孩子長得胖嘟嘟的，活潑可愛極了，嘴巴又甜，『爸爸媽媽』整天叫個不停。沒想到有一天，龍雪英帶她的孩子上服裝店買衣服，忙著試穿，一轉眼就不見了他。待她找到他的時候，這孩子一個人溜到街上，已經被車撞傷死了。龍雪英挨她的公婆丈夫責備，她自己也傷心極了！自怨自艾，據說從此就瘋了。」一個喜歡說東說西的陳老太太，說起了這一段久已塵封無人再談的龍家小姐的舊事。話匣打開了，舊聞又變成新聞，重新吸引起酒店聽衆的注意。又有一個多事公來補充這故事的內容。他說：

「我想她受了一點打擊，那麼容易變成精神病，是因爲龍家好幾代都有人患過精神病。老龍吉的親妹子，就是龍雪英的四姑媽，也是瘋瘋癲癲的，跟人說話老是語無倫次，在家裡動不動就欺侮弟妹，摔碗摔盤，發作起來非常可怕。醫生說瘋病是會遺傳的。不過龍家的瘋子，似乎都只遺傳給女的。龍雪英的姪女，也因爲她的父親在文革期間跳樓自殺，刺激太深，發生了精神分裂，醫治了很久，最近才好呢！」

李老師看了這位滿頭白髮的先生一眼，說：「老校長說得不錯，當年龍雪英住進精神病院治療，我曾經陪老龍吉去看她。黃醫生對我們說雪英的發病，應該是遺傳基因加上意外刺激所造成的憂鬱症。她這次憂鬱症是由於死了孩子，過度悲傷自責，屬於情感性的精神病，用電休克方法治療，比較有效。那種治療，在我們外行人看來，是非常可怕的。他們讓病人平躺在床上，再把病人手腳綁在四角的床柱上，然後在頭部兩側通以電流，病人就會像羊癲瘋一樣，全身痙攣，牙齒打戰個不停，人也昏迷了過去，連呼吸都要停止了，這樣可怕的情況，大概持續十秒鐘，接著是間歇的痙攣，又經過了長長的半分鐘，痙攣才停止，病人呼吸才逐漸恢復正常。病人有時還會猛力亂動，踢打床板，碰碰的響。醫生這時就會給雪英注射一針安眠藥，讓她睡著。這種治療雖然激烈，但效果的確是很快的，前後不過一個月，電療了十五六次，龍雪英的病就好了，能夠回到龍家花園休養，跟她的父親同住一起。」

他接著又說：「後來有人說龍雪英死於瘋病。有人說她因爲瘋得厲害，被丈夫遺棄；有人說她吊死在龍家花園的閣樓裡；有人說她最後變成了蓬頭垢面、邋邋遢遢的女人，終於跳樓自殺了。這些說法都是不確實的……。」

當時，我聽了他這麼一說，就禁不住插嘴問道：「龍雪英到底是怎麼死的？難道她不是自殺嗎？」

「不，不，不！她不是自殺的！她回到龍家花園後，大概不到一年吧，她割破手，只是一個不起眼的小傷口，她錯在既不搽藥也不看醫生。待發作時，煩躁不安，臉部僵直，陣陣痙攣。她的家人還以爲她舊病復發。沒幾天，這個生前熱愛孩子的少婦就離開這個世界！黃醫生說她是死於破傷風。老龍吉先生因爲愛女的過世，睹物思人，觸目傷心，不想再住那裡，就搬了出去，而把那個花園改做龍家家塾。我那時候就被聘做家塾的老師，所以這些事情，我知道的最清楚！」

「李老師，據說那家塾只辦了半年不到，就停開了。」我說。

「是的。」李老師笑說：「有些人把龍小姐的瘋病與死亡，硬扯在一起，所以外間有種種的傳聞謠言，因此影響了來上課的孩子的心理。繪聲繪影，說龍雪英的鬼魂還住在那閣樓裡。甚至有個學生說，有一個傍晚，有一個女人從那石洞裡出來，一下子就不見了。再加正式的小學日漸加多，學生少了，自然停辦了。老龍吉夫婦不久也就過世，沒有人再搬進去住，自然荒廢成了老鼠遊戲的好地方了。」

4

我走出了這家酒店，就去寵物店買了一隻黃色的大貓。當夜色深黑的時候，我就把牠放到閣樓上去。不久，這黃貓就叼了一隻老鼠下來。以後每到晚上，我的黃貓總例行到閣樓上巡視一番。閣樓上那種來自幽靈界的神秘聲響也就逐漸消匿無形了！

現在我倒頭睡下，在這靜寂美麗的園中，做的夢常常是一個身影娟秀的少女，從隔壁的圓形窗中露出臉來，唱著一支優美的歌兒：

「有什麼比你的愛情更甜蜜？

有什麼比你的歌聲更動人？

我要把我的花兒栽在你的心中！
我要把我的喜樂編成你的生命！
親吻我的嘴唇，傾訴你的情懷，
讓愛情的苦汁淹沒我們的智慧！
閉上你的眼睛，敞開你的心扉，
讓愛火燃燒我們靈魂進入天堂！」

我想在現實的世界裡，好夢惡夢永遠存在我們的生活中，直到死亡的一刻，我們是沒有選擇的自由。老龍吉的花園所寫的只是人生的一角，人是沒法子擺脫時代與環境造成的命運。有些人會逼你走上發瘋自殺的道路，卻能不受法律的制裁，不受良心的譴責。有些人犯了無心的過錯，卻深受自己愛心的煎熬，痛苦之極！在今天的社會上，扭曲是非與善惡的人太多，富有愛心責己嚴厲的人太少，難怪今天犯罪的人越來越多了！

（一九八九年十二月十六日台灣新生報）

情之蛛網

招魂在我國早就成了流傳民間的一種風習。我在福建寧化的時候，當地人生了重病，他的親人就夜裡抱了一隻大公雞，到城隍廟去招魂，斬斷了雞頭，把滴淋下來的雞血塗抹神殿前的青石階上，然後喊叫著病者的名字，一路喊了回去，那悲慘淒厲惶急的喊叫聲，聽了常教人覺得十分怪異而難過。他們以爲這樣就可以把病危者將要渙散的魂魄喚了回來，疾病就會減輕，甚至痊癒。中外雖然都有不少記載鬼魂出現的傳說流傳各地，但誰曾眞的見過鬼呢？人眞有靈魂嗎？那時，我總以爲招魂是一種迷信的行動。這只是人類在絕望之極了而產生的一種希冀，也許可以加強病人的心理，給病人注入一種抵抗病魔的力量吧！對病者的家人，也許也可以給他們一些安慰的作用，使他們不致那麼焦慮惶急罷了！但直到我的表姊夫黃少荃過世之後，見過那樣靈異的悲傷的一幕，使我的觀念又有點改變。至於有沒有靈魂？待各位聽完這個故事之後，自己去作判斷吧。

1

說起來，這已是很久以前的事情，我還是一個高中學生，對一切還是十分懵懂，唯獨這件事給我留下極其難忘的印象。

我們的親戚都知道當少荃表姊夫過世之後，我的表姊朱蓮悲痛欲絕，總認為表姊夫的死，跟她有關。每逢初一、十五日，在表姊夫的靈前，燒起香來，供上鮮花水果，然後就哀傷痛哭，說：「少荃，是我害死你！」她的眼淚就像斷線的珠串不停湧落，又說：「我多麼想你，你應該回來看看我！」那時的女人，死了丈夫很少改嫁。親友認為朱蓮這樣年輕就守寡，自不免要傷心。

朱蓮嫁給黃少荃，不到二十歲。少荃比她大個五、六歲，眼睛大大的，臉頰微削而蒼白，多情善感，豪爽溫和，卻又帶有幾分放蕩不羈的藝術家的氣質，所以他去上海讀書，就攻讀美術系，油畫國畫都有相當根柢。他特別善歡印象派雷諾爾的充滿健康與歡樂的生命感的人物畫，尤其是像「泉邊少女」之類的裸體畫；他認為那是極富魅力的藝術品。過去，他曾經用心臨摹過好幾幅。在國畫方面，也喜歡畫仕女人物。他豪爽的性格中蘊含著詩人的憂鬱，寂寞也常常吞噬他的心靈。他從上海回來，就在一所高中教美術；因頗有畫名，常有一些青年朋友到他的畫室跟他學畫。

少荃娶了像我的表姊朱蓮這樣的漂亮、精明、能幹的女人，在我們這些親戚的心目中，都認爲是一對十分完美的結合，應該是神仙眷屬那樣的幸福美滿。不過，每當表姊回娘家的時候，大家向她探問婚後的生活，她總是誇耀說：「我已把他管得緊緊的。我叫他東，他絕不敢西；叫他西，也絕不敢東。」我們都很相信表姊御夫的本領，因爲少荃表姊夫在我們的面前，對表姊總是百依百順的；但似乎漸漸失去往日那樣的豪放的情興、開朗的笑語。

大概在他們結婚後三年多，傳來少荃日漸憂鬱蒼白，後來關閉了家裡的畫室；後來又傳來少荃辭去了學校的教職；終於傳來他生病在家休養的消息。我決定去探望他。

表姊家的大客廳擺設跟過去不同。過去兩邊粉壁上掛的都是宮妝仕女，都是表姊夫的手筆；不知什麼時候換成春花夏荷秋山冬雪四景。正中一張橫案，橫案的上方也改掛一幅表姊夫畫的極工細的仙鹿圖。額頭突出的南極仙翁，拿著一根枴杖；身旁有一隻花鹿，雙腳前跪，躺在花叢邊。但在南極仙翁的笑容裡；細細看去，我總覺得有一絲拘謹憂鬱的陰影在內。畫圖兩邊是一副名家寫的對聯，龍飛鳳舞，寫著十四個字是：

「壽高北斗星辰上，
　祿在千山煙雨中。」

表姊對我說：「客廳掛那麼多女人畫像不好看。」

從走廊過去有一所小花廳。過去是少荃表姊夫作畫的地方，裡面有書桌、畫架，橫七豎八堆些已畫好的油畫、水彩畫、工筆畫、人物素描，還有畫筆、顏料、畫板等等。現在少荃生病就在這裡靜養。過去畫著許多美麗可愛的女人畫像，都不知被朱蓮表姊搬到那裡去了。還有那些畫畫的用具，一件也不留下。

少荃躺在單人床上，精神萎靡不振，雙頰尖削。我們談了一會兒，覺得他很消沈抑鬱，不大言笑，好像完全失去往日豪爽好客的性格。其實他結婚後，由於朱蓮表姊非常愛他，照顧得非常周到，可以說無微不至，幾乎不要他動一根手指頭，表姊夫就好像是她的心愛的玩偶，把他看管得緊緊的，不許別人碰他一下，他是非常怕表姊的；我們笑他有「季常之癖」，堪稱「懼內會長」。可是表姊呢，卻似乎是妒性極重的母老虎；就我所見所聞，舉一兩件小事，你也就可知，我並沒有言過其實。

過去，少荃表姊夫因爲是畫家，上街看見漂亮的人，不管是男的女的，總要多看一兩眼，好像品賞藝術品似的。結婚後，和表姊上街，他仍不免會習慣地看女人。我們就會看到表姊圓睜著杏眼，當著我們表姊夫開玩笑說：「死會啦！」表姊夫聽了總是尷尬得很，不知怎樣說才好。這兩三年來，似乎已經沒有女學生到表姊夫的畫室學畫了。因爲表姊的論調，男人自古就是喜歡多妻主義；現在法律雖然明定一夫一妻，但傳統的多妻欲念，仍然潛藏男人的心中，何況男女接觸多了，日久就會生情，應該防患於未然。女學生來，多說兩句話，表姊總是表示不滿。表姊夫也就不收女學生了。

少荃表姊夫最感到痛苦的，是由於表姊的妒嫉成性，大大侷限了他作畫的題材。現在，他已不能畫他所喜歡畫的題材。他所能畫的人物畫，只是象徵什麼福祿的南極仙翁呀，或終日枯坐參禪的僧佛呀。我想這實在有違他的天性。他的心靈又怎麼會快樂呢？當然，我還沒有料想到他的內心深蘊著不自由的痛苦！有一次，他對我說：

「表弟，你將來結婚，千萬不要娶太愛你的女人！這樣，你會減壽的！太愛你的女人，會使你失去所有的自由，甚至心靈的自由，成爲愛情的俘虜。」

後來，我又去看過幾次。表姊夫的病情，一次比一次沈重，往日的風采完全消失，一臉憂鬱蒼白，下巴瘦削，令人感傷！表姊遍請名醫治療，盡心看護，總不見痊。眞不知是什麼病使他病到如此憔悴枯槁，神失魄喪。

果然，拖到那年的秋末，少荃表姊夫像最後的一片葉子凋落了，留給朱蓮表姊綿綿無盡的悲傷！

2

少荃過世後，朱蓮表姊常常以淚洗臉。當時，女人喪夫，沒有人再嫁，無數的日子只有一個人在孤獨中過。起先，大家對表姊的哀傷，覺得這是人情之所不免，頂自然的現象。但表姊卻常哭著自責說：少荃病死，她應負絕對責任。我們都奇怪，她何以要如此內疚自責？

我們常見她兩眼發呆，沒精打彩，行動遲鈍，消沈抑鬱。據表姊夫的家人說：朱蓮常常不眠不食，體重也減輕了許多。她懷念表姊夫幾乎到了日夕難忘的地步。到後來，有時痛哭到歇斯底里的地步，沙啞失音，乾號無淚，不能自己抑制，全身痙攣震顫，癱瘓倒在地上，甚至昏迷不醒，非常的可怕！表姊夫的家人也找中西醫替她看過，也不見效。時壞時好，大家都說這是心理的癥結，只要解開這一個心結，痛苦才會消除。

那時，醫藥還沒有現在這樣的進步，在我們的家鄉也還沒有治療心理的專門醫生。後來有一個鄰居說：「附近有一個神僧，能替人招討亡魂。也許把少荃的魂招來，安慰一下朱蓮；朱蓮這種痛苦悲傷，就會減輕。」我也因此有機會目擊這樣的靈異現象。這也是我爲什麼要寫這篇故事的原因。

那一天晚上，月色朦朧，一庭花影，表姊夫的家人早已在大廳的正中央擺了一張桌子，等待神僧的駕臨。約莫七點多鐘，這位神僧來了，五十歲左右，眼角下垂，雙唇緊閉，看來就知是一個閱世豐富而又精明善斷的江湖術士。他帶來唯一的道具，就是一顆紅色的大水晶球。他把水晶球按在一個高約五六寸的木座上，然後再放在桌子的中間，在燈光照射下，這水晶球發出紅紅的艷光。他叫我們拿來半碗清水放在桌上。然後叫朱蓮表姊隔著桌子，坐在他的對面。大家圍著他們，看他施展招魂大法。這時大廳裏緊張而寂靜極了。這樣靜，少荃的靈魂要是眞的回來，我們一定可以聽得見他的腳步聲。

這位神僧凝著眼神注視著表姊的眼睛，目光冰冷，好像來自冥間，幾乎要使人暈眩。他對表姊說：「黃太太，請妳先把心情放鬆。不要緊張，對的，放鬆！」他說話的聲調沈重呆板，卻好像有一種魔力，「請相信我，專心凝神，看這水晶球，心裏只想著：馬上就要跟妳先生見面了。再一兩分鐘，妳就會倦極想睡，妳就可以跟妳先生見面了。」這時，大家的注意力都被他吸引住了。表姊臉色漸漸蒼白，目光暗淡，好像聽母親唱催眠曲似的，眼皮漸漸低垂了下來。她的身子好像一下子僵住不動了。神僧又說：「現在，妳要完全聽從我的話，慢慢把眼睛張開。妳看，妳先生已經來了，妳可以將心裏的痛苦，跟他說了。」

我們循聲望去，除了一庭似水月色，隨風晃動花影之外，別無所見，又哪有半個什麼鬼影？回過頭來看朱蓮表姊，她的表情卻大不同，她已經睜大了杏眼，一臉驚喜又悲傷地說：「少荃，你回來了！再不要離開我！這半年來，我非常想念你……我知道我錯。過去，你罵我莫名其妙，無緣無故，把你畫的少女畫像，剪得粉粉碎碎。你說：連畫一張畫的自由都沒有，還不如死去。你要知道：在我心裏只有你一個男人，所以在你心裏也只能有我這一個女人；這才叫做『愛』。你說你沒做什麼；是的，你沒做什麼。可是在你的心靈深處，卻想著許多女人，容許她們的影子存在，你說這個女人漂亮就畫她一幅，那個女人好看又畫她一幅。我的阿妹，你的同學都成了你畫筆下的人物。你畫她們，就表示你喜歡她們。你能說：你做夢沒有想過她們！你是畫家，可作畫的題材很多，爲什麼偏要畫女人？你一幅又一幅畫，眼裏又那裏有我這個妻子！你知道我愛你，所以我要砸壞你所畫的那些女人的畫像！」

朱蓮表姊的話不能說沒有道理。我忘了過去還有一位文藝理論家曾經說過：文藝是苦悶的象徵，作品是欲望的昇華。過去，我總以爲表姊夫很聽話，沒想到還有這許多的秘密。現在，他該怎麼答辯呢？一剎那間，我驚覺起，少荃已經過世；他又怎能回答這些問話？倒要看看，這個神僧又如何教表姊夫的亡魂開口說話？我們正在等待懷疑之際，卻眞沒想到：在這月色亮麗、花影拂牆、人聲闃靜的空間，忽然傳來了一個男子充滿著感情的聲音，說：

「朱蓮，我是一個藝術狂熱者，喜歡畫美麗的女人，有什麼不對。這就像妳喜歡花鳥山水的美，常要我畫一樣。一個人心裏的意念與想法，你也要加以干涉，太過份了。心靈的枷鎖，使我痛苦！雖然我過去曾經抱怨：跟妳在一起，幾乎要變成出賣靈魂的人。但我這一次的病死，只是庸醫看不出我的病因，不能對症下藥罷了。妳不必自疚。現在，我生活過得很好，也很自由自在，想畫什麼，就可以畫什麼。想像無拘無束，如天馬的飛騰天際，如鷹隼的自由翱翔，如春泉的熱情奔放，如仙樂的鳴奏悠揚！妳不必再為我悲傷！希望妳生活快樂！讓痛苦過去！人生相聚，無論結為父子夫妻，親戚朋友，都是非常短暫而難能可貴的，單只是『愛』是不夠的，『彼此尊重』才是最重要。朱蓮，妳還年輕，聽我的話，快樂起來吧！」

說到後面，他的語聲很清晰，雖不很像少荃表姊夫，但他的口吻語氣，倒十分像少荃的說法。我細察聲音的來處，好像在空洞昏暗的空中；卻又好像不在空中，但也不像發自神僧的口中；因爲他的雙唇這時是緊緊地閉著。細聽好像發自他的胸部上面喉嚨下面，又好像從桌面下發了出來。

神僧說：「黃先生已經走了。」他站了起來，走向表姊，用手輕按表姊的頭頂，張開口，向表姊的臉上吹了一口氣，又用手就碗裏抓起一點冷水，彈向表姊的臉上，說：「你可以醒過來了。」

朱蓮表姊好像打了一個寒噤，應聲悠悠醒轉了過來。大家問她。她說：「恍恍惚惚，好像做了一場夢。現在頭還有點暈暈的。少荃叫我不要再爲他傷心！現在心情好多了。心裏的痛苦，似乎也一下子減輕了許多！」

這次「招魂」對表姊的「歇斯底里」的心理，是有相當的療效，她已不再爲少荃表姊夫的死而感傷了。

3

「招魂」看來，是非常神秘怪異而難以解釋的。後來我在一所大學教書，曾將這件事請教一位醫學博士。他說：「這個所謂『神僧』，大概會『催眠術』又會『腹語』，造成『招魂』的幻覺。用催眠術的暗示，使你的表姊在催眠狀態中，以爲自己眞見到了你的表姊夫，而跟他說話。又用腹語，裝做你表姊夫的口吻，回答你表姊許多話；因爲說的是腹語，你們也都可以聽見，卻不見他動嘴唇。你們沒有被他催眠，所以看不見什麼鬼影亡魂；你的表姊被他催眠，所以可以看見他所暗示的幻象。現代精神病科的醫師，治療精神病，常採用增加睡眠，精神分析、注射藥物、電休克等等方法，也有用『催眠的暗示』來消除病人的心中情結，而治好了精神病；這並非神話，早見之精神病醫學的文獻。奧地利心理學者佛洛伊德就是本世紀聞名的精神病醫師，他常用催眠方法，來治療精神失常的病人。」

（一九八七年五月五日新生報）

阿田的願望

我認識李阿田，已經三十幾年了。這三十幾年來，他一家生活的變化，努力的過程，簡直就是臺灣農村演進的縮影。現在回想起來，也眞是一個很有趣動人的故事。

遠在民國三十八年初，我由福州，搭輪過海，剛來到臺灣不久，在一個朋友偶然的介紹下，我認識了李阿田。那時他從關西的鄉下來新竹玩，大概因爲我們都是十幾二十來歲的青年，喜歡結交朋友，只要談得來，自然就成了好友，再說年輕時所交的朋友，沒有地位的懸隔，沒有志趣的不同，沒有貧富的界限，沒有利害的衝突，友情也就越久越濃，數十年如一日，長久的相離也不會沖淡，偶而重聚，飲酒茗茶，言談歡笑，則常常終夕不厭，所以青年時所結交的朋友最爲可貴。

李阿田是一個農家子弟，年齡比我小一兩歲，個子卻比我高一點。他有一頭像野草的亂髮，下巴尖削，臉色蒼白，顯然是由於長期的營養不良所致，穿著粗布的工作服，光著腳丫子，拖著一雙木拖板，走起路來，喀拉喀拉的響。天寒時，腳常常凍得發紫。

李阿田在日據時期，曾受過幾年教育，會講一些日本話，也認得一些漢字。民國三十四年，臺灣光復了，他非常高興臺灣回到祖國的懷抱。他說他非常狂熱地學習國語，到民衆講習班補習。學了幾年，普通話都會講了；只是他在講話的時候，還時常國語、日語、臺灣話，夾雜一起，十分有趣。他跟人打電話，總還是「媽喜，媽喜！」什麼「柯勒」，「阿勒」，什麼「馬踏藕」、「浪得司格呢」、「阿依阿托」，聽得我半句都聽不懂。記得我們第一次見面時他問我說：

「你在哪裏吃頭路？」

「我還沒找到工作呢！」我說。

「你住在底位？」他又問。

「我暫時就住在這裏。」我又說。

後來我們熟了，常常來往。見面時，他總問我：「吃未？」「吃飽未？」一起上街買東西，他總幫著我挑揀說：「這個卡好？」

李阿田又教我臺灣話，「阮就是我們」，「恁就是你們」，「查哺是男孩子，查某是女孩子」，「卡水就是漂亮」，「要睏就是想睡覺」。有時我學了半天，還學不好，他就罵我說：「無路用！」我也教他講國語，他發音不標準，我也反過來笑他「無路用」。我們的友誼就這樣增進，終成爲好朋友。後來他要回關西去，臨別時我們彼此依依不捨。他說：

「底時來關西玩？請到阮兜住幾天。」說著，他小心地開了他在關西鄉下的地址給我。

李阿田回去後，一再來信，邀我去他家玩幾天。那一年七月間，我就坐火車到中壢，再搭公路車，轉往關西。

李阿田的家，是在關西鎮北邊幾里的一個小鄉村。這個鄉村，和臺灣其他的農村一樣，大都是種水稻、甘藷和甘蔗三種作物。村裏百分之七十是租人田地耕種的佃戶，生活都極端困苦。

七月的田野，正是稻穀成熟的季節，一片黃金色，在太陽的照耀下，充滿了新希望的光彩。

我一眼望去，在這片田野上，散佈著一些破舊灰暗的農舍，戰後農村凋敝尚未恢復的情況，猶依稀可見。在田間工作的，大多是婦女和小孩子。我正想向他們打聽去阿田家的路，李阿田已不知什麼時候迎面來了，說：「我早在這裏等你半天了。怎麼此刻才到呢？」

李阿田曬黑了許多。在路上，他說回來後，就一直幫著他的母親在田裏工作。他帶我穿過一段長長的田埂，稻香撲鼻而來，但也時時聞到一些發酸的澆糞氣味。又拐了幾個彎，我說：「假使你不來接我，眞不知道該怎麼走呢？」

「我就怕你找不到，昨天，一接你來信，今早就趕在村頭等你呢！」說著，就到了他家；屋裏空蕩蕩的，沒有半個人影。李阿田說，他的母親和小妹都下田工作去了。

李阿田的家，是一棟矮矮的紅磚瓦屋，正屋橫排著三間；中間正廳，左右是臥室。正屋兩邊各有一兩間廂房，和正屋構成凹形，做廚房、雜物房、廁所。正廳前有一片空地，叫做「埕」，也就是曬穀場。豬舍、雞房、糞坑，都在屋後附近。豬舍裏養著兩隻豬，瘦到肋骨都隱隱看得見似的，沒精打采地躺在地上，滿地是草綠色的豬糞，難聞的臭味隨著薰風傳了過來。另外有幾隻土種的母雞帶著可愛的小雞，到處飛跑，咕咕地叫，你一不小心，就會踩得一腳黑雞糞。整個房屋很矮小，地面是黃泥地，已經發黑，又年久失修，牆壁已大多剝落，窗戶窄窄，十分陰暗，空氣也不大流通，非常潮濕，有一股霉味。房屋的周圍種著一些叢竹。

室內的陳設也很簡單，正廳當中的牆壁上掛著一張紅紙神像，神像下安置著長形的橫案，案上供著祖先牌位的木龕，還擺有燭臺、香爐、小花瓶。橫案前有一張方形的八仙桌，桌前掛著已經變黑的彩繡桌裙，以及幾張圓椅子。臥房裏除了木床，一個破衣櫃外，再別無值錢的東西了。

快到中午時候，李阿田的母親和小妹從田間回來。她才三十六、七歲，看來卻有四十三、四歲了。阿田的小妹瘦瘦的，也光著腳。阿田替我們介紹。阿田的母親微笑著說：「請坐。」然後又說：「國語，我未曉講。阿田說，你對伊卡好，請多住幾日。」

「謝謝。」

「你有吃煙未？」

「沒吃。」

「沒吃煙卡好。」

因爲言語不太通，阿田的母親只說了幾句客氣話，就告辭去廚房裏張羅午飯去了。

這一天因爲請客吃飯，阿田的母親特別在甘藷籤裏摻了些白米，煮成乾飯，菜量也比平日多了些，有一碟鹽巴煮小魚干，一碟青菜，又加了一碟切得薄薄片的五花肥肉，還有一碗蛋花湯。阿田的母親連聲說：「歹勢，沒好菜請你！」這時，農家的生活都過得非常困苦。住了兩三天，我對他們一家的情形漸漸有了瞭解。

據李阿田說：他們是從曾祖父開始，就由漳州遷居關西。曾祖父原是做小生意的，後來因為折了本，無顏回去，就租人田地耕種；到了他的父親，已經三代了，還都是佃農，收穫的大部分要繳給地主做地租；雖然終年辛勤，也仍無法改善他們的生活。

一九四一年十二月七日，日本飛機偷襲珍珠港，爆發了太平洋戰爭。阿田說：「我的父親就在這時被日軍徵召入伍，遠去南洋作戰，留下了我和小弟、小妹阿美三個小孩交給我母親。父親離家的那一天，母親哭得死去活來。但又有什麼辦法？才去時，還有薪餉寄回來，後來慢慢沒有錢寄回來，連信也漸漸少了。不但這樣，日本政府還要我們捐獻破銅爛鐵，配售戰爭公債，搜刮得一乾二淨。到了光復前一年，美軍登陸關島、帛琉島、菲律賓。我的父親據說就在菲律賓戰爭中失蹤，生死不明。據回來的阿欣伯說：他和我的父親在一個聯隊，整個聯隊打垮了，他的腿部受傷被俘；第二年臺灣光復了，阿欣伯才被遣送了回來。他現在走路還一瘸一瘸的。但我們的父親，至今仍然沒有一點消息，恐怕凶多吉少。最痛苦的，當然是我的母親。她常常一個人在半夜裏偷偷哭泣，常常把我從夢中驚醒。」

我只好安慰他們說：「吉人自有天相，不必擔憂，將來總會回來的！」

阿田的母親說：「但願阿田爹只是流落他鄉，一時沒法子回臺灣。」人對不幸的事，總帶著一絲希望來安慰自己。李阿田又說：「光復三、四年，又年年刮颱風，收成壞透了，大家差一點都要餓死。我的小弟就在這種情況下，送給人做養子。現在也不知搬到那裏去了。戰爭造成了許多人間悲劇！」

那時，農村的衛生環境很差，沒有自來水，炎熱的夏夜，不能常常洗澡；蚊子又多，又沒有紗窗，叮得人的手腳都成了紅豆冰棒；最使人不慣的是上廁所，裏面臭氣四溢，下面積滿了溏黃的糞便，成千上萬的小蛆在蠕蠕而動。看久了，教人全身都要發毛；解手出來，衣服一兩小時還薰有餘臭。而當時的農家就大多利用這「米田共」摻水來做肥料呢。

我在李阿田家玩了幾天，我也跟著李阿田一起下田，幫著收割。我摸著一束束豐實的稻穗說：「今年的收成應該不壞吧？」

「可能好一點，因為政府現在正辦理『三七五減租』。往年，瘠田『五五對分』，普通『六四分』，肥田還有『七三分』呢，就是收稻時，地主七成，我們佃戶只能得三成，你說再扣去種籽、農具、肥料等等支出，還有什麼所得？白米全給了人，我們自己只好一年到頭吃甘藷籤了。據說今年起，我們收穫一千斤的稻穀，只要給地主三百七十五斤咯，自己可以多收入些。」

「甘藷籤，甜甜的；我倒覺得滿好吃的！」

「偶而吃吃，所以好吃！我們整年吃，吃得腸胃都泛酸害怕了！」

「那你們可以多種些蔬菜瓜果，多養一些雞鴨豬魚。」

「你眞是城裏人，對鄉下事不知影！種稻都不夠完租吃飯，又哪有空地種菜種樹？人都吃不飽，又哪有餘糧餵豬飼雞？借錢買飼料，利息又高，划不來。而且我們還得替地主代養雞鴨。我們在河川邊，佔一兩畦空地種菜，地主還常來要了去吃呢！」

「這樣苛，你就換一家吧！」

「我們向他們租田地，要先交一年『磧地金』作押租，有時還得預付一年或兩年的地租，租約短的一年，長的也不過三年。地主他們可以隨時增租廢約，哪有我們佃戶換業主的事。不過，現在政府規定租佃期一訂就是六年。這對我們佃農比較有保障。當然，將來我有錢買田，我一定聽你話多種蔬菜瓜果，多養雞鴨豬魚呢！」

「政府的『三七五減租』政策，假使能夠順利地推行」，我笑著對阿田說，

「我想，你不久就能實現你的願望了！」

我和李阿田的交往，並不因我從關西回來，不久就離開新竹，到處漂泊而中斷，我們仍憑藉魚雁往還，維繫著純厚的友情。後來，我就定居台北。

到民國四十年，報載政府要扶植佃農成爲自耕農，決心推行「耕者有其田」政策，行政院公佈放領公地辦法。我心想這眞是對農民的一大福音。第二年七月間，李阿田來信，告訴我他也領得五分上等的水田；這一年年底，他又從地主那裏承領了一甲旱田；地價都是分十年攤還，一年兩次，水田繳稻穀，旱田繳甘藷。攤還的地價款大概佔全年收穫物的四分之一，負擔也很輕鬆。

李阿田來信又說，這是他一家第一次擁有自己的田地，他要像愛女人一樣的去愛它，去耕種它！現在他每天都是在天沒亮，雞未啼，就下田耕作，直做到星兒滿天，月色照地，才扛著鋤頭回去。他要使它變成多產豐收的田地。

後來他來信，又說當地的農會推廣新稻種「光復一號」、「嘉農二四二號」，抵抗稻熱病能力很強，產量增加將近一成。還說他又趕著豬母，到幾十里外畜牧場，和種豬配種；還買進新品種小雞來飼養呢！又說他參加當地農會做會員；政府投資數億在本省各地修建許多灌溉工程，他也參加了當地開渠挖溝的工作。又說他參加農業訓練班、觀摩會、四健會，學會了栽培作物，改良土壤，施用化肥，輪流灌水，噴放農藥，嫁接果樹，防治病蟲害的技術。讀他的來信，我覺得他天天都在進步，努力改善自己的生活，眞教人高興，也鼓舞了我工作的熱情！

我們這樣的通信，又過了幾年。有一天，我突然接到李阿田的結婚喜帖。他特別在喜帖上，附了一行字「我的新娘阿梅雖然是鄉下的姑娘，可是卻長得很『水』！我們都希望你能來參加婚禮，有機會也替你介紹一個。」我因工作忙無法分身，只好寫了一封信致歉，又寄了一筆豐厚的禮金去。阿田婚後不久，又來信說：「附近的石門水庫，已開工四年，大土石壩也快完成了；我們夫婦很盼望你來鄉下玩玩，順便參觀水庫的建設。」於是我就趁著四月初三天春假的期間，從台北前往。這是我第二次去李阿田家做客。

阿田到車站接我。我們這時都已經快接近三十歲了。十年不見，他變了許多。種田的工作，把他完全塑造成一個典型的莊稼漢，更成熟了，兩頰也豐滿了起來，肌膚結實黧黑，手腳的骨節特別粗大。他穿著白襯衫，藍粗布西褲，臉上洋溢著微笑，一手接過我簡單的行囊。當然，鄉村的景色，似乎也跟前次來時大不相同。放眼看去，禾苗非常整齊地浸在淺淺的水中，把四圍綠油油的田疇劃成一長塊一長塊的，高高低低；還有綠樹叢叢，擁抱著一些剛翻修不久的農家，眞像美麗的水彩畫。

我來到李阿田的家；他迫不及待，叫出新婚的太太阿梅跟我相見，她約二十四、五歲，長得清秀，穿著紅襯衫，黑長褲，很樸素，看來是一個快樂活潑的鄉下少婦。他的妹子阿美，聞聲也出來見面。她也已經長成了，豐滿健康，臉頰嫣紅，說話十分甜美，尙待字閨中。阿田的母親又比上次見面時蒼老了一些。我們喝著茶，寒暄敘舊。我發現他們的房屋完全翻修過，阿田說：「這房子結婚前向農會貸款修建的，利息很低；我們有了錢，也存在農會生息。」

屋內都改鋪水泥地，牆壁粉刷一新，兩頭各加蓋了一間房間，廚房裝了紗門紗窗，廁所也改成水泥溝，隨時可以沖洗，由地下溝流往沼氣池。屋後豬舍裏養了五隻盤克夏雜交種的黑毛豬，全身漆黑，但在嘴上、尾巴、腳尖卻長著白毛，壯壯胖胖的，很是乾淨。還有一隻肥碩的大母豬斜斜地躺在地上，八、九隻小豬爭著擠著吮吸牠有許多乳頭的肥滿的乳房。小豬好像很專心地大口大口吮吸著甘甜的乳汁。阿田說：「這是政府養豬場由外國引進推廣的新種，八九個月就長到一百公斤，比土豬可以多長三十多公斤。」雞都關在養雞房長長的籠屋裏，大概有一百多隻吧！有純白的耐克亨，有黑色白條紋的蘆花雞，有洛托紅。他隨手從飼料袋，抓起幾把飼料，均勻撒進飼料槽，一百多頭的雞都從每一欄檻間伸出頭來啄食。他說：「耐克亨一年可以生三百個蛋；蘆花雞能生蛋，又長得快，兩個多月，就可以長到三臺斤；這都是農業機構推廣的新品種。養豬養雞，沖洗地面，都由我牽手和阿美料理。阿姆管煮飯，我只管種田。農忙時，她們也幫著下田。還有屋後那片竹林，我都砍掉改種柑桔蔬菜。現在你來就不怕沒菜吃了！」

我自從那次回到台北之後，又去了兩趟關西，後來終因工作忙碌，就沒有再去了。這樣一幌，又二十多年了。這其間，阿田也來台北，我們也歡聚了幾次。阿田家有一些事，直到現在我才知道；也有一些事，我早就知道。譬如阿田的妻子阿梅，在那一年的年底，就替他生下了一個又胖又壯的男孩子；以後幾年，阿梅就像母雞下蛋似的，一年一個，連續又生了四個，所以現在阿田有三男兩女，實現了他第一個願望。因爲孩子多，負擔重，不能好好照顧；老大從小就跟他種田，老二、老三國小畢業，就去台北學手藝，一個做油漆工，一個做泥水匠。現在老二娶了一個開美容院的台北小姐；只有大女兒美秀，書讀得不錯，去年考上了臺灣大學商學系；最小的女兒美香也唸高二了。

另有許多事，直等到去年，我去關西，參加阿田母親的壽誕時，才知道的。七月十日，是阿田的母親七十歲生日。阿田來信，說要爲她做壽，所以我就早一日帶了壽禮前往。

這是我第五次來關西，應該相當熟悉，所以沒有事先通知阿田。但我一到關西，發現市容已經改變了許多。再坐車到了鄉下，這個小村變動得幾乎教我認不得了！

七月正是收穫的季節，田裏到處是手提的小型動力割稻機和脫穀機軋軋的聲浪，農夫正忙碌地工作。許多曬穀場上堆著一堆堆黃金般的稻穀，婦女用長柄拖在推平它，這都是農夫汗滴的結晶，努力的成果。小孩子在追逐嬉戲開懷爽朗的笑聲，和熱鬧的蟬歌，洋溢在這廣闊的田野上。

在這美麗歡樂的田野，我已看不到往日老式的房屋，看到只是鋼筋混凝土的樓房。樓房之間，隔著叢叢綠樹。我好不容易，才問到李阿田的家。它也是一棟二層樓的樓房。我按了一下電鈴，出來應門的是阿田嫂。她一眼就認出是我，高興地說：「方大哥，請進。」

「阿田哥呢？」

「他帶著老大到田裏去了，也快回來了。」

我一進了他們的客廳，就發現今日農民的生活，已經完全走向現代化了。不久，阿田和他的大兒子駕著十二匹馬力的鐵牛車，滿載著稻穀回來。這種「鐵牛」，就是小型耕耘機，可以整地鬆土，也可以拖個小貨卡，載運貨物。我聽到阿田下了車，就吩咐他的大兒子說：「把車開到後面，讓美秀用乾燥機烘一烘濕穀。」這時，他推門進來，看到我，高興得不得了。

我看著阿田，覺得歲月已經在他的額頭，挖了一道道深溝，濃濃的頭髮也有一些斑白。白色香港衫，淡藍色的西褲，襯得他的皮膚比從前更加黝黑，發著汗光，滿臉質樸和藹的微笑。他伸過粗糙的大手，用力地握著我的手說：「好久，沒見了！」又說：「你還是和以前一樣。」

「你也一樣！」

「不．我已不像往日的硬朗。」

「你好像發了大財了！這樓房什麼時候蓋的？」

「好幾年了。」

現在農村的生活與工作逐漸現代化了。他們住的樓房，都跟城市沒有兩樣，浴室有抽水馬桶、玻璃纖維浴缸、白瓷臉盆，廚房磁磚到頂，有不銹鋼廚具，此外冰箱、風扇、電視機、洗衣機、縫衣機，應有盡有。住屋面積，卻比城市一般公寓寬敞多了，而且庭院多種花木，空氣新鮮。不但如此，他們大多利用機械農具耕作，幾乎已經沒有人用水牛耕田了。他們除了有鐵牛、貨車、割稻機，還有烘穀機、插秧機、迴轉犁。他們多數採用化學肥料、農藥；灌溉用水，由水利會的溝渠供水；鄉道也很寬大，車子可以直開到門前；可說省力、省事多多了。

第二日，阿田在客廳中設起壽堂，租來一個「壽」字紅燈，掛在正中，紅燭高燃，兩邊擺著壽桃、壽麵，又在曬穀場上張起紅布篷，在鎮上叫來包廚，辦了七、八桌酒席，宴請親戚近鄰。阿美和她的丈夫阿雄也早帶著四個孩子回來了。阿美看來發福了許多，臉上擦著厚厚的脂粉，已經沒有往日那種甜美的神情。阿雄穿著夏季西裝，挺著肚子，好像做了老闆似的。阿田的兒子老二也帶著媳婦，和老三駕著裕隆牌的汽車從台北趕了回來。大家都向老壽星恭禧拜壽，李老太太十分高興，笑逐顏開。大家上席吃酒，直吃到八點多鐘才散了席。

吃過壽酒，當夜我就告辭了主人，乘車返北。在快速飛馳的車上，我想這三十幾年來，由於大家的努力，各方面進步，阿田的願望終於完全實現了，過著安樂富裕的生活！

（一九八三年五月刊於《中央月刊》第十五卷五期）

養狗者戒

1

晚上九點多鐘，我正想上床睡覺，突然聽到麗貞在客廳裡喊我：「你有電話。」原來是我的大學時代同學無何打來的。他在電話裡說：「老方，我眞倒霉死了！我的三樓鄰居說：『要打死我！要打死我！』這一句話，他在電話裡足足說了三分鐘。你說煩不煩？」

「你的鄰居爲什麼要打死你？你跟他有仇嗎？」我緊張地問。

「沒有呀！」他說。

「那他爲什麼要打死你？要說這樣重的話？」

「老方，」無何又說：「我的孩子，被這位三樓鄰居養的牧羊狗咬了一口，牛仔褲都破了洞，小腿上有三個很深的齒痕。我要他把狗送到防疫檢驗所去檢查，看看有沒有狂犬病？我打電話約他一起去。他就在電話裡破口大罵『三字經』

，說：「你把我的狗給槍斃掉好了！你敢動我的狗一根毛，我就打死你！打死你！」足足威脅了三分鐘！你說我倒霉不倒霉？」

我聽了就跟他開玩笑說：「老友呀，你實在太溫和了！假使是我，我就反過來罵他三字經呀！他罵你三分鐘，你就罵他五分鐘，就叫那混蛋小子到你家來。在這法治時代，看看他敢不敢打死你！你怕什麼？狗咬了人還那麼兇，眞是豈有此理！」

「老方，他不是小子。他也五十多歲了，就是這樣不講理呀！」

「無何，你爲什麼不報警呢？」

「我也報告警方，要求幫助協調；但也沒有用啊。不管說什麼，他就是不理，不肯送去檢疫。」

「你有沒有送孩子去醫院檢查啊？」

「去了好幾家，許多醫生對『狂犬病』的症狀就是不懂。有一個醫生還對我說：他行醫四十年還沒見過狂犬病這種病例。一般的醫院連狂犬病的疫苗也沒有，又如何治療呢？前幾年，有一位中學校長也被狗咬了；這隻狗當場就被人打死了。這位校長怕感染上狂犬病，而當時國內又沒有治療狂犬病的疫苗，眞傷透腦筋。後來有人說：北京和東京有。他就千方百計託人去買了回來，後來因爲沒有發病，也就沒有用它。我的孩子若眞傳染上這種病，我又怎麼辦呢？」

「老友啊，你千萬不要急！我家裡有很多醫書，我幫你查查看，狂犬病到底是怎麼樣的症狀？怎麼樣的治療？等一下，我再打電話給你。」

2

我向來認爲住在城市裡不宜養貓狗，尤其住公寓，常常會妨害鄰居。

貓和狗之所以會妨害到鄰居，應該跟無知的貓狗無關。貓到處亂拉大便，臭氣薰人；狗夜裡亂叫，吵人睡眠；這都應該由養貓養狗主人來負責的。因爲貓跟狗天生就是如此，你能對牠們怎樣！如果身爲萬物之靈的人類，也是這樣的一副德性，自私自利，不爲別人著想，那就無可救藥，無法跟他講什麼道理了。

我遷居郊外社區，主要在於避免塵囂煩人。這裡養貓養狗的人雖然不多，還是有一些人飼養這些小寵物。人類自私的心態，也仍然可以從這些養貓養狗的人的身上，顯露了出來。

每當傍晚，我出去散步，常常看見一些人在溜狗，好像是讓一整天關在公寓裡的狗兒，能夠舒展一下筋骨；其實，他最主要的目的，還是要讓他的狗兒，在別人家的門前、花壇邊、車輪下，鬼鬼祟祟的，拋下幾粒狗矢、一脬騷尿，以免弄髒自家的陽台地板。狗屙過便，灑了尿；他們也就帶著狗慢慢地打道回府了。

還有些人養了貓狗，搬家時候也有不把牠帶走的，遺棄在社區裡，成了野貓野狗。當然有些狗長了東西，沒良心的主人捨不得花小錢，送去獸醫那裡治療，成了癩皮狗，就被趕出了家門。貓的性慾和生育力都很強，三幾個月就生一胎三四隻小貓；養貓的主人養煩了，送人沒人要，就一概不管，任牠自生自滅。還有些家在城裡的人類，也常常把不要或多餘的貓和狗，用轎車運到我們這個坐落山中的社區，把牠們趕下車，就急急開車走了，留下那可憐無助的動物，變成了「喪家之狗之貓」。因此，我們的花園新城常見野狗成群地亂跑，野貓懶洋洋地躺在車蓋上睡覺。牠們肚子餓了，就到垃圾箱裡，亂找東西充飢，弄得滿地髒臭。你說像這類醜陋的事情，該由誰負責呢？難道該由這些無知無助的貓兒狗兒來負責嗎？據我所知，那些野狗的命運，有的是被屠狗之輩抓去，成了香肉店的佳餚，進了饕餮之徒的五臟廟。那些野貓的命運則比較好些，因爲臺灣還沒有「龍虎宴」這道廣東的名菜；不然，恐怕也難逃人類之毒手呢！

韓非子裡有一則寓言：「有一家酒店，酒很芳冽，價錢又很便宜；可是他家的美酒就是沒有人敢來光顧。韓非說：原因無他，只因酒店老闆養的狗兒，人一上門，就亂叫亂咬，把客人都嚇走了。」現在一些有錢的人家也常常養些「惡犬」。

過去，我們常常可以看到深門大宅的門口，掛著一面牌子，寫著「內有惡犬」，似乎在警告宵小之輩。難怪現在販狗者要從西藏進口兇猛如狼的獒犬。在我們的社區裡，也有些人養惡犬猛狗來守門的。有一次，我和麗貞散步到了一路，突然間衝出兩隻狗，張牙咧嘴，來勢洶洶；幸好我對付惡狗很有經驗，知道狗的心理，怕硬吃軟，怕兇欺弱；我立刻張開嘴巴，露出雪白牙齒，裝做一臉兇相，兩手高舉，作勢欲撲過去。狗看了，有人比牠更兇，只好夾著尾巴溜了回去，然後在欄杆裡面狺狺狂吠。

最使我難過的是現在有些養狗人缺乏公德心，又不負責任。我們那座大樓，八樓有一家養了狗，可是她工作很忙，白天不在家，夜裡常常晚歸，甚至不回家，狗飢寒難挨，常常日夜吼叫，十分淒厲。七樓熊太太在家養病，需要安靜休息，常被這淒厲的狗叫聲，叫得心煩。

3

貓、狗本身是蠻可愛的。貓性溫順，喜歡倚人身邊，還會捕捉老鼠。狗看到牠的主人，就猛搖尾巴，表示親暱的情意，還會看家、防盜、牧羊、拉車、打獵、救人。西方還將靈犬拍成許多感人的電影。從前，我讀陶淵明詩：「狗吠深巷中，雞鳴桑樹巔。」覺得這種鄉村的生活是那麼優美，並不覺得狗叫聲令人討厭。王維寫給朋友裴迪的信說：「寒山遠火，明滅林外。深巷寒犬，吠聲如豹。村墟夜舂，復與疏鐘相間。」寒夜在人稀聲寂的山村中，能夠聽到犬吠之聲，還有舂米聲，稀疏的鐘聲，確可安慰人岑寂之懷，而覺其聲之美！李白往訪戴天山道士詩說：「犬吠水聲中，桃花帶雨濃。」似乎狗聽到客人來的跫音，也不禁要在滿山流水的聲中，親熱地叫了起來，表示牠的高興與歡迎。住在鄉下養貓養狗是不會妨礙他人生活的，在十幾畝的田野上，小貓黃狗活動的空間很大，隨處拉矢還可以當做有機的肥料呢。

在古代的鄉村，不要說狗矢貓矢，就是成堆的牛糞馬糞，人也不會在意的。蘇東坡晚年貶官儋耳（今海南島儋縣），縱筆寫了一首絕句道：

「半醒半醉問諸黎，棘刺藤梢步步迷。但尋牛屎覓歸路，家在牛欄西復西。」

這種純樸的景象，在現在的中國大陸，仍然處處可以見到。去年春假，我到山東鄒縣拜訪孟子的故居，就看到兩位滿面風霜的老人，穿著厚重的棉袍，坐在孟子故祠門前的石階上，曬著冬陽取暖。路的一邊，有三四隻黃牛躺在乾涸的水坑地上。一條黃土路，到處都是一堆一堆的牛屎，發酸的氣味隨著春風撲進我的鼻腔，但也吹走我當年在燈下吟讀蘇東坡的雅興與美感，而覺得前人那種「阡陌交通，雞犬相聞」的生活，我已經難以適應。更何況今日臺灣的農村已經機械化，用「鐵牛」耕田耘地：「家在牛欄西復西」，自然成了罕見的陳跡，而不復存在了！

4

我終於在書架上許多書中，找到「臨床治療學」。我趕緊撥了一通電話給無何。我詳細告訴他：「狂犬病」的症狀。我說：「現在，你不要再跟那不講理的鄰居嘔氣。狂犬病是一種急性的傳染病。牠的病毒，是存在於病狗的唾液腺和唾液中；人被狗咬了，要看這隻狗有沒有病？狗受到感染，潛伏期最多六週，然後發作。狗病發作了，就會有各種很明顯的症狀：像厭吃食物，反應遲頓，煩躁不安，極度口渴，亂咬東西，叫聲低啞，涎流三寸，到了最後咽喉的肌肉痲痺了，就不能閉上狗嘴。再幾天，就後腿僵直，全身痲痺，而一命歸天。從發作到死亡，快的兩天，慢的八天。所以，你要去注意那隻咬你孩子的狗！那隻狗死掉了沒有？」

「牠關在屋子裡，怎麼知道牠死了沒有？」無何在電話裡說。

「你經過他的門口，有沒有聽到狗叫聲？有狗叫聲，就證明他混蛋的狗沒有不要注射疫苗。」

進醫院，注射預防狂犬病的疫苗。不過，要是狗沒有患狂犬病的話，那麼人也就要注意觀察他的狗，有沒有我所說的那些症狀；假使是一隻，你就要馬上送孩子

「他總要帶狗出來溜達。你就要注意是兩隻？還是一隻？假使是兩隻，你只

「我的鄰居有兩隻牧羊狗呀。」無何說。

死啊！」

「人被瘋狗咬了，會有什麼症狀發生？」電話裡傳來無何焦急的聲音。

「啊，人的症狀，」我看了一下書，說：「人被傳染後，潛伏期大約是十天到十六天，就會發作；但也有延長到兩年半的。發作之後，四十八小時內，神經系統就會出現一些症狀：喉頭有緊緊的感覺，呼吸困難，舉步維艱，心悸恐懼，神經疼痛，而且會發燒到卅八至卅九度，喝水吃東西，都會產生疼痛性的痙攣，所以狂犬病又叫『恐水病』，到後來甚至連氣流、聲音也會引起痙攣的反應。兩天過後，症狀會更加嚴重；這時，病人會斷斷續續地發生各種幻覺，躁狂不安。然後翻胃嘔吐，聲音嘶啞，怕光斜視，眼球震顫，瞳孔放大，大約掙扎到了四天後，也就一命嗚呼。雖然也有暫時彌留不死的，但身體癱瘓，肌肉鬆弛，下巴下垂，口流黏稠白沫，終至於昏睡不醒，體溫會升高到四十二度至四十四度，就是

用藥拖延，也無法超過十八小時。總而言之，此病一旦發作，勢必死亡，無可救也！」

「對的，對的！防疫所醫師也是這麼說的。不過，狂犬病眞的這麼可怕嗎？幸好我的孩子沒有這些症狀。」

「眞的這樣可怕！對了，你的孩子被咬多久了？」

「九月中，到現在已經兩個半月啦！」

「那儘可放心了？只要狗沒死，就是沒有問題的狗。現在，你首先要確定的，就是這隻狗死了沒有？」

「我記起了，大樓的管理員老張告訴我：昨天，他還看到三樓的兩隻牧羊狗。大家聽說我孩子給狗咬了，進進出出，也就非常留神那兩隻狗。」

「現在，你儘可放下一千個心了，不必再把這件事掛在心裡。」

「不！那個可惡的傢伙，在電話裡足足罵了我三分鐘，說要打死我，打死我；而且我們社區兩百多戶，有好幾家養狗。我一定要貼出佈告，告訴他們不要養狗。」

「無何，孩子給狗咬了，是無可奈何的事。沒事，就算了！難道你爲著這倒霉的狗事，還要跟人打官司嗎！再惹一些閒氣來生嗎！」

「你說的也是。」

我看看牆壁上的掛鐘說：「無何，已經十一點多鐘了。我們馬拉松的對話也該結束了。明天一早，我會把狂犬病詳細的資料，影印一份，限時專送寄給你參考。」

「沒想談得這麼晚了！謝謝你，再見。」

這時麗貞在旁邊聽了，微笑著對我說：

「我看你快要變成各業的顧問了。過去有人說：『狗咬人不是新聞；人咬狗才是新聞！』據你所說：狗咬人竟是那麼嚴重。若是有人眞給咬出能致人死命的狂犬病，恐怕就會成爲轟動臺灣一時的新聞囉！不過，你說了老半天，還沒說出；萬一眞傳染上狂犬病，要如何處理的話呀。」

「若眞是狂犬病，病狗就要即刻殺死，送到最近防疫所去檢查。若只是狗有狂犬病的可疑，就應該保全狗命，暫不殺死，但必須隔離觀察，一個半月沒有症狀發生，方可認爲『沒病』；但一般大致只隔離、觀察十四天，因爲在症狀出現的前兩天至八天是不會傳染的，症狀出現後最多八天，狗也就死了。無何的孩子，被咬兩個半月了，狗還沒有死，就可以證明這隻狗，沒有患『狂犬病』。

「還有被瘋狗咬了，皮膚和組織被病毒破壞，就會產生像被發煙硝酸燒灼的痛苦。被沒有病的狗咬了，就沒有這種現象，可以用肥皂水清洗創口，再用食鹽水沖洗，就行了。

「還有根據書上所說：人被瘋狗咬後十四天內，用疫苗治療，很有效果，可以阻止狂犬病的發生；到狂犬病症狀出現，再作治療，那就困難了。但注射疫苗，有人會發生痲痺、癱瘓及神經炎的過敏現象，所以許多醫生都是先把狗隔離，觀察看看。假使十四天內，狗沒有症狀，也沒有死亡，就可以證明狗沒有患病，人也就勿須注射疫苗了。不過，狗咬的部位，是在臉部、手臂，因為潛伏期短，病症發作快，那就不管狗有沒有病？都得馬上注射疫苗，加以療治。

「現在，無何鄰居的狗咬了人，實在應該馬上把狗送去防疫所檢查。不然，被咬的人，若因此死亡，他就要吃上刑事官司了。」

（一九九二年一月十八、十九日新生報）

那一串瘋馬的日子

這是一個天氣極其晴美的下午，蕭克翁從學校回到家裡，突然接到李少鵬的一通電話。約他晚上在「阿波羅」見面，說：「遇到寧中的老同學黃漢傑，才知道你的電話，才知道你也在臺北；還有一切留待我們見面時再談吧！」

蕭克翁接到這樣的一通突如奇來的電話，眞是出其意料之外的驚喜！他和李少鵬從鄰居、同學、到戰友，總有十五六年相處一塊兒，交誼親密，如同兄弟。但自從他離開大陸後：不久，福州淪亡，就跟少鵬音訊隔絕，至今快近四十年了，沒有一絲半點的消息。現在突然接到李少鵬打來電話，並且相約見面：他的心裡當是何等興奮！整個下午，他都墜入回憶之中。少鵬高大英挺的身影，圓圓而常帶著笑意的臉龐，以及那多彩多姿的瘋事，慷慨悲歌的豪情，共經生死患難的戰爭生涯，一霎時間卻像飆車般的閃現在蕭克翁的心幕，似眞似幻，既悲既喜，而難以自抑。

說起那不是遙遠易忘的往事，也不是失落已久的昔夢，而是一連串深深埋存

心底生命的石雕！

1

蕭克翁和李少鵬都是福州市人，住在倉前山跑馬場的附近，兩人的家雖非緊鄰，但相去也不過三幾家，所以從小就是好朋友，一起上同一所小學、中學，放學後常常到跑馬場去玩；而瘋做一堆。

跑馬場地方相當大，是英國商人的租地。英國人喜歡賽馬，就像回教徒喜歡娶好幾個老婆一樣的，是舉世皆知的事情。早在英王亨利二世的時代，英國貴族時常成群騎馬去圍獵狐狸、兔子。後來就由打獵騎馬演變成比賽騎術，開始時還是正常運動，優勝的頒給金杯銀盾做獎品。到了一七八〇年，慢慢變了質，賭猜那匹馬跑的最快，「賽馬」成了一種狂熱贏錢的賭博。於是乎，凡是英國人所到的地方，就往往築有跑馬場。李少鵬的父親和英商太古公司有生意來往，時常到香港。據他說；香港快活谷，就有一個跑馬地，至今每一週還有三天賽馬賭馬。少鵬家裡的書架上，就有一列是他的父親從香港帶回來的「馬經」，專記馬的年齡、體形、速度、狀況、特徵、圖片等等。少鵬從小讀了不少馬經，也就特別喜愛馬，所以時常約蕭克翁一起到跑馬場去看馬。

但倉前山這個跑馬場荒廢已久，並沒有什麼高頭大馬；偶而只可看到幾個洋人在那裡打打高爾夫球。夏秋時，這空曠的場地上，長起密密的野草，尤其是狗尾草翹翹的尾巴，在晚風吹拂下，成叢搖曳，更增添了一些荒涼。有一些年輕的少年在那裡奔跑嬉戲。

夕陽西落了，滿天的彩霞，變幻萬千，這些少年時常躺在這草軟如茵的大地上，快樂地談著他們的美夢與抱負。蕭克翁常常說：「將來，我要唸交通大學，做工程師，開發鐵路公路，建設我們的國家，使道路四通八達。」

「做土木工程師，有什麼好呢？」這時李少鵬就會笑克翁的夢想說：「不如跟我做旅行家吧，一起騎馬旅遊，觀賞各地勝景，吃遍天下好菜。」

「要不做事，誰給吃玩啊！你連馬屁股，都沒有摸過，又怎麼會騎馬？橫直吹牛不花錢。」

當時在他們的家鄉要摸馬屁股，還的確不容易，只有上城裡看親戚，到臺江汎送客，才租馬車來坐，才有機會看到馬。這些拖車的馬，整年馱著重負，早已被壓得老邁不堪：不過在陰霾的雨天，在昏暗的夜色裡，馬蹄踏在石板路，踏在柏油路上，蹄聲得得，十分清脆響亮，仍然教人心喜沈迷。但這仍畢竟是不能常常聽到的，因為那時租一次馬車，所費不少，除了有特別需要，一般時節也不常租馬車出遊。有錢的人家出入，也只備有「丁當、丁當」的家車。

有一年，東洋人的馬戲團來到福州公演，高高的戲棚就搭在跑馬場上。這次，蕭克翁和李少鵬看到許多動物，除了有大象、獅子、老虎、猴子外，還有許多馬。

馬戲團裡的馬，都養得高碩健駿，鬃毛梳攏的非常整齊，毛色光潔發亮，非常有神采。少鵬少不了邀蕭克翁一起前往觀看。東洋人在高大帳棚裡演出各種把戲，走鋼索、空中飛人、大象跳舞、獅子穿火圈、猴子騎單輪車、人揮鞭馴虎、小丑表演鬧劇。有的很緊張，教人看得驚心動魄；有的很滑稽，教人看得要笑破了肚皮。李少鵬最喜歡看的是馬兒的表演。

那確是一場極精彩的馬戲，先有一個三十歲上下的人進場；他穿著一身緊身的彩衣，走到場子中間，兩手向左右伸開，然後垂下向觀眾躬身行禮。觀眾報以歡迎的掌聲；但不知什麼時候，他的手裡多了一條長長鞭子。他用長鞭往地上「啪啦」的一下，在輕快的樂聲中，高頭駿馬就一匹跟著一匹進場．總共有八匹之多，四蹄輕舉，配合著節奏，繞場一周。然後走向場前，攏馬師又用鞭子在空中輕輕的一挑，那些馬兒就一匹一匹直立起身來，用後蹄倒退了幾步。觀眾熱烈地鼓掌。接著馬又表演舞蹈，蹄蹄輕輕盈盈，都能和著音樂的拍子，前進後退，旋轉身軀，沒有一絲粗手笨腳之感。一曲終了，攏馬師走近出口處，又用長鞭子一「啪啦」，馬兒就一匹一匹走進後臺去了，攏馬師又對觀衆行禮，然後一轉身也走進後臺去了。

這時，音樂聲變了激揚的調子，就有三匹驃悍的馬進場，隨著樂聲，往前行進；接者有三位騎士進場，在馬後面快走了幾步，只見他們輕輕拉了一下馬尾巴，一騰身，三個人同時騎上了馬背，在圓形的場地上，跑了一圈。忽然間，他們右手一按，一挪腳，又跳下馬來，一旋腳，又騎上馬去；往復三次。這時，最前的一個從腰帶間拿出一面紅色的小旗，忽的一騰身，就站在馬鞍上，右手高舉著小旗，又把右腳屈起，只用單腳站著，讓馬自已快步跑著；後面的兩個騎士，也跟著直立鞍上，又表演倒立、反騎、兩腳騰空各種花式騎術。觀衆都看得目瞪口呆。李少鵬更是著了迷，說他喜歡馬，愛馬，讚美馬是最神氣的動物；他更要學會這一套騎馬的本領。

馬戲團在福州演了一個多月，李少鵬一放學就邀蕭克翁一起去看馬，還帶著畫板、木炭筆、顏料去畫那些馬。馬戲團走了後，李少鵬在學校上美術課，仍然一味畫馬。他畫瘦骨嶙峋的老馬，四隻腳長而有力，兩股鼓起，前膊骨格畢露，低彎著頭向後看；畫肌膚豐滿健康的小馬；畫的最多的是牡馬，高碩英挺，眼睛發亮，長長的身子，全身毛色亮麗，鬃毛尾巴都隨風輕輕飄動，兩耳尖聳，高抬著頭，輕逸地走了過來的樣子。他們的老師贊美少鵬畫馬畫得非常有精神。

李少鵬的觀察力很強，很有藝術家的才分；他又這樣的愛畫馬，將來一定可以成爲畫馬的名家。但李少鵬卻偷偷地對蕭克翁說：「我喜歡馬，並不是要做畫馬的畫家。我要做馬的朋友。乾脆說：我要做一匹馬！你不知道，我時常夢見：我是一匹馬，在夢裡飛馳！那種自由自在，無拘無束！那種在夕陽染紅的大草原上奔馳而過的快意！那種和成群駿馬跑過砂磧，隨著蹄後揚起滾滾的黃塵的美感！那種緩緩踏在皓潔的雪地，深深留下我們一個個腳跡的人生！這都是你們所不能想像得到的快樂！」

蕭克翁受李少鵬的影響，對馬也有了深濃的愛意，也跟著李少鵬兩人玩起做馬的遊戲。他們高抬著頭，嗚嗚的叫，說這是馬嘶；他們迎著秋風飛跑，讓長髮颯颯飄蕩，說那是馬鬃。有時他們仰臥草地，四腳朝天，說這是馬在睡覺、翻滾。甚至有時摘幾片野草，往嘴裡塞，說那是馬兒啃草。

想起那一段生活，眞是瘋極了！也有趣極了！所以他們的同學給他們兩人共起了一個綽號，叫做「瘋馬」。

2

他們「瘋馬」的美夢，不久就被戰爭炮火所轟碎。

民國廿六年七月七日蘆溝橋事變，日本發動侵略我國的戰爭。福建沿海也受到日軍騷擾，先是金門失守。第二年五月，廈門又告陷落。福州情勢也緊張起來，遭到日機轟炸。

有一天，日機成群來襲。蕭克翁躲在一堵矮牆邊。隆隆的飛機迎面飛來，他可以很清楚看到機翼上紅紅的標幟。那架日機好像就要俯衝下來炸射他似的，接著是一陣炸彈的爆響。後面的一條街，許多房屋都被炸塌了，許多人斷手斷腳，死狀極慘。空襲的次數越來越多，福建的省會由福州遷往永安；他們就讀的那所中學也遷往寧化。這些才十幾歲的孩子，只好忍著眼淚離開了故鄉和父母。

他們坐船到南平；又搭長途汽車，經沙縣、永安，到連城；又走了三天，才到了寧化；經過路途總有千里之遙。他們學校到了寧化，與縣中合併，改稱「寧化中學」；學生宿舍設立孔廟裡，因簡就陋，生活十分艱苦。

寧化是僻處福建西部的一座小城，靠近江西石城。四周峰巒，層疊圍繞，寧化好像坐落大鍋底的盆地；與外交通，至為不便。在當時來說，直如「世外桃源」，有一座拱形的屋橋，橫臥在水流湍急的大溪上，田野間還有一座高高的古塔，風景優美。

這個偏遠寧謐的地方，可以說跟外界激烈的戰爭遠遠隔絕。大家來到這裡，起初都暫時忘記了戰爭的苦難，而專心讀書了。有時想家情濃，蕭克翁常和李少鵬到附近的小食店，喝一淺碗的白燒，吃一塊風鴨，聊半日的閒天兒，讓自已忘卻了懷鄉思親之苦。

日子雖然不難度過，但這個大時代抗日的精神，隨著種種困難，磨鍊青年的肉體，衝擊青年的心靈。由於營養不良，水土不服，衛生環境不佳，寧中有許多學生打擺子、下痢、長疥瘡、生蝨子；蕭克翁也感染了隔日瘧疾。瘧疾就是「打擺子」，寒戰時就是蓋上兩三床厚被，也還覺得發冷，高燒時體溫常超過四十一度，混身酸痛，十分不舒服。他們最快樂的事，則是接到父母的來信。信中提到敵機轟炸、親友死亡、戰事失利，不幸消息，又常使他們牽腸掛肚，血脈賁張。這時，學校裡的教育對軍訓課程特別加強，每天總要操練一兩小時，音樂課改教抗日歌曲；國文課多讀熱愛國家的作品。抗日愛國的怒火，在每一個中華兒女的心中燃燒，要發出怒吼狂喊，要給來犯的敵人迎頭痛擊！

有一次，在詩歌的朗誦會上，大家一起朗誦著這樣的一首詩：

「朋友，
為了戰鬥，
我們才在這裡相聚！
為了抗日，
我們都要步上戰地！
在我國廣大的土地上，
漫天烽火！
戰鬥的號角，呼喊著你，
去吧，朋友！
千千萬萬受難的同胞，呼喚著你，
去吧，朋友！
我們是為保衛國家而死戰，
我們希望的是光明與勝利！」

蕭克翁在這一段慷慨悲歌的時日裡，卻也有愜意歡心的事情。李少鵬發現了在孔廟硯池前的草場上，時時有兩匹駿馬：一匹公的，高約八尺，赤鬣棗色；一匹母的，白脊青灰色；還有一匹小馬，棗紅中帶有白斑。是當地張獵戶的馬。這些馬都長得非常漂亮雄健。當李少鵬發現了牠們，就飛奔到宿舍，強拉蕭克翁一起去看。見過多次，他們和善解人意的馬也就混熟了，可以讓他們摸摸頭部，拍拍屁股。他們和這三匹馬終成了好朋友。

有一天，李少鵬要求張獵戶教他騎馬。他大膽地爬上馬背。起先，張獵戶帶著馬走。後來讓李少鵬自己控著馬韁慢慢兒的跑。經過幾次練習後，也就任馬飛馳。蕭克翁也因李少鵬的鼓勵，不久也學會了騎馬。

他們兩人又再過起「瘋馬」的生活。他們常常一前一後，追奔飛逐，馬兒輕快翻蹄向前，好像只用蹄尖寸許著地，又好像四蹄起落，不沾塵土似的，憑風御虛，快意極了，自覺都是身手敏捷的騎士。跟馬日生感情，逐漸也瞭解馬的情性，飲流啃草，隨風長嘶，擂尾頓蹄，顧伴呼侶，相愛就交頸摩娑，生氣就分背猛踢；種種神態，都看在他們的眼裡。

誰都是離鄉久了，就不禁懷念起故鄉。民國二十九年暑假，蕭克翁和李少鵬幾個同學，一起回福州看望父母。這一次，他們不是繞道連城，而是由寧化坐小船，經清流，下九龍溪，入燕江、到永安，轉南平，而回到了福州，和父母兄弟相聚，那種歡愉自不是這枝禿筆所能盡記。

蕭克翁回來不久，戰爭濃烈的氣息，又再激蕩他們的心志。——日本帝國主義者發動侵華戰爭，本在速戰速決，以爲三個月就可以征服中國，實現「東亞共榮圈」的迷夢；所以在南京屠殺我三十萬軍民，想以這種極殘暴野蠻的手段來迫我屈服。然而野獸的狂想曲，終被我舉國軍民堅定的抗戰到底的決心所粉碎，並且遭遇到猛烈的抵抗與還擊了。在徐州，在武漢、在長沙、在桂南、在棗宜幾次大會戰中，我軍都給日軍重創，獲得臺兒莊、萬家嶺、長沙、崑崙關、大洪山、桐柏山幾次大捷。三年來，我們雖損失極爲慘重，但也造成日軍上百萬的傷亡，深陷泥淖，欲拔不得。民國二十八年九月一日，德國進佔波蘭，爆發第二次世界大戰；在國際形勢上，對我國漸轉有利，漸得英美支持。現在戰爭打了三年，我軍也已漸漸轉守爲攻，轉敗爲勝，能夠更番分區，夜襲側擊，逼使日軍龜縮，據守點線。我軍已越戰越強。大家對「抗戰必勝」都充滿了信心！

短短暑假很快結束，他們又回到寧化。家庭溫馨，猶存心中；上課的時候，日子也就特別容易過去。轉眼又歲暮冬盡，寒氣凜冽，侵人襟袖，忽然下起雪來，像絮飛、像蝶舞。當地的人說：「十幾年來，都沒有下過雪；今年卻下起瑞雪，害蟲都要凍僵；明年收成，一定特別有望！」下了一天一夜，雪就有兩三尺厚。第二天，蕭克翁起了個大早，到水塘邊一看，面上都結起一層薄冰。他敲下一片來，輕輕敲打，就發出丁丁的細響。他和李少鵬向張獵戶借了兩匹馬，追蹤古人「踏雪尋梅」的韻事；他們騎著馬，緩緩地走在這一片皓潔的銀色的雪地上，沿著山坡，沿著水邊走去，留下深深淺淺的蹄痕。這種生活眞是雅致閒適極了！雪融的時候，屋簷順著瓦溜兒掛了許多長長短短的小冰柱。蕭克翁說：「這是我第一次看到下雪，而且這麼美！」李少鵬說：「我在寧化，也因這年的冬雪，留下了難以忘懷的夢痕！」

民國三十年的新春降臨人間，天氣又轉暖，田野已插滿綠油油的秧苗，最感到快樂的，是他們都已經是高三下的學生，再三四個月，就可以畢業、回鄉了。性急的同學已在作謀職的打算；有女朋友的同學，魚雁往還，更加頻繁，可能已在計算著回鄉的日數了。蕭克翁接到母親的信，叮嚀他努力準備功課，畢業後回去讀協和大學；二月底又接到家裡匯來一筆款子，叫他多買些好吃的東西吃。

但誰知到了三月，家裡來信卻都是不好的訊息。日本艦艇開始攻擊閩江口我軍要塞，飛機炸福州市區。四月十八日，日軍大舉侵犯福斗島，攻陷長門砲臺。沒有多久，福州陷落；我軍退守南平的惡耗，傳到了寧化。從福州來的寧中學生，因爲不知道自己的父母家人的存亡，都十分擔憂！他們的心情都悲傷沈重極了！低年級的學生，有躲在被窩裡偷偷啜泣，也有抱頭流涕痛哭的。校長召集同學講話，勸慰說：「政府會協助同學度過這個難關；在學的給予公費；應屆畢業的，我們也會設法安排出路。同學儘可安心讀書，不必憂慮！」但這突兀而來的打擊，大家的確難以面對現實，而不知如何是好！蕭克翁對李少鵬說：「我哥哥在省政府工作：畢業後，我們一起到永安去吧！」

李少鵬說：「我們就像野馬一樣的，喜歡過自由的生活，但馬也脫離不了環境的羈絆；我們自然也不能脫世而獨立，離群而索居。今天，家鄉淪陷了，在這僻遠的寧化，雖然聽不到隆隆的砲火，看不見戰爭的慘烈，好像很安全。其實，個人的命運跟國家的命運，一生下來，就緊緊結合，息息相關；國家滅亡了，天下又哪有『世外桃源』？容你苟且偷生？做異族的奴隸，生存還不如死亡！現在我們都已經無家可歸了，我決定高中一畢業，就去第三戰區從軍，參加抗日戰爭。你要不要跟我一起走？」

「好哇，我們一起去。」

3

國軍在這年八月底，就光復了福州；然而蕭克翁和李少鵬仍然不改初衷，前往江西上饒第三戰區從軍。第三戰區司令長官為顧祝同上將，統轄有三十三師兵力，駐防長江以南，贛江以東的江、浙、皖、贛、閩五省的地區。他們經過三個月的短期訓練，因為會騎馬，就被分發到駐守江西的第二十三集團軍鄱陽警備隊騎兵連去。

他們眞是跟馬有緣，蕭克翁分配到一匹馬，從頭到尾，墨黑如漆；李少鵬的一匹是棗紅色，也很高健；跑起來都相當驍悍快速。他們都十分喜愛牠們，總不忘把牠們洗刷得乾乾淨淨，光亮耀人。騎起來，似乎能懂他們的話，東西南北，高下快慢，馳騁飛奔，騰躍飄忽，完全可以隨人心意。牠們時常抬起頭來，迎著北風，嗚嗚長嘶，李少鵬常對克翁說：「馬就是我們親密的戰友，要好好照顧。」

十二月八日，日本海空軍偷襲夏威夷珍珠港，造成美軍三千五百多人死傷，巨型戰艦十八艘損壞，掀起了太平洋戰爭。中國成了英美的盟國；政府動員數十萬民衆，在江浙及後方修建機場，供盟軍的飛機起飛，轟炸日本軍隊。我軍利用山區打游擊戰，時時突襲他們的軍隊、機關、物資集散地，炸沈來往長江上的運輸船舶。這都給日軍極大的威脅與打擊。

到民國三十一年四月下旬，日軍集結了十八萬人，東自浙江杭州，西自江西南昌，對我第三戰區的防地，發動鉗形攻勢，東路攻佔金華、蘭谿、衢縣、江山、玉山，西路攻佔臨川、鷹潭，夾擊並佔領上饒；又由衢縣分兵南下，進至浙、閩的分界山──仙霞嶺，威脅福建。這次浙、贛大戰，在炎熱的夏季間激烈進行，雙方都傷亡慘重，日軍白天出動步兵、大砲、戰車、飛機、艦艇進行攻擊；我軍散布鄉村，藏身山區，藉叢林的迷留沒亂，借夜色的昏暗朦朧，掩護散兵作戰，沿著浙贛鐵路全線，神出鬼沒，處處截擊、突襲，圍殲小股敵人。有一次奇襲日軍第十五師團部，殺死了許多日軍，又擊斃了師團長酒井直次郎。

蕭克翁和李少鵬參加了這次長達四個月的浙贛大戰役，出入槍林彈雨，攻擊敵人，焚毀物資，炸沉船舶，也建立了不少功勞。

七、八月間，我軍開始猛烈的反攻，擊潰日軍好幾個聯隊。日軍在慘重的傷亡中節節敗退。我軍收復了許多失地。記得那是八月中旬，蕭克翁和李少鵬所隸屬的鄱陽湖警備隊，從樂安江一帶分兵三路，攻擊信江北岸的日軍竹原支隊。二十日克復餘江。二十一日克餘干。二十二日克復鄱陽湖邊的瑞洪。

他們這一隊的騎術都十分好，穿山越嶺，馳騁如飛，泅水渡河，非常迅速，槍法都相當準，能夠一邊馳馬，一邊舉槍射擊；李少鵬就能在射程之內，彈無虛發。二十三日那一天，露掛曉林，秋氣涼爽，山色衰黃，在蕭瑟的風聲中還有幽咽的蟬響。山間路邊，橫七豎八，有許多屍體，也無人掩埋，景況十分悽涼。日軍已全面潰退，鼠竄豕奔，正向鄱陽湖方向匆忙逃走。

蕭克翁帶著一小隊騎兵爲前鋒，急速地向鄱陽縣進發，忽然發現山腳下的公路上，有一隊日兵，大約有數百人緩緩地蠕動。他們正自戒備，下馬作戰。日軍似也發現了他們，忽然射來一陣密集的槍彈，呼嘯而過，咻咻的響。子彈擊中叢樹，擊中岩石，硝煙瀰沒，泥石橫飛，蕭克翁的坐騎就在這時被擊中，黑馬頓失前蹄，突然躺了下去，他也就隨著摔落地下，槍掉在一邊，人隨著斜斜的坡地滾了幾滾，才穩住了身子，就覺得左胸前疼痛起來，以爲自己中彈受傷，想爬起來，卻爬不起來。他的伙伴又有兩三個中彈墜馬。敵人已迅速地向他們所在的小山頭仰攻，飛快躍進。距離漸漸拉近，可以看清對方的身形。我軍的還擊使敵人匍匐倒下。蕭克翁忍著痛爬了起來，蹣跚地後退。一個日兵猙獰地舉起槍刺，向他逼近。他趕緊拔出了佩刀，準備作最後的搏鬥。就在這危險的關頭，砰的一聲，敵人突然在他面前自己倒了下去。原來李少鵬趕了下來救他，開了一槍，擊斃敵人。槍彈又如雨飛來，咻咻掠過。李少鵬快速過來，在馬上適時彎身伸手，拉他上馬。兩人騎著往山上飛奔。到了山上，下了馬，李少鵬這才發現右邊的小腿中彈流血。血漬透了綁腿。李少鵬皺著眉頭說：「還好，馬沒有受傷；不然，我們兩人都要成了抗日的烈士了！」

他忍著痛楚，將綁腿解了下來，包紮在傷口的上頭，血液逐漸凝住了。

他們這一隊的騎兵，都已經下馬，找好掩蔽物，和敵人激戰了起來。機槍篤篤的響，子彈咻咻，穿過耳際，時有迫擊砲在附近爆炸，震得山搖地動，煙塵迷人眼目。敵人漫山而來，一波又一波地向上猛攻；幸好他們個個都是神射手，都能沈著應戰，只要敵人一向前跳動，就算他倒楣，給他們重創。死亡前的吶喊，受傷時的呻吟，戰爭的疲累，激昂的號音，大地染滿了斑斑的鮮血，都無法教戰爭停了下來。蕭克翁也忘記了左邊的胸部一呼吸就覺得痛的痛苦。他和其他受傷的人又一起加入，繼續作戰，在他們的前面，躺滿敵人的屍體，自己的伙伴也一個一個犧牲；每一個人都準備戰到呼吸停止，流盡了最後的一滴血，才肯撒手歸去！

有時情況危急極了，但後援的步兵又及時趕來，補充死亡者的位置，雙方又繼續苦戰了下去。侵略者固然付出了他們應付的代價，但我們抵抗侵略的犧牲則更爲慘烈！也只有「一寸山河一寸血」，來詠歌當日中華兒女爲保衛國家犧牲的壯烈！眞是每一寸的土地，都是英勇的將士用血肉之軀爭戰來的！直到紅日西沈，敵人才告不支而潰逃。我軍乘勝追擊，當晚收復了鄱陽縣城。

蕭克翁和李少鵬這些傷兵，都被送進野戰醫院，經過軍中醫師診察，才知道蕭克翁掉下馬時，只是肋骨撞裂一點，並沒有骨折。醫師給他開了消炎消腫的藥物，用寬膠布貼在受傷部位，又用幾條繃帶纏繞胸部，休養十幾天就康復了。倒是李少鵬的傷比較嚴重，子彈斜穿小腿肚，幸好當時子彈殺傷力弱，脛骨沒有受傷，但腓骨斷裂；醫師先用紅藥水替他洗淨傷口，上了藥，然後從腿部到腳跟給綁上兩片夾板，平擺在床上；開始時還天天換藥，小腿的疼痛、腫脹、瘀血，才漸漸消除；並且傷口生出新肌。蕭克翁去看他。李少鵬還擔心將來不能再騎馬了。蕭克翁跟他開玩笑說：「沒有鋸掉，已夠幸運！你應該感謝上帝！」「你不感謝我！還幸災樂禍！假使不是我救你一命，恐怕此刻早已向閻王爺報到了！」

李少鵬足足在床上躺了兩個多月，才完全痊癒，只是走起路來有點跛跛的。他們康復之後，又回到軍中，繼續爲保衛國家、收復失土而作戰。

4

民國卅四年八月六日，美軍B廿九空中堡壘，在廣島投下第一枚原子彈，九日又在長崎投下第二枚原子彈，破壞力驚人，徹底摧毀了侵略者的迷夢。十五日，日本終宣告無條件投降。消息傳到各地，大家都湧向街頭。街上擠滿了人，男的女的，老的少的，歡呼的歡呼，唱歌的唱歌，跳舞的跳舞，握手擁抱，彼此祝賀，有的臉上堆滿了歡笑；有的喜極而泣，熱淚盈眶；也有的因親人在戰爭中死亡，不禁悲自衷來，而號啕痛哭；無論怎樣，勝利帶來了快樂，教每個人都幾乎到了瘋狂的地步！

那晚，蕭克翁和隊上的弟兄，都放懷痛飲，高聲縱談，談過去得意的戰役，談復員還鄉，談將來理想的計劃。蕭克翁和李少鵬，則相約將來一起去北平讀大學，去杭州遊西湖。

第二年春夏之交，在復員、退役、返鄉之前，他們還曾一起騎馬，往湖口鎮，遊石鐘山，聽江水衝擊山下石縫，正像蘇東坡所寫的「聲如洪鐘」；沿著鄱陽湖岸，看我國第二大湖，一望無際，有無數的漁舟，出沒煙雨湖波；還有贛江兩岸，綠野村屋，隔水相對；他們又一起上廬山，拜訪宋朝大儒朱熹講學的白鹿洞。處處勝景，都教人留連！

5

阿波羅是一家氛圍很高雅的西餐廳，環境幽美，宜於朋友聊天長談，所以約在這裡見面。

蕭克翁走了進去，李少鵬業已在座，這兩位睽違久別的朋友，見面時的喜悅，自不待細述。他們談起別後，則不禁感慨萬千。寄身異域。原來李少鵬於民國卅八年初，也離開福州，來到臺灣，臺中農學院畢業後，在臺東、高雄一帶工作，後來以農業專家的身份，被派到中美洲的薩爾瓦多、哥斯大黎加去，在那邊待了十幾年，最近才回國。現在臺北一家公司，負責對外拓銷的業務。李少鵬說：「在薩爾瓦多、聖約瑟的生活雖然不錯，然終非我們的國家。」

談起了近況，大家都已經成家立業，兒女也都已長成獨立，結婚出嫁；當然自己也日漸衰老。蕭克翁的頭髮已經花白，乾如蓬草，一臉皺紋，戴著一付褐色深度的眼鏡，完全是一位學有專精的老教書匠了。李少鵬圓圓的臉已稍稍變成長圓形，頭頂上濃髮已大部脫落稀疏，皮膚乾燥鬆弛，出現不少黑黑壽斑，已完全失去往日英挺的丰采，顯露著歷經人生風霜的倦態。不但如此，他們都自覺體能衰退，小病日多。蕭克翁的痔瘡，時常出血，講課的聲音已不像數年前響亮有力。李少鵬有輕微的高血壓；他最嚴重的是痛風，手背面有些鼓起的小硬塊，他說：「這都是尿酸鈉晶體凝結成的。痛風是營養過剩的毛病；在薩爾瓦多時，魚蝦很便宜，又好吃，我就一小桶一小桶買來吃，結果就患上了，發作起來，手指、足趾、關節常常自睡夢中痛醒，連續幾天，甚至一兩個禮拜。現在控制食物，比較好些。」

蕭克翁見了，才覺得他們往日瘋馬的情興，都早已隨著歲月而遠逝。曹操詩說：「老驥伏櫪，志在千里；烈士暮年，壯心不已！」並不是所有的人都有的胸懷。看著數十年不見的老友，再看看自己，那志壯氣豪的時光，已一去不回！一時心情激蕩不已！不知是誰先說：

「下禮拜天，到后里去騎馬。」

他們似乎又同聲說：「好哇！」

大家可以看到這兩位中年人的眼睛裡，又有了往日炯炯的神彩，好像那久已逝去的瘋馬的心影，又再回來了！他們騎著高頭駿馬，如風飛馳過綠油油的水鄉，火紅紅的峽谷，丹楓黃葉的山村，冰封雪凍的北地，聽柳浪嬌鶯啼，看塵揚沙石飛，賞美酒秋蟹肥，覺寒氣梨花凝，得得得、得得得、得得得的馬蹄的輕響，又在內心深處飛揚起！那一串瘋馬的日子，實在教人留戀！但這年輕美麗的夢，終歸要消翳於空無的天際，教人悵惘不已！

（一九八八年二月八日至十日新生副刊）

廚師和畫家

——一對華僑夫婦的一生

羅先生伉儷打算開車帶我們去拜訪麗貞的高中時代的同學朱佩玲，昨天夜裏羅太太就打電話給朱佩玲，約定今天早上去。舊金山的氣候非常宜人，現在雖然是六月天，並不覺得熱，早上八點多鐘走出大門，還感到有一點兒涼，難怪羅太太司徒慕貞說：「住在舊金山是最舒適的，一年四季都差不多，沒有太冷太熱的時候。」羅先生開的是美國車「別克」，車身很長很大，我和羅先生坐在前座，麗貞和她的老同學司徒慕貞坐在後座。

今天早上有點霧，羅先生說：「這霧是從大海上吹過來的。」舊金山的樓屋大多是兩層或三層，樓上的窗戶都成方盒形突了出來，幾乎每一棟樓房的造型都不一樣，相當雅緻美觀，油漆色彩也都非常亮麗如新，市街兩旁的樓房大多是相連而建的，獨棟的較少。這時灰灰濛濛的薄霧從山下飄飛了上來，如輕紗如淡雲，把那些櫛比鱗次的多彩多姿的樓房，都攏進了海霧裏。遠處黃暈的霧燈和綠色的路樹也在朦朦朧朧的畫圖中，顯得格外美。

海霧隨著海風很快過去，不久到了唐人街，這裏十分熱鬧，來來往往的大多是中國人，有一整段街全賣大陸運來的古董，還有賣魚肉螃蟹的，賣青菜水果的，有賣中國雜貨藥材特產的，還有賣臺灣衣服大陸鞋傘的，還有許多中式的食店餐館和酒樓。我們在一家食店吃了白粥、油條和腸粉；羅先生又在一家廣東燒烤店買了一隻八元五角的大烤鴨，準備送給朱佩玲。接著就由羅先生駕著車上路，車子轉進一〇一號高速公路，平均車速在五十五英里，約八十八公里，因爲車子大，跑起來非常平穩。

不久，車子進入山區。遠望峻山連綿，羅先生說：「你看，那些山上終年不化的白白的積雪，就是我們舊金山人的飲水根源；還有對過的半山腰上火車行駛的鐵道就是早期華工開築的。他們被當做『豬仔』賣到舊金山做勞工開發的。他們到了舊金山，不能上岸，首先被關在移民島——就是昨天我們在雙胞胎山上，遠遠看到的海灣中的一個小島。華工在舊金山開礦造路非常艱苦。」我心想難怪舊金山華僑特別多。近年從臺灣去的也不少，所以在唐人街廣東話、國語都行得通。

美國的一般市鎮，正像我們在美國西部電影裏所見到的一樣，寬寬的大路邊坐落著一些房屋。一座房屋和另一座房屋的中間，都有一段距離。這些房屋整座是木造的，所以在美國電影裏時見車子衝屋而過，打鬥激烈時候人物破牆而出，就不覺得奇怪了。車行約兩個小時轉入了支道，車子開始漸漸往下坡，進入林間公路，羅先生把車速減緩，路兩邊都是茂密的杉樹，時見小松鼠在林間跳上跳下，還有啾啾的鳥聲，和悉索的風吹樹葉聲，從半開的車窗傳了進來。

羅先生說：「許多美國人喜歡遠離城市，住在這種僻靜的地方；你看在這路旁邊拐進去的小路裏就有一家房屋。」順著看去，果然在茂密稀疏的樹林中間，隱隱約約的有一棟紅色的木屋。正是林木深幽處，處處有人家。車子經過一處有十來家的小村鎮，羅先生減慢了車速，指著村鎮頭的一個四方形的餐館說：「這就是朱佩玲和余先生開的中餐館，現在已經租給別人經營。」

我注意到這個餐館朝路的大門上頭，除了英文店名外，還有一行中文，而且在屋子外還掛了幾盞紅色的小燈籠，作爲裝飾標幟。店外面的廣場上停了三五部汽車。我說：「在這樣的地方開中餐館，會有生意嗎？」

「過去，華僑在美國大都開餐館和洗衣作。」羅先生說：「現在有了洗衣機和烘乾機，只有大城市裏還有些乾洗店存在。餐館由於中國菜很有名很好吃，美國人也喜歡。這些餐館大都做附近美國人家的生意，還有假日來此水邊渡假的美國人，不像China town多做中國人的生意。余先生的餐館也有五、六十個座位。」

美國這種小鎮大抵有超級市場、購物中心、銀行、餐館、加油站、派出所。車子很快就通過這個小村鎮，不久就在幾棵一兩丈高的果樹邊停下。眼尖的麗貞對正在樹下剪枝修葉的一個女人的背影，喊道：「朱佩玲！」那個女人轉過身來，手裏還拿著剪子，走過來和麗貞和司徒慕貞擁抱，嘴裏喊說：「他們來了！」

我這時才看清楚她是一個嬌小的女人，有一頭蓬鬆微捲而凌亂的黑髮，棕色圓形的臉上掛著一副眼鏡，露出潔白的牙齒，含著平靜喜悅的微笑。她上身穿著藍色短袖衫，領口滾著一道白色花邊，下身穿一條月白色素淨的長褲，襯著棕黝健康的膚色，看來好像一個農家女人。這時有一位個子不高，穿著淺藍色運動衫，深藍長褲的男人走了過來，一臉風霜，滿頭花白的短髮，似乎歲月與生活都在他的臉上刻下深深的痕跡。羅先生替我介紹，原來他就是朱佩玲的丈夫余先生，年紀和我差不多，比他的太太要大十來歲吧！

余先生家的前面有一片土地，種著一些蘋果、李子的果樹，還有一些玫瑰、夾竹桃的花卉。羅先生告訴我說：「當日，余先生買這地方房屋的時候，曾經邀我一起來買。那時候，房屋連地不過幾萬美金；現在恐怕要十幾萬了。」大家說著已經走到余家的屋子的前面，那裏停著兩部大汽車。余先生指著一部型式古老的，對我們說：「我和佩玲正在重新改裝它，在美國一切都得自己動手，油漆、修房子、做碼頭，弄汽艇……都要學會自己做。這裏人工太貴，付不起。我們買下這名牌舊車，自己改裝也可以排遣退休後的時日。」

余先生的房屋是一棟平房，坐落在一座山坡上，白色的外牆，灰色的屋頂，一進大門就是客廳、餐廳和廚房連在一起，左右兩頭各有兩三間臥室和一套浴室、廁所。右邊主臥室過去，另有一間兩車位的車庫和雜物間和洗衣房。他的客廳鋪著織花的地毯，壁爐上擺著RCA二十六吋的電視，一套雕花暗色厚絨的沙發緊靠著兩邊窗戶擺列著，窗戶上橘紅的窗簾布已經拉開，但屋內的光線並不很明亮，有一點昏暗。餐廳擺著一張原木的橢圓形餐桌，配著六張咖啡色皮套的高背椅。餐桌下也鋪著一塊闊灰邊中央藍方塊上織著許多白花的厚厚地毯。給我的是整個色調的感覺有一點古舊的意味。余先生請我們在沙發上坐下，就忙著沏茶招待我們。

室內的光線雖然不夠亮，不過和室內稍嫌凌亂的其他擺設倒很相配。這時，我才看到牆壁上掛著余先生一家的照片，還有一張英文的獎狀。這些都是一個家的象徵：父母和孩子的生命培育的故事。但令我驚訝的是茶几木櫃上處處擺著些粗樸的木雕，牆壁掛滿許多幅優美的油畫，在昏暗而淩亂的室內放射出特異吸人的光彩。這和這室內的擺設和主人的身份大異其趣，難以解釋。

麗貞和司徒慕貞和朱佩玲，她們三個人都是香港私立培英中學的同班同學。老同學久別重逢，自然有許多話要講。由她們的談話，我才知道余先生兩夫妻最近因爲孩子都長大做事：大女兒讀醫，成績優秀，現在做醫生，已經成家，丈夫是美國人；一個男孩子讀航空，現在是DC10的駕駛員，父母可以免費搭乘飛機，最近他們才去邁亞密觀光了一趟。「因爲孩子不再需要我們負擔，照顧，所以現在就退休了下來，把餐館租給別人經營，桌椅刀叉也一同頂讓，收點租金，再加上社會福利金（老年人的退休金），足夠我們兩人過隱居逍遙的生活了。」余先生笑著補充說：「過去二十多年，我們只是晚上回這裏睡覺；開餐館，每一天都是從早忙到晚，從不知這裏風景之妙，下面河裏魚蝦之多。現在退休了，我駕著小汽艇在河裏釣魚、捕蝦、撈蛤蜊，吃也吃不完；佩玲也可以專心作她的油畫和木雕，你們看這些擺的掛的都是她的作品。」

「佩玲，妳什麼時候開始學畫？」麗貞問道。

「我沒有專門學過，只是小時候看我大哥畫國畫，胡亂跟著畫幾筆。來這裏後忙著找生活，有時覺得煩悶極了，看這裏風景美，就自己練習用油彩畫這裏的一些景物。畫好了，就擺在餐館裏賣，一幅賣四十美金，貼補家用。後來想提高價碼就賣不出去。現在畫只是爲著樂趣，不爲什麼。」

「佩玲，畫的眞好！我還以爲妳學過！」

「雖然沒有眞正學過，不過我也畫了二、三十年了！」

這時，余先生對我們說：「我帶你們坐船去玩玩！」說著，大家隨著余先生出了後門，後面是一個很寬的走廊，有木椅子和木桌子，坐在這裏可以看到滿山坡上的綠樹隨風紛紜擾動，樹聲鳥聲甚美。余先生指著走廊下一小鐵桶的蛤蜊，說：「這都是從河裏撈上來的。」我們隨余先生走下山坡間的小梯階水泥路，到了一座長木條塊做的碼頭，看到一隻小鐵殼馬達船，繫在碼頭邊的樹蔭下，余先生說：「這小梯階路和碼頭都是我和佩玲兩人開出造成的。船馬達壞了，也是自己修理。」說著，他就在碼頭邊拉上一個像鳳陽花鼓形的細十字網的鐵籠子，兩頭向裏凹成漏斗狀，可以讓大蝦子爬進去卻不能爬出來，他說：「我在籠子裏擺些吃剩的雞肉做餌，蝦子聞到香味，就自己爬進去；你看擺在河邊一天一夜，就可以捕到這樣的八九吋長的大蝦好幾十隻呢！今天中午，我們就吃這美味的大蝦。羅先生就麻煩你們把這一籠大蝦帶上去給佩玲做菜。」

余先生把繩子解開，用力把小艇拉攏到岸邊來，讓我和麗貞上了小艇，並坐在中間部分的位子上，他自己坐在船尾，發動了馬達，船慢慢開動，沿著較深的河道緩緩前進，澄藍的水光，翠綠的山色，置身其間，忘記了人世，也忘記了臺北污濁的空氣，擁塞的車道，競爭激烈的人事，偏狹的人心，名利聲色的世界，在這裏一切都寧靜安詳極了。難怪佘先生夫妻兩人能夠優游其間，倘佯其中而不厭。船沿著河岸走了一大圈，遠遠看到有一些美國人開車帶著妻子，躺在小沙灘上晒太陽、游水、駕橡皮艇。看見我們的小船過去，也有很和善的揮手打招呼的。回到佘家已經是中午時刻，菜已擺了滿桌，大蝦截頭去尾炒了好大一盤，還有蔥爆蛤蜊、牛肉河粉、加州青菜、美味濃湯……，談笑盡歡，眞是難忘的一次餐會。

飯後，我趁著她們洗碗洗盤的時候，去欣賞女主人的畫；發現她畫的題材都是取自這裏大自然的景物：像一幅以夕陽爲主題，滿天彩霞和白浪熔金，浪翻波湧，十分生動，是在加州海邊隨處可見的景象。又像一幅綠樹輝映著潭影，在寧靜至極的畫境中，有兩隻白鵝悠然浮游，青藍的水面泛起一圈一圈的漣漪，樹木水草野花都畫得非常細緻，彷彿就是剛才河上所見到的情景的縮影。又一幅畫著山泉飛瀉而下，掛在岩壁間，沖到下面飛花濺雪，幾乎使我聽到砰然的水聲。但使我凝注不捨離開的是較大的一幅，在高高的杉木林間，陽光透過枝葉縫隙從上面漏了一些下來，一點一點的金黃色的光影灑落在林間的草地上，近處有一隻鹿在吃草，遠處還有兩隻麋鹿好像經過似的，樹林裏明暗的光影分佈得自然極了，色彩也調和極了！這種從實生活體驗中的寫眞，自不是終年在畫室中作畫的畫家，所能想像得出，所能畫得出來的，正當我看得入迷的時候，忽聽有人問我：「方先生，在我的畫中，你認爲哪幾幅畫得比較好？你最喜歡哪一幅呢？」

「啊，每一幅都畫得好極了！每一幅我都喜歡！」

下午，主人請我們到客廳後面的寬寬走廊間，喝咖啡，吃甜點，聊天兒，風從山坡下廣闊的樹梢上吹了過來，十分舒爽。起先，余先生夫婦最喜歡談的還是他們的兒子的事，每談到怎樣撫養他的兒子長大，在美國空軍服役，開直升飛機，現在在航空公司工作，他們的臉上就露出愉快微帶驕傲的笑容。又談到他兒子想追羅家的大小姐，卻因工作太忙，沒有和老同學司徒慕貞結成親家，而感到遺憾。羅先生只好解釋說：「孩子的婚事，現在做父母的也無法替他們做主。」

後來不知誰談起了這幾天有數百大陸非法移民，偷渡美國，給發現了，不能夠入境，現在還在美國往墨西哥海上的事件；報載要是偷渡成功，每一人就要付協助他們的不法集團三萬美金。我說：「大陸人哪裏有這許多美金好付？」

「沒錢，慢慢做工還呀！早期華僑的『賣豬仔，買出生紙』也就是這樣的來呀！」羅先生無限感慨地說：「從前賣豬仔是被不法集團騙來的，現在大陸的非法移民，大概也是給騙來的；大概他們以爲『美國遍地黃金』啊！以爲只要進了美國很快就可以償還三萬美金的債務。其實現在美國很不景氣，美國人自己都找不到工作，何況語言不太通的華人！還有入境後，工作與行動都受不法集團控制，要等債務還清了才能自由呢！」

「買紙就是冒名頂替，進入美國；有人告發，就會坐牢。」麗貞說。

余先生笑著說：「當年，我就是買出生紙進入美國的。不過，我是堂叔賣給我的，不必改『姓』；要是買的是外姓的，就要改『姓』，像我姓『余』，買你姓『方』的出生紙，進了美國後就要變成姓『方』的了。那時，我十九歲，卻買了一張二十一年的出生紙，一年一百美金，二十一年總共要付兩千一百塊美金。那時，我在舊金山工作，每月的工資是三十五塊美金，除伙食房租必需開銷外，拼命節省一月能省個十幾二十塊，也得十年才能還清這一筆債務。」說到這裏，他停了一下又說：「至於我入境的問題，直到了我們的第一個孩子在美國誕生，律師替我向移民機構，以『養育美籍兒子』爲由，重辦移民登記，得到批准，這事才完全合法的解決了。」

他們說的，我還是聽不明白，就問麗貞道：「什麼是買出生紙？」

麗貞說：「那時華僑在美國是無法娶到老婆的，有了點積蓄就回台山去娶老婆。然後把老婆留在故鄉照顧父母，自己再回美國，按月寄錢回去養家，因此台山女人特別多，男人大多到美國去謀生，回到美國後也不管妻子有沒有懷孕生兒子，只是算算日子就向美國政府申請一張兒子出生紙，以便將來申請來美用的。有的華僑每年回去一趟，常常領了七、八張出生紙，多餘的就賣給親戚朋友家的孩子，幫他們來美，因此有『買出生紙』這件事，就叫做『買紙』。也可以看出當日華僑來美奮鬥的艱苦。總結一句，是中國貧窮，謀生不易，不然誰願意拋親離鄉去討生活呢！」

余先生接著又說：「後來，我還清了買紙的債務，自己開了一家餐館，就到香港『找阿母』；經朋友的介紹，就娶了朱佩玲回來。」

麗貞怕我聽不懂什麼叫阿母，特別加以解釋說：「當時人都以為美國的『金山伯』有錢，許多香港年輕的少女都願意做『金山母』。」說得大家都笑了起來，害得朱佩玲不好意思，趕緊申辯說：「他哪裏有錢？嫁給他只有吃苦，整年忙碌，又沒有朋友，我只好重拾畫筆，偷閒畫它幾筆，不然在人地生疏的地方，眞要發瘋！對了，方先生，我可以送你們一幅畫，帶回去做個紀念！你喜歡那一幅？務請不必客氣，告訴我。」

我心裏最想要的是「林間麋鹿」那一幅大畫，但我想朱佩玲自己也一定最喜歡那一幅畫，「君子不可奪人之愛」，所以就說「夕陽和海浪」是我最喜歡的。大家又聊了好一陣子，又在余家吃過晚飯，我們才跟主人告辭。朱佩玲把「白鵝」送給羅先生夫婦，把「夕陽」送給我們。我把畫框留下，帶走了畫板。……

我們回到臺北，拿畫去裝畫框，畫店裏的人說：「是哪位名家畫的？畫的眞眞不錯！」

（一九九三年九月二十二、三日新生報）

台北人的第七幻覺

也許你會認爲我下面所描述的這一件事，一定是我拙劣的文筆，枯澀的情思，所幻構出來的騙人的故事，所以寫的既平淡又乖謬，一點也不生動、可信，但這卻是一樁眞實的事件。

就拿我們的社區來說，過去是十分安全寧靜的，不像台北市的治安那麼糟，小偷那麼猖獗。最近報端還登載著這樣的一條新聞：「一個老婦因爲小偷侵入屋內被刺身亡。」不過最近一年，我們這個社區也不行了，好幾起竊案接連發生。有一對夫婦說：他們在半夜被一點聲響驚醒，眼看著一個小偷在床前經過，偷走了他們值錢的東西，而不敢出聲。他們說那是個年輕的小伙子，什麼事不好幹，卻去做小偷！因此，有人說這個竊盜可能就住在我們這個社區裏，可能就住在你家我家的附近。你說當你聽多了這樣的事，在你周圍發生，你們的心裏會有怎樣的想法和怎樣的反應？佛家說：人有眼、耳、鼻、舌、身、意六根，所以一個人有視、聽、嗅、味、觸、知六種正常的感覺；可是有時我們因爲心裏有了一些疑惑、誤解、恐懼、妄想，常常會產生第七種感覺——那就是「幻覺」。現在就請你讀讀下面這個小故事，再來回想一些道理，我想你一定會同意我所寫的這個故事是非常眞實的。

一九九三年八月十五日下午兩點鐘，我和麗貞就到了舊金山機場，準備搭乘華航三點三十五分的班機回台北，飛機準時到達，旅客應該在三點零五分登機；但什麼小意外都會發生，到了四點鐘，我們才登上飛機，以爲馬上就要離開機場起飛了，沒想到飛機移動了幾百公尺，就停住了，機長宣佈飛機有點故障，需待檢修。直到六點鐘，飛機才凌空飛走。現在世界各地飛機出事率很高，所以每當飛機晃動，我就不禁聯想：飛機會不會因機件故障而從高空掉了下來？幸好這次旅行，我和麗貞各保了五百萬元的意外平安險，這樣即使發生任何事故，我們的兩個孩子可以各得五百萬元的保險費，也足可完成他們留美的學業。想想自己這種憑空的擔憂，也覺得好笑！

因爲在飛機上，坐的太久，睡也睡不著，麗貞開始不舒服，惡心，手心冰冷，額頭直冒冷汗。我又怕她會發生休克，趕緊叫空中小姐給她熱開水喝。飛機終於結束了十二小時的飛行，到達了桃園中正機場，加上十五個小時的時差。這時已經是台北十六日晚上九點鐘。我們拿了行李，出了機場，上了小廖的車子，回到家裏已經是十一點多鐘，實在疲憊之極。小廖幫我們把行李由電梯搬到十一樓的門口，我還沒有開門，就看到門上貼著一張字條，上面寫著：

「方先生，你們一回來，請馬上打電話給我。」是七樓鄰居林先生寫的。我和麗貞每次出國都是拜託他照顧房子、餵魚、澆花、收信。過去，他從未留過這樣的字條。看了這字條，心裏想道：「這次大概出了什麼事了！」開門進去，開了電燈，一眼就看到客廳裏整個魚箱裏的水乾了，金魚也不知道到哪兒去了？箱子底還殘留一些細沙、貝殼和石頭；魚箱紅色的照明燈盒則放在廚房料理台上，底部燒得黑黑的，打氣的用具也東歪西倒的亂放。我按一按電視機的開關，螢光幕出現的是密雨般的光點，沒有任何影像和畫面。再用所帶回旅行時候拍攝的電視錄影帶，試試錄放影機，結果是什麼都不能放映出來，而且響聲十分怪異。我對麗貞說：「家裏一定發生了什麼事了？」不會是魚箱老舊的電線走火嗎？假使是電線走火，也不會只燒壞這幾件電器嗎？到底發生了什麼事故？再看看其他東西都沒有異樣，一切如恆，一大疊信件很整齊地放在沙發前面的長几上，大概是林先生替我們收的放的。只有酒櫃上一個福州帶回來的脫胎果盤好像被人動過，從架子上給拿了下來，平平擱置在酒櫃的上面。

雖然如此，我還是放不下心，趕緊上七樓去找林先生。林先生首先從內室裏很小心地拿出七八封掛號信給我，一邊陪我坐電梯下樓，一邊對我說：「我懷疑小偷趁你們去美國的時候，進了你們的家裏！」

說起林先生，他是一位心地極爲善良的人。他的身子不高，大約一百六十公分，終年素食，雙頰瘦削，穿著簡樸，信奉佛教，喜歡讀紫微斗數之類的書，前兩年胰臟開過刀，提前退休，一個人住在山上。他的女兒有時來看他，和他一起住幾天。他做事認眞，對人熱忱，常常幫助鄰居，大家出國旅遊時常拜託他照料。他也因爲身子瘦弱，不免有些膽小怕事。下面就是他告訴我，在我們出國之後這裏所發生的一些事情：

你們去美國的前夕，你們隔壁不是遭了小偷吧？人還在屋裏吃晚飯，小偷公然進去，偷了手提包。他們剛領的薪水、信用卡和駕照都被偷走。這事你知道。第二天，就是你走的那一天，管理會主委陳先生還出了一張佈告，要大家特別留意陌生人。他們也報了警。有人認爲小偷一定不敢再來我們這棟大樓作案！我卻不敢這樣的相信。報案有用嗎？我們這個社區一路、二路也都是在晚上，人在家裏遭了小偷。這位小偷仁兄專門偷皮夾、手提包，他只偷現金美鈔和値錢首飾。他像是長了第三隻眼睛，對這裏的生活十分熟悉，大概在下手之前先觀察研究過，知道你什麼時候回家？你的皮夾手提包經常擺在什麼地方？回家後在廚房裏怎麼做飯？一家人什麼時候在客廳用餐？或者什麼時刻睡得最沉？然後就趁那幾分鐘的縫隙，溜進你的屋子裏在西裝褲袋裏拿走皮夾，在床頭櫃上提走了你的手提包。

自從發生了這竊案以後，我晚上下來替你們餵魚、澆花，總是提心吊膽的，害怕小偷知道你們不在家，藏在屋子裏。我在開門之前，總是先按好幾次門鈴，假使小偷在裏面，也好讓他聽見了快快離開。還有現在的小偷不是有槍就是有刀。要是給發現了，往往變成搶匪，倒霉遇上他，給捅了一刀，那就划不來了。你報竊案，警察先生不是總問：「小偷走了吧！」

你們走後的三四天都很好，每晚我下來開開電視，都沒有什麼事情發生。但是到了第四天晚上，我在前陽台澆完花，轉身經過起居間，發現裝有號碼鎖的鐵櫃門，好像被人撬開，鐵門還虛掩著，不是關得緊緊的，而且門邊的油漆還有一些剝落。爲了保持現場的情況，我也不敢打開來看。眞的，我當時害怕極了，毛骨悚然。不過，我斷定小偷已經得手離開了，所以我還能大著膽子，敢一個人從樓上查到樓下。門窗還都關得密密的，只有客廳裏的這個長矮櫃子的抽屜，一個個都沒有關緊。我知道你們夫妻都是愛整齊的，抽屜不可能這樣子的亂關，一定是有人侵入屋裏打開過。有沒有東西給偷了？我不知道。當時眞的相當害怕，心裏發毛。第四天晚上就不敢下去，而改在白天下去餵魚。

這時，我正想就林先生的疑點加以解析，可是林先生並不讓我有插嘴的機會，他又滔滔不絕的說下去：

這樣又過了幾天。有一個下午，我下去餵魚，卻發現魚燈不亮了，水箱裏打氣的幫浦也壞了，沒有氣泡上來，三四隻金魚奄奄一息，我給牠們飼料也不上來吃，只是躲在箱底一動也不動。昨天還好好的，怎麼一天就變成這樣子，又叫我疑心是不是有人進來動過手腳？我打電話給新店水族店，請他們來幫忙。他們卻說：他們沒有做這一種服務。再兩天，金魚全死了。這個魚箱好像是密閉的，我又不知道怎麼打開？裝著滿箱的水又重得很。我沒辦法，就打電話給福林樓你的學生王先生，請他過來幫忙，但兩個人也搬不動。又過了三四天，魚箱裏透出臭味，水變得一片混濁。我只好請社區裏掃地的老王來清理。他願意做。他設法了老半天，才把魚箱上面的玻璃蓋掀開，把魚燈和打氣的拆下，把穢水一口杯一口杯舀乾，金魚只剩下幾條殘骨。好歹魚也是一條有生命的生物，我就叫老王把魚骨掩埋在外面的花壇裏。我又從家裏搬來一架電風扇，把一屋子發臭的死魚氣味吹走。免得你們回來聞那難聞的氣味。老王弄了一兩個小時，做的很辛苦，我就給他一千塊工錢。

過去你們出國都沒事情，單單這次卻怪事連連發生，令人驚魂！

到了八月二日晚上九點多鐘，我散步回來，從四樓天橋上往下看，卻發現一樓你們客廳裏燈火通明。我想你們還沒回來，怎麼會有燈光呢？我確定是小偷進了屋子，恐怕還在裏面呢！我一個人不敢下去看，趕緊回我家裏打電話找王先生過來。我們兩個人到了你們家門口，猶豫了好一陣，還是不敢進去看，連電鈴也不敢按。我們又找兩位鄰居來壯膽，但四個大男人還是不敢猛然進去。我們在你們家的門口，先長聲地按了十幾下電鈴，又大聲在門外說話，可是裏面一點聲音動靜也沒有。我們又上四樓的天橋往下看，平常你們家園子裏濃密扶疏的樹影在屋裏的燈光輝映下，是十分幽美的；可是這天晚上，看去黑魆魆的，卻變得很怕人似的，小偷好像就躲在那陰暗處，還沒有離去。我們雖然知道：這純粹是我們自己心理的恐懼感造成的。你的屋子大，藏兩三個人在屋裏屋外實在不容易教人發現。最後，我們只好打電話給社區的警衛。他們來了兩個人，拿著警棍。一共六個人，人多勢衆，我們的膽子也就壯了起來。我用鑰匙開了門進去。客廳裏的燈開得亮亮的，沒有一個人影。我們一間一間地巡視，屋子裏的情況沒有什麼變動，落地門、玻璃窗也關得很好。裝有號碼鎖的鐵櫃門還是那樣的虛掩著。社區警衛也不敢去打開。他們說：「不要打開，以免攪亂了指紋。」我按了按電視，可是電視的畫面和聲音都完全沒有了。方教授，你們回來了，眞好！你們看看有沒有什麼東西丟掉？好報警。對的，我建議你們應該馬上裝個鐵門鐵窗。

我聽了林先生的描述，心裏感到十分虧歉，沒想到出國五十二天，卻給鄰居增添了這許多麻煩事情。我只好先安慰他說：

我們家除了幾本書以外，沒有什麼值錢的東西！這架電視也用了十幾年了，時常要修理。錄放影機也是很蹩腳的貨。酒櫃裏擺的多半是做擺設的空瓷酒瓶，就是有一兩瓶朋友學生送的，也只是臺灣的福祿白蘭地、東引的風濕酒、韓國慶州的法酒，不是什麼xo值錢的酒。至於麗貞的項鍊、戒指、胸針、耳環雖然好看，但卻都是極普通的首飾品，並不是什麼名貴的珠寶鑽石。我想小偷要是進來，會大失所望的。至於你說裝有號碼鎖的鐵櫃，那是大同做的書櫃，過去是用來放我們重要的證件，像畢業證書、學校聘書；現在這些文件都擺在銀行保險櫃裏，這個櫃子只是用來放一些已經發表過的稿子和資料，櫃門早已經關不緊了，你打開看看就知道了。還有客廳裏的這個長矮櫃子的一些抽屜，工做得爛透了，一關上就常常不容易打開，所以我故意不關緊。還有要是小偷眞的進來，他們一定會翻箱倒櫃，搞得一榻胡塗，不會不留下一些跡象！電視機沒有畫面，可能因爲沒人看發潮的緣故，也可能是屋頂上的天線電纜又被安裝第四台的人「無」意剪斷了。倒是錄放影機，我們走之前剛換過新磁頭，現在也放不出來，是不是又壞了！過兩天，再找人修理！林先生，眞的非常感謝你，不但幫我墊錢，還給你帶來這許多麻煩！

林先生聽了我的解釋之後，才豁然如釋重負地說：「這樣看來，是我心裏過慮所致。這也可能是我前一天澆花，開了燈，離開時忘記關上吧！」

（一九九三年九月二十九日青年日報）

第二輯　歷史小說集

盜塚

一、西安勝蹟

西安是漢、唐兩代的古都，秦朝京都咸陽也在附近，古人的勝蹟遺留下來的極多。這幾天來，我和麗貞參觀了西安歷史博物館、碑林、秦始皇的兵馬俑、項羽款待劉邦的鴻門宴、楊貴妃沐浴過的華清池、武墨園、永泰公主塚、高宗與武則天合葬的乾陵。我們的車子好幾次經過灞橋，現代建築已經沒法教我興起「折柳送別，黯然銷魂」的離情別緒！

武墨園造景優美，十分悅目。兵馬坑內的陶俑，一如眞人，都高達一米八以上；古漢人要比今漢人壯碩多了！在乾陵的步道上漫步眺望，令人驚歎此間氣勢之開闊雄偉。有三四個鄉下的女人，手裡拿著土馬古錢在兜售，緊跟著你，實在有點煩。「大概都是倣製品吧，」我對麗貞說：「那會有眞的墓藏，在這賣呢？」

在前往永泰公主塚的路上，替我們開車的侯師父談起了：「永泰公主塚」曾經被人偷盜的傳聞故事。

說到永泰公主的塚墓，不禁使我回到一千三百多年前唐朝女皇帝武則天的時代，那是一個以特務酷刑、鬥爭殺戮來鏟除異己的恐怖時代。後來中國歷史上的極權統治者應該都是她的後輩吧。

二、武則天

我們知道在封建時代，大家爲了爭權奪位，朋友互相拼鬥，骨肉彼此殘殺，則不知凡幾。就以唐太宗李世民來說，他雖然認爲「兄弟相殘，古今大惡！」可是在「你活我死」的慘酷政爭中，他還是發動了兵變，殺了親兄弟：太子建成和齊王元吉。事後連他們的兒女也都遭到殺害。兵變後的第三天，高祖即下詔封他爲太子，說：「今後，軍國各事，不分大小，都委由太子處決。」又五十七天，高祖即傳位太子。可知搞政治的人物，是不講「溫情主義」的。

武則天，自名曌，工部尚書武士彠的女兒，姿色迷人，聰明絕頂。十四歲進宮，爲唐太宗的才人。長期在宮廷中耳薰目染，使她知道如何把握最佳的時機，鬥倒敵人，執掌政權，而登上皇帝的寶座，成爲我國僅有的一位女皇帝。

武則天最愛炫談誇言的一件事，就是「鐵腕馴馬」。她說：「太宗有一匹烈馬，叫做『獅子驄』，沒人敢騎。我就對太宗說：『給我三樣東西，一鐵鞭，二鐵鎚，三匕首。用鐵鞭打牠，不服，就用鐵鎚鎚扁牠的頭；還不服，就用匕首割斷牠的咽喉。』」「以威刑控制人」早已潛存她的心中。

武則天比皇太子李治大四歲。李治是一個為人溫和、性格柔弱的皇子；唐太宗以為他能包容兄弟，不會再走上自己的覆轍，因此選擇他為皇太子。李治做了太子之後，時常入侍太宗，因此兩人能夠時常晤面，一個情竇初開，一個姿色迷人，自然墜入了偷偷相戀的浪漫之網。

貞觀二十三年（六四九）五月，太宗崩逝。凡是皇帝用過的女人，通通要削髮為尼。太子李治登基，就是高宗皇帝。第二年太宗的忌辰，高宗去感業寺上香時候，他們兩人重聚，舊情復燃，時通款曲，珠胎暗結。他們愛情的結晶李弘在永徽三年（六五二）正月誕生。五年，高宗宣召她進宮。這年，高宗二十七歲；武則天已經三十一歲，正是女人的心靈與肉體最成熟的時候，豐腴的胴體使人瘋狂迷醉，超人的智慧教人欣賞愛戀，所以她深深得到皇帝的寵幸。她出身富家，用錢大方，宮監願意做她耳目，朝臣願意為她效力；不久她被封為昭儀。

武昭儀天生是鬥爭的好手，陰狠毒辣。她偷偷把親生的女嬰悶死，驚啼哭泣。宮女說：「王皇后來過還逗著玩呢！」暗示皇后殺了她的女兒。由是高宗有廢立之意。

第二年十月，高宗分批召見大臣。高宗說：「王皇后沒有兒子。朕想立昭儀爲皇后。」長孫無忌說：「王皇后出身名門，沒有過錯，豈可輕廢！」褚遂良說：「武氏曾事先帝，衆之所知；天下耳目，怎能遮住？」而力加勸諫；可是李勣卻說：「這是陛下家務事，何必徵求他人意見。」許敬宗說的更妙：「鄉下老多收了十斛麥子，尚且要換個老婆；何況天子更立皇后，又關各人啥事？亂發什麼異論！」高宗終而改立武則天爲皇后。顯慶元年（六五六）正月，高宗並立她所生的代王李弘爲皇太子。李弘已經出生四年了。後來，王皇后和蕭淑妃都遭到武后的毒手慘殺；兩人的父母家人也都遭到迫害。

子以母貴，這是中國的傳統。但做皇太子並不幸運，因爲他是皇帝的繼承人，經常成爲激烈的政治鬥爭的犧牲者，不少是今天顯赫在位，明天身亡家破。

顯慶之後，高宗風疾纏身，頭痛目眩；臣下奏事，時令武后處理。七八年來，她憂心盡力地協助處理國事，時間久了自然也掌握了大權。到麟德元年（六六四），高宗上朝視事，武后垂簾後面。大小事情，皆都參與，生殺用人都由她一個人來決定，高宗只管署名，反而成了政治舞臺上的配角了。她網羅一些文學人士編撰《列女傳》、《臣軌》等書一千多卷，人稱「北門學士」，作她的智囊；

起用能征慣戰的程務挺、王方翼、黑齒常之爲大將攻擊突厥、吐蕃；又提議封禪泰山，要跟三皇五帝比一比隆盛。高宗之世，各地的蠻族夷人也都來聘問進貢。她就是這樣的一位比男人能幹的女人。後來，高宗號天皇，武后號天后，中外人士叫他們做「二聖」。

武后她前後生了弘、賢、哲（又名顯）、旦四個兒子。

太子李弘仁慈孝順，尊敬大臣，治國理念和武后不同，好幾次違逆意旨，惹她生氣。上元二年（六七五）三月，高宗氣喘頭暈得厲害，想讓武后攝政。中書侍郎郝處俊提出反對的意見：「天下應該傳之子孫，不可委之皇后，以免造成了動亂。」高宗想禪位給太子弘。太子弘卻因吃錯藥突然病死。歷史家懷疑她爲了要掌握大政，不惜下毒謀殺了自己的親生兒子。

六月另立雍王李賢爲皇太子。李賢是武后的次子。她因忙著政事，把他託付姊姊韓國夫人帶大。李賢以爲自己是韓國夫人的兒子，不聽她管教。李賢學問淵博，是《後漢書注》的主編。《後漢書注》完成，高宗特頒賀辭讚美他：「專精墳典，往聖遺編，咸歸壼奧；先生策府，備討菁華；好善載彰，斯在家國之寄，深副朕之所懷。」永隆元年（六八〇）八月，有人向武后告李賢縱情聲色，親近小人；派人調查，結果在東宮馬廄裡搜出黑盔甲三百領。私藏兵器，在任何國家都是重罪。高宗素來疼愛這個孩子，遲疑徘徊，不忍定罪。可是她這個做母親的卻說：「爲人兒子，心懷逆謀，這是天地所不容的；陛下應該『大義滅親』，不可寬赦？」遂以「謀逆」定罪，廢爲庶人。幾年之後，這位過去很有聲譽的太子，雖已廢爲庶人，仍有他影響力，所以當她完全執政時候，又派人前往巴州逼令他自殺，死年三十四歲。李賢臨死前寫了一首《黃瓜詞》：

「種瓜黃臺下，瓜熟子離離。
一摘爲瓜好，再摘使瓜稀。
三摘猶爲可，四摘抱蔓歸！」

武后的第三子英王李哲，繼爲皇太子。

弘道元年（六八三）十二月，高宗崩，年五十六歲。武后這時六十歲。李哲即位，是爲中宗，年二十八歲。武后爲皇太后；高宗遺詔：重要的軍國大事，可奏請太后決定。第二年正月，中宗要封岳丈韋玄貞爲侍中，遭到中書令裴炎激烈反對。中宗迸出了一句氣話：「朕就是要把天下給他，有啥不可！」幾天之後，武則天下令羽林將軍程務挺、張虔勗帶兵進宮拖皇帝下去，廢爲廬陵王。中宗申辯說：「我有什麼罪？」她說：「你要把天下給韋玄貞，還說沒罪？」中宗做了五十四天皇帝，就因這麼一句氣話下台。她讓第四子豫王李旦掛名皇帝，就是睿宗。他也已經二十三歲；但她卻說：「皇帝愚闇幼弱，需朕代為親政。」所以國政就完全由她處理。

武則天的姪子武承嗣建議追尊武氏的列祖列宗，建立七個宗廟。她又封娘家子弟為王公高官，擴大自己的勢力。唐朝宗室當然忿忿不平，眉州刺史李敬業矯稱李賢令他起兵，駱賓王作《討武曌檄》聲討她說：「包藏禍心，窺竊神器。」而召集了十幾萬義軍，聲勢頗為壯大。她派李孝逸率三十萬兵平亂。李敬業不久敗死。

她因此懷疑許多宗室反對她，大臣不服她。她因此建立特務組織，鼓勵人告密，重用酷吏周興、索元禮、來俊臣等嚴刑拷問，羅織人罪，濫行殺戮。當時人害怕這幾個人，比見到虎狼還要恐懼萬端。來俊臣撰寫《羅織經》，專門用來教導其徒怎樣「網羅無辜，織成反狀」；研究怎樣刑訊、拷問嫌犯，有「死豬愁」、「反是實」各種名堂，「疲勞審問」、「倒懸灌鼻」各種刑法。審問犯人的時候，先陳列各種刑具，使人看了心驚膽破，戰慄流汗，自己誣服認罪。她在改朝的前夕，更變本加厲，清算鬥爭，殺害唐朝的宗室、貴戚幾百人，誅滅大臣幾百家，刺史、郎將以下更是不可勝數。有許多人慘遭滅門，有許多人在酷刑下認罪。她完全是以國家的威權，慘酷的刑罰來控制天下人，鏟除異議的份子，打壓反對的勢力，幾乎每一天都有人頭落地，甚至集體屠殺。這時期可說是我國歷史上最恐怖最黑暗的一個時期。你或許以爲她發瘋了，那你就大錯特錯了！她只是爲了實現個人勃勃的野心，爲了鞏固個人的權力地位，而把人類最原始的獸性極冷靜地發揮了出來！

天授元年（六九〇）九月，天后武則天終於正式宣告爲女皇帝，改國號爲「周」，稱「聖神皇帝」。那天登基稱帝的典禮非常隆重，她頭戴著十二串珍珠旒黃金精製的皇冠，皇冠正中鑲著一塊藍寶石，兩邊各垂著金鈴穿繫四串瓔珞的綠玉墜。皇冠下的頭髮還很濃黑，她在兩眉中間點了一粒紅朱。她的眼睛仍然神采奕奕，鼻子挺直，雙頰搽了一點素粉胭脂，下巴豐滿。她的身上穿著紫襟廣袖的寬大的皇袍，上衣下裙，繡著日月星辰山龍華蟲火宗彝藻米粉黼紱十二樣花紋，肩上披著一條長長的紫紅色霞帔，腰間繫一條鑲玉的袍帶，前面的裙裳上繪著一輪紅日從大海上湧了出來，裙裾很長，拖曳地面。今天，她看來十分高興，但臉上仍然罩著一絲令人畏懼的威稜。在美侖美奐的皇宮中，她高高坐在龍座上，樂伎演奏著悠美的音樂，她接受烏巾紫袍的王公大臣們祝賀。她微微發胖的臉，終於不期然露出躊躇滿志的笑意，最後她的細長的眼睛終於笑成一條細縫。她命令太監宣睿宗李旦上殿，封他做「皇嗣」，賜姓「武氏」，做她的繼承人。你由「

聖神皇帝」的尊號，就可以看出她已經自認是神、是聖人。這時她已經六十七歲了。

我國歷史上，這位女皇帝當然是多謀善斷、專橫厲害的人物，所以許多英傑賢能之輩至死仍樂爲之用，她處理政事的時候也的確做得很不錯。

到聖曆元年（六九八），武則天七十五歲，年事已高，帝位繼承問題浮上了檯面。她的姪子武承嗣，歷掌大權，暗使洛陽人王慶之發動群衆五百多人到皇宮請願，請改立他做皇太子。她沒有答應。侍郎李昭德勸說：「天子應當傳給兒子。從沒聽說過：姪兒當皇帝會替姑媽立廟祭祀。」武承嗣、武三思對她說：「沒有人，以異姓爲嗣！」狄仁傑勸她說：「太宗身陷鋒鏑，經綸四海，蓋爲子孫。豈爲武三思？陛下是大帝的皇后。大帝生病時候，權使陛下監理國事；大帝崩逝後，理應太子接掌政權；陛下卻親掌大權十五年。今天，討論大位的繼承，豈可改變？而且姑媽和親媽哪個親呢？兒子跟姪子哪個近呢？」她聽了禁不住流下眼淚，大聲地說：「卿不是朕的臣子，是唐社稷的臣子！」皇儲的問題就此決定，她召回了廬陵王李哲，立爲皇太子；皇嗣李旦改封相王。武承嗣抑鬱不樂，不久病逝。

武則天晚年頭髮全白，牙齒也掉光，但因美容有術，還不太覺得頂衰老。就在廬陵王李哲回京前一年，太平公主推薦張昌宗入侍禁中，昌宗又引薦他的哥哥易之。這兩個人都是俊美的少年，會吹簫彈琴，塗朱擦粉，穿錦衣繡，入侍宮中。女人到了七十多歲，自然已無「性」趣之可言，她也許只是喜歡跟年輕人一起，就夠她開心，所以這兩個漂亮的青年一到了宮裡就得到女皇帝的歡寵。沒多久昌宗升爲散騎常侍，易之爲司尉少卿。武承嗣、武三思這班人也都因則天皇帝喜歡他們，盡力巴結他們，爭著替他們執鞭牽馬，稱易之爲五郎，昌宗爲六郎。

有一次王公大臣宴集，大家喝酒酣醉，張易之的兄長張同休，對內史楊再思說：「楊內史很像高麗人。」楊再思臉上堆滿了諂笑，馬上剪紙帖巾，反穿紫袍，手舞腳蹈，跳起了高麗舞。張氏兄弟看了，拍掌大笑。當時有人讚美張昌宗說：「六郎面似蓮花！」楊再思又趁機大拍張昌宗的馬屁，說：「應該說蓮花像六郎！」戴令言嘲笑楊再思是又騷又媚的「兩腳狐」。

久視元年（七〇〇），武則天立廬陵王的兒子重潤爲邵王，女兒仙惠爲永泰郡主。永泰郡主不久嫁給武承嗣的兒子延基。這年六月設立奉宸府，以張易之爲奉宸令。則天皇帝每次內宴，諸武和二張必定參加，飲酒博奕，嘲笑戲謔。她想掩蓋這些事，命令二張跟文學之士李嶠等人一起在內殿，編修《三教珠英》。武三思奏說張昌宗是王子晉的後身。她命令昌宗穿上了羽衣，吹著笙簫，坐著木鶴。文士都賦詩贊美。奉宸府多選俊美少年充當供奉。右補闕朱敬則上書諫說：「陛下的內寵有易之、昌宗足矣。近聞右門監衛長史侯祥等自媒，求做奉宸府供奉，無禮無儀，溢於朝聽。臣職在諫諍，不敢不奏！」

「不是卿直言，朕不知道這事。」武則天說。

張易之兄弟持著則天皇帝的寵愛，生活日益豪侈，在朝作威作福，當然成了一些大臣反對的對象。武則天又把政事交給他們處理。長安元年（七〇一）九月間，邵王李重潤和妹子永泰郡主李仙蕙、妹婿魏王武延基在背後批評這件事，說：「張易之、張昌宗什麼東西，可以隨便進入皇宮！老奶奶都那麼老了，還亂搞……」

不幸隔牆有耳，這些話被易之聽到，再添油加醋告到老太后那裡。武則天聽了大怒。她本來就不把殺人當做一回事的，馬上嚴令杖殺這三個不知天高地厚的年輕人。重潤死時十九歲，仙蕙十七歲，武延基十八九歲。

皇太孫重潤因二張的讒言被殺，自然引起擁護太子廬陵王派的人士擔憂與不滿。懷疑二張想做皇帝。還有一些人認爲則天皇帝已經老昏了頭，糊里糊塗地把自己的皇太孫都幹掉！她應該傳位太子，安養晚年。這些反對二張的人士暗中串聯，醞釀發動政變。

長安四年（七〇四）十二月，武則天生病，在長生院休養，只有易之兄弟在照顧她。太子見不到她，甭說；連宰相有事也都沒法見到她。

二張兄弟看到武則天的病一天比一天沉重，害怕大禍即將降臨，趕緊結黨結派，作爲支援；有人在散布謠言，故意抹黑他們說：「易之兄弟打算造反。」宋璟等人奏請則天皇帝下令逮捕昌宗。她沒有受理。

神龍元年（七〇五）正月，她病況危篤。太子派的人物張柬之、崔玄暐、敬暉、桓彥範、袁恕己趁此時機，以「二張謀反，危害太子」爲辭，發動了兵變，攻破玄武門，殺了易之、昌宗二人，進至長生殿，逼迫她傳位廬陵王，以順天下人民的希望！李哲即位，是爲中宗皇帝。

中宗即位後，李氏皇族受害的子孫都得到平反，恢復了舊籍，重敘官爵。上尊太后爲「則天大聖皇帝」。這年十一月壬寅，這位實際執政四十幾年、專制獨裁、濫殺無辜的女皇帝，崩於上陽宮，年八十二歲，才結束了這個恐怖的時代。

她臨終前遺制：「去帝號，稱『則天大聖皇后』，王皇后、蕭淑妃二族及褚遂良等親屬皆赦之。」表示她的懺悔，給人平反；我想這只是中宗皇帝替他罪孽深重的母親作些粉飾！我們知道大抵搞政治的人都是如此這般！這就是「美化醜惡、沖淡腐臭」的政治藝術！

民主時代實行「政黨政治」，上至總統，下至里長，都由人民投票選舉出來，用不著用血腥的手段來取得政權。像武則天這樣能幹的人要當女總統，透過選舉也不是沒有機會的。生於現代的中國人實在應該覺醒起來，「民主政治」才是今天我們應該努力實現的理想！

三、盜塚

武則天死後，中宗把他的哥哥李賢的靈柩從四川運回，陪葬在乾陵。又把他自己的兒子重潤、女兒仙蕙、女婿武延基的屍骨從洛陽遷來，葬在乾陵附近。

中宗悲傷自己的兒子和女兒不幸死亡，多將金珠珍寶附葬塚中。「塚」是高起的大墳墓，也因爲它大，自然不免引人覬覦。古時大塚被後人偷挖盜掘的不在少數！大多數是貪塚內的珍藏寶物，少數是爲著考古。古籍中也有不少這類的記載：像元代天曆中，有人發掘徐州城南范增墓，挖出了一把銅劍；當時名作家虞集還寫了一首《盜發亞父塚詩》。古人在塚墓內埋藏許多奇珍寶物。《史記．秦始皇本紀》：始皇即位時候就在驪山的右邊營造巨大的陵墓，并吞天下之後，更從各地調集七十多萬人作奴工，在大塚內製造宮觀、百官、銅槨、奇器、珍怪，用琉璃雜寶做魚龜，玉石雕松柏，用水銀做百川江河大海，上具天文，下具地理，點起人魚膏做的蠟燭，把黑暗的塚墓照耀得如同白晝，巧匠裝設機關預防人挖掘。又爲了怕造墓的工人洩漏塚墓內部的秘密，最後把塚門封死，工人全部關在裡面，沒有一個人逃脫出來。舊載又說：始皇的墳塚高五十多丈，周圍五里，上種松柏，好像一座山丘。秦始皇的「阿房宮」被項羽一把火燒得光光；像這樣的一座防盜嚴密的塚墓，相傳也被關東賊盜掘。戰國時候魏安釐王塚，到晉太康元年，被汲縣人盜發，挖出幾十車子的竹簡書，都是古代的蝌蚪文，當時著作郎束晳，加以整理考證，才知道有《易卦》，有《春秋》，有《尚書》，對於考古文化當然是有很大的貢獻。《西京雜記》說漢廣川王最喜歡盜發前人的塚墓，像魏襄王、哀王塚、漢袁盎塚都被他派人發掘，取其奇珍異寶。難怪曹操爲了害怕人盜掘其墓，就一口氣造了七十二座「疑塚」，教人無從下手！其實「人生倏忽一夢中，盛去衰來片時事」，許多塚墓到了後代大都已經湮沒於荒煙蔓草之中，了無蹤跡可尋！

不過，當我看過武曌陵之後，我想要想挖掘深藏地下：像秦始皇、武則天這樣的大塚，就以現代的科學技術，恐怕也是件極不容易的事。傳聞中秦始皇塚已經被關東賊發掘，還有牧羊兒爲了追尋迷途的羊隻，點起了火把，無意中闖進了塚內，燒了秦始皇的棺槨。有此可能嗎？當我們站在五里寬廣、五十幾丈高的山丘上；當我們登上數百級石階到了視界遼闊的乾陵：你能夠想像出秦始皇塚和武則天塚到底深藏何處？這當然是一個極難解開的謎團！一九七四年陝西臨潼縣西楊村的村民發現了秦始皇死時陪葬的兵馬俑。現在已經成隊成列發掘了出來，在坑道中供人參觀，但是始皇塚仍然沒有發掘出來。

我們知道比較小的大塚古墓被後人偷盜發掘，這是有的。有勢力的人像廣川王發掘古塚，應該是公開進行的。有一些人貪圖古墓中的寶藏而去盜墓的，這就像西方小說家筆下所寫的冒險家，得到藏寶圖，三五人結隊出發探險，進入墓中，尋找寶物；這在我國大多是像西漢郭解之流的亡命無賴的少年。因為環境變動，像古詩所寫的「古墓犁爲田，松柏摧爲薪」，被人無意發現而發掘的也有。侯師父說的故事應該是屬於第二類吧。

我想在沒有推土機的時代，用鐵鍬鏟子挖個地道進去，並不是不可能的事情，但一定不是唐代人，因爲皇家的塚墓都有人看守，像寧夏銀川賀蘭山邊，西夏王李元昊在遼闊的荒原上圓形的黃土塚墓，四周約兩三百公尺遠近，還留著一些殘牆斷垣，看來是一座小城的遺址，可以想見當年一定有軍隊把守。在皇陵上砍伐松柏都是有罪的，何況盜塚呢？永泰公主塚被人偷盜，一定是唐以後事，結夥盜塚的總該有三、四人以上，人少做不來，人多划不來；當然有當時設計圖最好，沒有從小塚的外表地形，也可以猜測它的走向。

根據我的一個有考古癖的朋友說：古代的塚墓都是挖得非常深幽，而且塚內的隧道大都狹長，地面鋪著方磚，隧道兩邊的厚牆是用糯米汁、稻草、黏土築成的，非常堅固。還有特別值得一提的，是拱形的塚頂和隧道頂，經過千百年都不會坍塌下來，這種建築技術是非常進步的。塚墓的門叫做「羨門」，羨門前的道路叫做「神道」。一般塚穴多在平地之下兩丈四尺之下。像唐高宗乾陵的塚門就是用大石砌成，熔化鐵汁塡塞它縫隙，要想打開非常困難。槨有木槨，有石槨，有銅槨；槨大多安放在塚的盡頭。然後在塚宮上頭堆土種樹；古制天子種松，諸侯種柏，大夫種楊，士種榆；陶淵明《挽歌詩》就有「荒草何茫茫，白楊亦蕭蕭」。風水家說：塚土黃紫色風水好，赤白色多細石的不好。大塚前面有石虎、翁仲、石麒麟、鐵鑄的牛馬。

無賴少年挖塚掘墓的工作，當然不能在大白天挖，大都在黑夜裡進行。有的挖掘了好幾個月，投下了不少的金錢與人力，沒想到什麼好東西還都沒挖到，卻挖出一大堆枯朽的骸骨，好像都是生前窒息而死的。這當然會引起人談說一些兵災人禍的鬼故事；幸好在挖墓者中也有一兩個見多識廣的老挖說：「別怕，這些骷髏可能是墓主生前的愛妾親信，臨死時遺命殉葬！秦穆公死時殉死的，就有一百七十七人。當然當他們走進墓穴面對死亡時候，也是充滿著害怕恐懼的心情！就是我們這些專挖人墳的，想到死，也怕！」他們有時也挖到了蛇窩，身長數丈的巨蟒會把人捲住束緊，然後把人一口吞進了肚子裡去。不過，這些挖墓者都不是好吃的果子，他們往往合力把巨蟒擺平殺死，就像后羿射殺長蛇的一樣！有時他們也會挖進獸窟，這些天不怕地不怕的惡少，就會像除三害的周處一樣的力搏老虎；因此在我國挖墓發塚的故事中，也就有些靈蛇守墓，怪獸噬人的傳說呢。封閉幾百年的塚墓空氣不流通是可想而知的，毒霧迷漫，中之即死，這也是常常聽說到的新聞。有時算你倒楣，當你正挖得精疲力竭的時節，卻大雨傾盆，雷電交加，這就好像神靈在守護著一座塚墓呢！總而言之，盜塚尋寶的本身就是一個充滿著驚險傳奇的色彩的故事。

說到從前這許多盜墓發塚者，他們到底有沒有挖出什麼好東西？當你看過那些探險尋寶的電影，你就會看到：當挖塚者克服了許多困難，經歷了許多危險之後，終於找到塚墓，他們走進了黑暗的塚內。塚裡散發著又濕又霉的惡濁的氣味，衝著鼻孔過來，非常難聞，進入塚中的人幾乎都要暈倒，所以又趕緊退了出來。只好等幾天氣味散發盡了，他們拿著手電筒進去；不，在古代應該是燃著火炬，再走了進去。在狹長的高高的古塚內，在閃爍的火光照亮之下，他們看到許多許多奇珍異寶，那些都是稀世之物，有彩繪的銅製的馬車，還有駟馬和御者；有黃楊木材精雕的屏風，上面有花鳥樹木山水組成的圖案；有漆得亮亮的妝臺桌椅、櫥子箱櫃，滿眼都是暗黃的珍珠，油綠欲滴的翡翠、紅到發紫的瑪瑙環，潔白的象牙球，花樣百出的螺鈿盒，芬香的松耳墜，黑亮的墨晶項鍊；還有黃金蠶，水銀池，珠襖、彩裙、金縷衣、玉枕、石床、白銀杯、瓷碗、金盤、銅鑑，還有碧綠綠的玉樹，還有圓形的玉璧，鏤金飾玉的佩劍，帶有硬腳的烏紗巾，上有雙鳳的步搖，還有龕裡擺列著彩瓷的人俑，牆壁上繪著騎馬人物的壁畫。這許多許多的寶物，使大家的眼睛都發出紅紅的虹彩，貪婪的強烈的欲念油然而生，蒙蔽了我們善良的心靈。我眞希望這些奇珍異寶全歸我一個人所有！因此，寶藏找到了之後，他們也往往拼鬥得你死我活，跟搞政治鬥爭的人一樣的終結，最後統歸於幻無。

躺在那大大的黑色的木槨裡唐朝的永泰公主，她死時才不過是新婚不久十七歲的少女。她用青黛畫著八字眉，胭脂點唇石榴嬌，素粉施頰花含靨，鬢間貼花黃，高高髮髻上插著步搖，身穿銀泥簇蝶裙，玲瓏合歡褲，無花薄紗披，腳著錦襪繡金鞋。她那花樣的青春，快樂的年齡，綺麗的春夢，但她卻不幸生長權力中心的皇家，政爭激烈的時代，一句普通的閒話，就遭到殺身之禍。死後雖哀榮有加，卻都已化成了枯朽！雖然達觀的詩人陶淵明說：「有生必有死，早終非命促。」畢竟生命是非常可貴的，生存就是生命的意義，死亡就是生命的終結！所以人類應該珍惜自己的生命，更應該珍惜別人的生命！

侯師父說：「據說政府發掘永泰公主塚墓時候，發現塚內隧道中有一具骸骨，他的衣服已完全朽爛，隧道的高牆上還留有一個四方洞，可以通往外面，這個四方洞洞口可以容一個人上下，它已經被人堵塞住了。現在墓壁上還留著死者用手亂抓的指甲痕跡；所以有人說：看來永泰公主墓，應該早已經被人發掘過。大概是幾個人合作挖一條地道進墓，一個人到墓裡把寶物從洞口送了上去，上面有人接了寶物，然後上面的人就把通道口堵死。這大概就是『黑吃黑』，最後留在裡面的那個人，就活活窒息死於塚內。你們等下到了塚內，還可以看到拱形的壁上那個洞口兒呢。」

現在，我們終於走進永泰公主塚，走進向下去的一個神道，塚內拱形頂上裝有照明的電燈，可以看見兩邊的牆壁上都畫著一些騎馬出行的人物，而且壁龕中還藏有許多彩繪的瓷俑，在長長窄窄的隧道的盡處，有一個四方形的漆黑色的大木槨，此外則別無他物。

我想這就是那個可憐的少女安息之所，在這黑暗的幽室裡閉錮了一千多年。

她死了，起碼沒有活時的恐懼與憂傷。死亡的痛苦，杖殺的痛楚，雖然都難以忍受；但死了，無論什麼憂懼，什麼痛苦，什麼恐怖，就都完全解脫！我但願人類再不要爲了一己的私欲和權位，去製造別人的痛苦，去剝奪別人的自由與生存的權利！這才是最最要緊的事！

（一九九五年十一月二十、二十一日青年日報）

太史公

——藏諸名山，傳之其人

一、司馬談偉大構想

漢武帝建元年間，司馬遷隨著他的父親司馬談到京都長安。長安城是當時政治文學藝術宗教中心，十分繁華熱鬧，宮殿臺觀就有一千多區，有許多鐘鳴鼎食的貴族公卿，像平陽公主、武安侯田蚡，他們的生活都過得非常奢侈，聽歌看舞，鬥雞走狗；連漢武帝也喜歡這種生活，不但金屋藏嬌，又娶了歌女衛子夫，而且常常和霍去病等數十人微服出行，到上林苑打獵，夜宿逆旅飲酒，擴張樂府組織，教李延年為協律都尉，令司馬相如等人作歌詩辭賦，收集民間的歌謠曲子，常常舉行千人大合唱，彈琴吹竽，敲磬鳴鼓，歡聲震山陵、蕩川波，還有俳優演戲，侏儒說笑，名臣大將，分列朝廷。各地英俊豪傑，作家碩儒，像莊助、朱買臣、吾丘壽王、司馬相如、東方朔、枚皋、孔安國、董仲舒也都集中京裏。方士李少君、公孫卿、欒大也立身朝廷，眞是盛極一時。

司馬談時爲太史令，地位雖然不高，職務卻很重要，掌管天文曆法、歷史圖書。他們到了長安，就住在茂陵顯武里。茂陵是建元二年（西元前一三九）新設置的一個陵邑，武帝曾下令郡國豪傑以及家產在三百萬以上的富豪，都要遷居到茂陵來。關東大俠郭解、辭賦家司馬相如也都住在這裏。

司馬談是一位有理想的歷史家，他不讓兒子沾染京裏一般子弟的習氣。他希望司馬遷將來能夠繼承他的工作與理想，幫助他完成一部比孔子的「春秋」更偉大的歷史巨著。當然要想成爲一個偉大歷史家，必須具備三個條件：第一要多讀書，第二要多遊歷，第三要多採訪，這樣才能獲得豐富而正確的史料。所以當司馬遷十歲時候，他父親就讓他誦讀各種古籍，像左傳、國語、系本。並且請名學者孔安國教他尙書，董仲舒教他春秋。再加這時，經秦始皇焚書後，許多民間秘藏的圖書紛紛出世，因此他能夠讀到各種經典歷史子書文集。司馬遷這樣努力讀書，經過了十年，有關撰史的各種知識已具相當的基礎。

司馬遷到了二十歲，他父親就讓他出外旅行。他騎馬乘舟遊歷各地，考察史蹟，探詢故老，聽取佚聞，蒐集種種歷史資料。他南邊到了長江淮河一帶；在江蘇淮陰，他聽當地的父老講說著膽小的韓信從一個無賴漢的褲襠下爬了過去，惹來了大家的恥笑。在沛豐間，他聽到了漢高祖劉邦殺死了一條大蛇，有一個瘋婆子卻哭著說：「這條死蛇是我的兒子。」還有蕭何做縣主吏，曹參當獄掾，樊噲、滕公屠狗賣繒的有趣佚事。經過彭城時，又聽到力能扛鼎的楚霸王項羽與劉邦爭天下的故事。到了浙江會稽，他參觀大禹治水大會諸侯計功封爵的遺址。他往西走到了湖南，登上九疑山，想望帝舜的盛德。在沅湘間，這裏的土人祭神時候還唱著詩人屈原作的九歌。在長沙汨羅江邊，面臨滔滔的流水，使他想起容貌枯槁抱石沈江的屈原，以及賈誼的「鵩鳥賦」來。他往北走，到了山東孔子講學的地方，參觀孔廟裏擺列的各種車服禮器，以及許多儒生講禮習樂的情形。爬上鄒嶧山看歌頌大秦功德的石刻。在薛城還傳說著齊國孟嘗君好客的故事，門下食客有三千多人，吃飯時候要鳴鐘召集，要用大鼎裝菜。在河南參觀了戰國時代的魏都大梁，據說秦兵攻打這個大城，曾引河溝水灌了三個月，城灌壞了，魏人也就投降了，所以他只好在廢墟間去尋問替信陵君出妙計的侯生的遺蹟。他再往北去，看看秦始皇時大將蒙恬率領三十萬大軍驅逐胡人後，在高山崇嶺間興築的萬里長城。後來他到了湖北楚地，參觀了春申君所建的壯麗的故城與宮室。在這樣馬不停蹄的遊歷中，他認識各地的豪俊，也聽到許多可歌可泣的史蹟故事。這種周覽天下的名山大川、古城勝區，對他歷史知識的充實，文章氣勢的培養，是有很大幫助的，所以後來他寫的文章充滿了疏蕩的奇氣。

他從遠方遊歷回來，先補爲博士弟子員。第二年因歲試得高第，才做郎中，爲皇帝侍衛官。元鼎六年（西元前一一一）從將軍李息西征巴蜀以南，南取邛、筰、昆明等西南夷。第二年春天，漢武帝率領文武百官浩浩蕩蕩地前往河南，祭祀中嶽，又東行海上。許多方士向武帝說蓬萊仙山有不死靈藥的事。又有人說夜裏看見身長五丈的巨人，也有人說看見一個老人牽著一隻黃狗，說：「我要見皇帝。」說著就不見蹤跡了。四月在泰山築了一座高九尺的土臺，武帝親自射殺一隻赤牛作犧牲，封禪泰山，祭祀諸神。封禪禮畢，皇帝又想坐船往海上尋求仙山。但海水沸湧，大風晦冥，不能駕駛樓船，再加東方朔勸諫了老半天，武帝才沒去，而往其他的地方巡行去了，共計走了一萬八千里路才回到京城。於是在未央宮作承露銅盤，仙人掌擎玉杯，接取雲中的甘露，用調玉屑，服以求仙。

這時，司馬談因爲半路生病，所以沒有跟從武帝去。司馬遷出使西南夷回來，要去行在，向皇帝報告，經過河、洛間，順路就去看望他父親的病。

司馬談病況沈重，看了許多名醫，吃了許多靈藥，都沒有用。他自知不起，所以多年來蒐集史料，想寫一部歷史的願望，就只好交託給他的兒子了。他緊握著司馬遷的手，流著悲傷的眼淚說：「我們家從周朝起，就代代做著太史的官；所以我死了，你一定會接替我的工作。」

「爸爸，假使我做了太史，您要我怎麼辦呢？」

「孩子，這二十五六年來，我要你讀各種書籍、要你常到各地遊歷，就是要培育你深厚的學養，提高你編撰歷史的能力。我平日也已經蒐集了不少史料，本想寫一部歷史的巨著。自孔子著「春秋」以來．至今約四百年，中間發生了許多事情，還沒有人寫一部完整的史書來記述它。現在，我不能自己動筆了，只有希望你能繼續我的構想，將它完成吧！假使你能完成這部偉大的歷史，也足夠使你名揚後世，那我做父親的也就感到無比的光采了。」

司馬遷聽了他父親諄諄勉勵的話，十分感動，就用非常堅決的口氣，答應了他的父親。他要根據父親所採集編次的許多材料，寫成一部有史以來最偉大的歷史。

二、司馬遷努力完成史記

司馬遷在他父親死後三年，就接任太史令的職位。因此他能夠讀到石室金匱中寶藏的各種典籍、各國史記、皇家檔案的文書。他又屢次隨從武帝巡遊各地，更增廣了見聞。

太初元年（西元前一〇四），司馬遷與太中大夫公孫卿、上大夫壺遂、博士兒寬等三四十人，製訂了太初新曆與宗廟百官的儀制後，他就跟壺遂說明，他打算動手撰寫他父親要他完成的那部歷史了。他首先詳細考慮，擬訂全書體例，分做五部分：一本紀，以帝王爲中心，記全國性大事。二世家，記諸侯的事。三列傳，記各種重要人物的事。四表，以時間爲中心，編排各代的大事。五書，專記禮儀、音樂、律呂、曆法、天文、鬼神、水利、經濟等專題；而更改了春秋的「編年體」，爲「紀傳體」。他打算從「黃帝」到「漢武帝」二千四百多年之間的歷史，都將它寫了出來。這自是一樁非常浩大艱巨的工作。

正當他全心全力撰寫這部偉大的「史記」，不斷地工作了七年，一篇一篇的寫，將前人種種動人的事蹟撰述了出來，每一篇都寄意深遠，鑒往警來，不虛美，不隱惡，寫得眞實正確，而且文字優美動人。他正私心竊喜，這將成爲我國第一部有組織有宗旨的偉大的歷史著作。但就在這時發生了一件極端不幸的禍事，他寫作「史記」的工作幾幾乎因此半途而廢。這不幸的災禍，在司馬遷來說，是多麼可悲的打擊，是椎心泣血的苦難。

漢武帝是一位有雄才大略的國君，也是一位好大喜功的國君，在位數十年，窮兵黷武，連年不息，元朔元年滅朝鮮，元鼎六年平定兩越及西南夷，元封二年降滇王，三年破樓蘭及車師，太初元年伐大宛，取汗血馬。並派張騫出使西域，西域有三十六國通於漢朝。國勢極爲強盛，四海夷狄，賓服入貢，各種器物珍寶、琉璃珠玉、珊瑚瑪瑙、火浣布切玉刀，不可稱數。巨象大雀、獅子駿馬、能言語的珍禽、能歌舞的奇獸，充塞苑廄。後宮從各地來的美女有七八千人，建章、未央、長樂三宮，輦道相連，雕樑飛閣，極爲繁麗，足可稱心快意。但漢武帝還有一件事深感遺憾的，就是北方的匈奴未曾降服。自漢高祖受困平城，冒頓單于嫚書呂后，這種種國恥，武帝認爲應該湔雪，所以他即帝位後數年，就連年派遣王恢、衛青、霍去病、公孫賀、李廣、趙破奴、蘇建、李廣利等率領大軍攻擊匈奴；但匈奴是遊牧民族，在荒涼的沙漠中，逐水草而居，沒有固定的城廓，倉積的糧食，像飛鳥走獸一般的聚散，漢軍要追擊消滅他，極爲困難。他們打了敗仗就往北邊遷移，有力量時就擄掠漢人邊城。武帝連年派軍攻擊匈奴，雖屢有斬獲，但終無大用。

天漢元年（西元前一〇〇），且鞮侯單于新立，害怕漢人攻擊，就說：「我是兒子，漢天子是我的長輩！」寫了一通卑辭有禮的國書向漢朝求和。武帝一高興，派蘇武率領一個由一百多人組成的使節團前往匈奴。沒想到到了匈奴，副使張勝牽涉進與緱王、虞常等人陰謀劫持單于母閼氏的事件中去，於是整個使節團都被匈奴人扣留。漢武帝一生氣，第二年五月派遣貳師將軍李廣利帶了三萬騎兵攻擊匈奴，卻吃了敗仗，死傷十之六七。九月，又派李陵率五千步兵，深入匈奴一千多里，終於與單于大軍遭遇，殺傷敵人幾千人。單于就調集左右兩部八萬多騎兵來圍攻李陵，戰況非常激烈。李陵他們在不毛的沙漠上、高高的葭葦中，在叢林，在隘谷，和匈奴人不斷苦鬥，每天都打了幾十回合，殺傷敵人二三萬。最後卻因箭射光了，刀砍斷了，又沒有救兵，李陵兵敗投降，殘餘軍隊逃到邊塞的還有四百多人。

當李陵戰勝的消息傳來，朝廷上那些公卿王侯都舉起酒杯，向武帝上壽稱賀，說：「李陵眞了不起，勇敢善戰！」沒幾天，當李陵敗訊傳來，武帝在建章宮中，非常震怒生氣。於是御廚房裏煮的熊掌鳳肝，他也吃不出味道；大宛的蒲桃美酒，他也喝不出芳醇；優伶的表演，侏儒的笑話，弄臣的說諢，都不能叫他開心。西域的幻術家表演吞刀吐火，屠人截馬，特技者表演跳丸舞盤，力士表演摔角，甚至一丈多高笨駝鳥表演翔舞，也都不能使武帝露出一絲笑容。當然宮女的歌唱跳舞，文士的辭賦詩歌，更不能教武帝高興快樂了，更不必說上朝聽政了，弄得滿朝大臣都憂心忡忡，不知怎麼辦才好。因爲武帝不怡，大家又都大聲嚷：「李陵有罪！」「李陵該死！」「應該滅他的族！」於是李陵的母親和妻子就都關進了監獄了。

司馬遷這時剛好也在那裏，武帝順便就徵詢他對李陵降敵的意見。司馬遷因爲曾經和李陵一起做過郎中，雖然不很熟，覺得李陵人很不錯，很孝順父母，而且勇敢、愛部下，應該是肯爲國家犧牲生命的人。所以他就想替李陵說幾句公平話，另一方面也想借此寬解皇帝的心。他說：

「李陵帶的步兵不滿五千，卻敢跟匈奴舉國的騎兵對抗。這好比送餌到大老虎的嘴裏去；但他卻打了十多天仗，轉戰一千多里，殺了敵人一大半。就是古之名將也不過如是。我們可以將他的戰績宣告天下。我想他最後不得已投降，也許是想等待時機再來報答國家吧！」

「李陵沒有戰死，竟投降敵人！這沒有氣節的人，你怎麼可以爲他說話呢？你還是有意批評李夫人哥哥貳師將軍吃敗仗的事吧！」武帝非常生氣的說，就下令將司馬遷下獄審判。

司馬遷因家窮，沒法籌錢來贖罪，朋友中也無能爲力，再加當時刑罰峻刻，那些審判官常希承上意，他因此被判處「腐刑」。這在讀書人來說是奇恥大辱。

在漫漫的黑夜中，蚊蚋成雷。司馬遷在黑暗的監獄裏，穿著紅囚衣，帶著手銬腳鐐，向獄吏趴著磕頭挨板子的時候，他好幾次都想自殺，了結此生。古書不是說過：「刑不上大夫嗎！」古代士大夫觸犯法網，多半在受法律制裁前自殺，以免受辱。就拿本朝來說，也不缺先例。像丞相趙周、翟青，廷尉張湯、屯將軍王恢、前將軍李廣，有的在下獄前自殺，有的在監獄裏自殺。但他又想起父親的遺言。這時他「史記」才寫了一部分，還沒有全部完成，他怎麼可以就這樣自殺輕生呢。啊，死有輕於鴻毛，有重於泰山，榮譽與責任又怎能兩全？從古以來，只有最卓異不凡的人，才能做到忍辱偷生，發憤著述，而永垂不朽。他想起周文王被關在羑里而演繹了周易，孔子受困於陳蔡而寫成了春秋，屈原放逐而作離騷，左丘明瞎了眼睛而寫成國語，孫子刖斷兩腳而整理了兵法……，還有詩經三百篇還不都是聖賢發憤之作？這些人還不都是滿腔鬱結，而留下文章發洩憤慨，表現自己嗎？他爲什麼不能這樣做？他怎麼可以輕視生命？他一定要完成未完成的工作，實現他父親臨終的遺言。於是他決定接受命運的挑戰，忍受宮刑的恥辱。他出獄後，就更加奮發，努力著述，以他慷慨淋漓的文筆，抒述他憤悱激越的感情。這樣又經過了好幾年，司馬遷終於寫成一百三十卷的「史記」，共計五十二萬六千五百字。

這是一部貫通古今的通史，處處寄託作者的觀點與理想，以及他對人物客觀的批評，表現了他絕妙的技巧，才力雄渾，文情激蕩，活潑生動，具體感人，不但成爲一部偉大的歷史名著，也成爲後代散文作家所熱愛取法的傑作。

三好——詩中有畫、畫中有詩

在唐玄宗開元、天寶之間，詩歌、美術與音樂都盛極一時，產生了許多著名的詩人、畫家、音樂家。詩歌有李白的飄逸，杜甫的沈鬱，孟浩然的清雅，儲光羲的眞率，王昌齡的聳拔，高適、岑參的悲壯，李頎、常建的超凡；繪畫有李思訓、昭道父子的金碧山水，吳道玄的淡彩微描的人物，玄宗的墨竹，陳閎、曹霸、韓幹的畫馬；音樂有玄宗的作曲，李鶴年的歌唱，謝阿蠻的舞蹈，李龜年的羯鼓，寧王的玉笛，張野狐的箜篌，賀懷智的琵琶，黃幡綽的諧戲。王維字摩詰，博學多才藝，以「詩作得好，畫畫得好，琵琶彈得好」三種絕藝，出現在這樣一個輝煌燦爛多彩多姿的時代裏。現在就讓我介紹王維樂畫詩三絕的一些故事吧。

一、鬱輪袍

王維是一個早熟的詩人，十九歲到長安，詩名已經很盛。他懂作曲，琵琶又彈得美妙。玄宗皇帝的四弟岐王，和他見過幾次面，就特別看重他。

王維這次進京，原打算參加京兆府考試，爭個第一名，但京城裏卻風傳解頭已經內定張九皋了；九皋是張九齡的弟弟，聲名籍甚，所以有人爲他拜託公主致意試官。王維對這件事很感到不平，就去告訴岐王。岐王勸他說：「公主勢力很大，不可跟她力爭。不過，也不必急，我替你想想辦法。」王維笑說：「那就偏勞尊駕了。」岐王說：「你回去後，先抄十首寫得最好的舊詩，再譜一支怨切的抒情曲。五天後，再來找我。」

過了五天，王維去王邸，見到岐王。岐王說：「你以詩人作家的身分，是沒有法子接近金枝玉葉的公主。要改裝成樂師，我才能夠帶你進宮去。今天，我已約宴了公主，已經準備了酒席送去了。」說著就拿出一套非常鮮麗的服裝給王維。王維這時要不答應，也來不及了；怎好拒絕人家一片好意？何況改裝去見公主，也正合他年輕浪漫好奇的心理。他也就答應了下來。他換過鮮衣，抱著琵琶，混在藝人中，看來也眞像一位樂師了。岐王帶著這一隊樂師歌伶進了公主的府第，只見客廳上酒席早已排好，客人都來了；岐王就叫開席。這個服裝鮮艷的樂隊跟著走進了客廳。王維膚色潔白，風度翩翩，英俊漂亮，站在樂隊的前行，十分引人注目。公主指著王維，對岐王說：「這是何許人？」岐王笑著說：「一個音樂家。」

接著岐王就請王維獨奏一曲。王維撥弄起琵琶，絃上就流出像滾珠急雨，又像飄泉鶯聲，在抒說他心中熱烈的愛情。大家都聽得感動極了。

一曲終了，公主笑著問王維說：「好極了！曲名叫什麼？」王維說：「鬱輪袍。」岐王說：「王先生不僅妙解音律，琵琶彈得好！作的詩也是芊綿偉麗，天下無雙的！」公主說：「先生作了哪些作品呢？」當時王維就將帶來的詩卷遞過去。公主接來看了幾篇像「洛陽女兒行」、「桃源行」，都是很熟悉的。她不禁吃驚地說：「這一些都是我平日常讀的，我還以為是前人的佳作，卻原來是先生的作品。眞是失敬得很，快請上座！」就令宮女侍候王先生換過了衣服，重新出來，添酒更飲。

王維風流蘊藉，說話幽默；這些貴族都非常佩服他。公主說：「像王先生這樣的高才，不可埋沒，應該參加考試。」岐王說：「王先生說得不到第一名，他就不想應試。聽說今年的解頭，公主已寄意張九臯了。」公主說：「這不過是別人拜託我罷了！」於是轉過頭對王維說：「您若眞要應考，我就設法取消張九臯解頭的事。」王維起身謙謝。

於是這一年，王維參加京兆府試，高中了第一名。開元九年（七二一）又中了進士。他年紀輕輕就做起「大樂丞」的官了。他在長安城裏，常常參加貴族的社交生活。寧王、薛王、駙馬、豪貴，無不虛左接待，拂席相迎。這時期，他寫的詩大都是遊讌行獵奉和應教之類的作品，文字十分綺麗精緻，有的甚至可以畫成圖畫。他作的一首少年行：「新豐美酒斗十千，咸陽遊俠多少年。相逢意氣爲君飲，繫馬高樓垂柳邊。」後人就據他的詩意畫成了畫。

二、輞川圖

輞川，又稱輞谷水。輞谷在嶢山口，離藍田縣八里；藍田縣又去長安東南九十里。它是屬於終南山的一個峽谷，谷道鑿石而成，計五里多，很險窄。過了這段路，就豁然開朗，村野相望，好一片桑麻沃地，山巒掩映，輞水淪漣，北流入霸水，景物宜人，有華子岡、鹿柴、木蘭柴、欹湖、辛夷塢等二十景。初唐詩人宋之問的別墅，就在這輞谷中。王維因爲他的母親崔夫人，信佛拜禪，喜居靜境，乃買下宋之問的舊莊，有草堂精舍，有果園田地，作爲他母親靜居之所。王維在長安做事時候，常回到這裏度假小住；罷官賦閒時候，也就退隱這裏躬耕灌園。

王維是詩人，也是畫家。他起先學吳道玄的畫法，後來形成他自己新穎特出的風致。他自製詩，曾說：「當世謬詞客，前身應畫師，不能捨餘習，偶被時人知。」當時他在長安和鄭虔、畢宏、吳道玄同爲著名的畫家。當時因爲佛教發達，壁畫盛行。他時常被人請去寺觀裝飾壁畫，貴族人家的壁畫也多由他設計，指揮工人布色。他和鄭虔、畢宏在慈恩寺大殿的東廊各畫一壁，時稱「三絕」。他又在石甕寺紅樓、千福寺西塔院畫彩飾山水及青楓，也極有名。他還在李林甫、庾敬休、崔圓等住宅，畫過壁畫。

王維的畫，最著名的有山水、雪景、佛像三種，作品很多。他得到輞川山莊之後，前後十幾年，輞谷中美麗的風景，更促進了他的詩情畫意。這時，他時常和他的好友裴迪、崔興宗，幅巾杖履，琴奕茗飲；或浮舟往來，遨遊其間。其他的朋友，像儲光羲、張諲、杜甫、范咸、邱爲、薛璩、錢起也時常來這裏拜訪他。這裏的風景，四時都很可觀。像露掛曉林，日隱彩霞；像輕鯈出水，白鷗矯翼；像鶯囀深林，鹿鳴幽巖；像春花滿溪，疏柳映塘；秋蝶紛飛，山雪凝翠，都有深趣，教人沈醉。他在這裏用詩用畫捕捉了許多如詩的情趣，描畫了許多如畫的美景，因此他創作了許多描寫自然景物的好詩與好畫。

這時，他畫了一幅傑作「輞川圖」。這是一幅長達兩三丈的巨幅，輞川二十景的江鄉風物都包括在畫裏，畫得山峰盤迴，竹木瀟灑，雲水飛動，像「欹湖」微茫的煙月，「椒園」漠漠的清香，「辛夷」花發的春「塢」，「高槐」葉密的夏「陌」，「杏館」花開，「柳浪」鶯逗，都充滿了詩的情趣。他用「小斧劈皴」，畫出山脈石紋，明暗向背，嶄刻如斧劈。梢如雀爪，葉多夾筆，人物眉目分明，樓閣用筆界畫，筆力清勁，精密細潤，後人評爲王維的第一神品。他的其他的畫，如雪景、捕魚、伏生、羅漢、維摩等圖，也非常有名。

當時的畫家，如李思訓的金碧山水，設色非常媚麗。王維則提倡寫意的「水墨畫」，專以水墨色的濃淡淺深，以及用墨的枯溼，渲淡染擦，將數十百里的景物，畫在咫尺的畫圖上。這種畫風蔚成後來文人畫界的南宗畫派。

他和裴迪各作有描寫輞川二十景的絕句。其中如：

「空山不見人，但聞人語響。返景入深林，復照青苔上。」（鹿柴）

「木末芙蓉花，山中發紅蕚。澗户寂無人，紛紛開且落。」（辛夷塢）

「獨坐幽篁裏，彈琴復長嘯。深林人不知，明月來相照。」（竹里館）

王維這些五言小詩，寫山中的人聲夕照，花落獨坐，都洋溢著幽閒清逸的情趣。此外，如「明月松間照，清泉石上流。」「行到水窮處，坐看雲起時。」「漠漠水田飛白鷺，陰陰夏木囀黃鸝。」「桃紅復含宿雨，柳綠更帶春煙；花落家童未掃，鶯啼山客猶眠。」都是從畫家的觀點去寫的，一句句都像極了美麗的風景畫。至於像「松含風裏聲，花對池中影。」「細枝風亂響，疏影月光寒。」這樣美妙的有聲的詩景，自不是無聲的畫筆所能夠描繪出來；有人說這是「有聲畫」。

三、凝碧詩

天寶十五年（七五六）六月，安祿山進逼長安，玄宗出奔四川。這時王維官爲給事中，因隨從不及，陷身賊區。叛軍大舉搜捕文武百官。王維被拘禁在平康坊南門之東的菩提寺藏經院中。他滴水不入，並服藥下痢，假裝有病，想趁機逃走。轉眼就到了秋槐葉零的時節，王維的許多好朋友都逃亡星散，只有裴迪還偷偷到菩提寺探望他。

裴迪告訴他，那些叛賊在太極宮內凝碧池邊大宴會的時候，強迫梨園子弟、教坊舊人奏樂歌舞，勸酒助興。但這些樂師歌伶想念舊君，悲從中來，不覺相對悲泣。賊徒就拔出刀來脅迫他們彈奏；樂工雷海青忍不住扔下了樂器，向西痛哭了起來，結果被拖出去殺了。王維聽了，悲惻不已，就在經卷麻紙後面，寫了「凝碧詩」一章，說：

「萬户傷心生野煙，百官何日再朝天？秋槐葉落空宮裏，凝碧池頭奏管絃。」

後來王維被叛賊戟枝叉頸，縛送洛陽，逼授僞職。

肅宗至德二年（七五七）九月收復西京長安，十月收復東京洛陽。陷賊的官員分六等治罪。王維也被關在長安宣揚里楊國忠舊宅等候判決。王維先因凝碧詩流傳到行在，當時肅宗很受感動。這時他的弟弟王縉爲北都太原副留守，守城有功，升爲刑部侍郎，就請削自己的官爵，以贖兄罪。因此，肅宗特別從輕發落王維，只降職爲太子中允。王維感激肅宗對他的寬大，就上表將他的舊宅輞川莊，獻爲「清源寺」，想憑藉佛力，替皇帝祈福。後來他又升爲給事中，轉尙書右丞。不久（七六一）病卒，葬清源寺西。

王維的詩與畫，後人都有很高的評價。商璠（或作殷璠）讚美他的詩說：「詞秀調雅，意新理愜，在泉成珠，著壁成繪。」董其昌讚美他的畫說：「右丞雲峰石跡，迥出天機，筆思縱橫，參乎造化，唐以前安得有此畫師也！」

清平調

——陽春召我以煙景，大塊假我以文章

一、南陵賦驪歌

李白回到了南陵，可是明天又要離家遠行了。這次遠行，和過去的不同；過去大都因他喜歡尋幽浪遊而遠行，這次卻是皇帝徵辟他入京的。

早上起來，李太太就特別忙碌，剛替李白收拾好行裝，又親自忙著下廚房做菜，爲他送行；但願這次能謀得一官半職，他生活安定下來，也好。她一直忙到中午，才算忙完了。牆外的秋蟬停在樹上唱得頂熱鬧的；牆裏李白的一家也圍坐一桌午餐，吃著啄黍長大的肥雞，喝著新熟的白酒，談著應徵上京，非常高興。李太太說：

「先生，從小讀書擊劍，博學通識，能文能武，至今四十都出頭了，總苦無

機會發揮。這一下可好了；皇帝叫你去，一定是要大大重用你了！」

「太太，這當然好；我可以不必像朱買臣一樣的再受你的輕視囉！」李白笑著回答，好像終於能在太太的面前揚眉吐氣似的。接著他又勸了太太一杯白酒：「喝了這杯吧！太太，但願以後我掛了黃金印回來，你可別學蘇秦的老婆不肯下紡機來接我呀！」

李白說得太太怪不好意思的。他的女兒平陽，兒子頗黎，也都因他們父母歡樂的感染，笑鬧成一片。

直喝到落日照在門前的大道上，灑了一層絢爛的金屑，展現著前途的光明。李白酒喝醉了，就在這日落的大道上唱起歌跳起舞來。他掩抑不住激動的喜悅，仰視西天的飛霞，大聲笑著：「啊，我輩豈是蓬蒿人！」那琅琅的豪笑，驚起了一樹的昏鴉。

第二天清晨，天空中還掛著一彎淡淡的殘月，李白走出門去，跨馬揮鞭，意氣軒昂，準備動身了。但是他的太太卻牽著他的衣角不放，而且哀哀惻惻地問他道：

「先生，西行幾時回來？」

「哦，太太，這個頂快也得兩三年吧！」李白說著，不禁也感到一陣淒然，早掉下了眼淚。「要是你想念我，在高樓上望我是望不見的；最好到宣城的望夫山上看看吧!也許在那裏還能夠望見我在天涯西行的影子啊！」

二、彩筆掃京華

長安是大唐的京都，城壁十分高大，壤赤似火，牆堅如石，周圍六十多里，城內南北有十四條大街，東西有十一條大街，共有一百零八個街坊。車馬闐途，來來往往的，盡是鬥雞走狗的貴族，穿羅著綺的麗人。大店舖裏陳列著許多好東西，有藍田的珍玉，波斯的明珠，大食的駿馬，龜茲的樂器，成都的濯錦，歷城的疏布，靡伽陀的胡椒粉，拂林國的阿勃參油，江淮的米鹽，西涼的蒲桃酒，還有梨園的歌舞，雞坊的鬥雞，北里的豔妓，崑崙的黑奴，更有那旗亭高掛著酒帘子，市況非常熱鬧。李白一路看著，不覺已到了玉眞觀附近的輔興坊，找了一家客舍住下。

過了兩天，玄宗的妹子玉眞公主，也就是持盈法師在玉眞觀別館接見他。那天雨色煙迷，積水阻途。又一天，李白上紫極宮去玩，不期遇見太子賓客賀知章，談得十分投機。李白將新作「烏棲曲」給他看，也有說是「蜀道難。」賀知章看了，連聲地讚美他是「天上謫仙人」。由於持盈法師和賀知章在皇帝面前極力稱說，加以李白的新詩早已流傳宮裏，他那筆落驚風雨、詩成泣鬼神的詩句，早已經不離皇帝的口角，所以一經他們的稱說，就馬上下詔召見。

第二天上朝時候李白騎著玉鞍白馬，由右銀臺門進入宮城。玄宗早已從四馬駕的金輅車上下來，親自徒步前來迎接他，和他一起走上了金鑾殿。優禮有加，就像是漢高祖接見商山的四皓，像漢武帝接見蜀中的司馬相如。李白面如冠玉，留著五綹烏鬚，眼大大的，眸子如餓虎，炯炯有光，烏紗巾，白錦袍，七寶帶，風流蘊藉，神氣飄揚，有若朝霞輕舉。玄宗讓他坐在七寶床上，談論當時各種政務；他辯若懸河，滔滔不絕。剛好渤海國的使者來京呈遞外交文書，需要作覆，玄宗就命令李白起草作答；他筆不停揮，一下子寫好，才藻絕人，器識兼茂。玄宗非常滿意，因此決定留他爲翰林待詔。

李白自此成了宮廷的詩人，御用的文士，侍從皇帝左右，制詔書敕，咨問國政，還有應制文章。這時，他的生活非常得意，在壯麗清靜的金鑾殿中，握著兔毫筆，寫下了許多典雅美麗的文詞樂章。如宮中行樂詞、侍從宜春苑奉詔賦聽新鶯百囀歌、侍從遊宿溫泉宮詩、白蓮池序、出師詔等。筆跡遒勁，鳳舞龍飛；度律對屬，無不精絕。他有了閒空，也常常陪侍玄宗，參加宮廷宴會，聽梨園伶人的清歌妙舞；或是騎著好馬，揮著金鞭，和王侯貴族，名士詩人，一起遊春，一起喝酒，一起唱和。像灞橋、杜陵、宜春苑、終南山也都是他常去的地方。時人稱他和賀知章、汝陽王李璡、左相李適之、齊國公崔宗之、太子左庶子蘇晉、草聖張旭、焦遂等八個人，爲「酒中八仙人」。杜甫作有「飲中八仙歌」。玄宗泛舟白蓮池，召李白作序；當時李白酒醉翰苑。玄宗命高力士扶他下船，十分優遇。所以杜甫作「飲中八仙歌」有「李白一斗詩百篇，長安市上酒家眠；天子呼來不上船，自稱臣是酒中仙。」這時，李白眞是名震京師，氣淩卿相，過去笑他微賤的人都來請謁攀交。他的「大鵬賦」，一經寫好，長安城就每家一本。

三、千古清平調

時間過得眞快，又到暮春三月，在興慶宮的龍池東，沈香亭前，木芍藥盛開。玄宗騎著「照夜白」，楊貴妃乘坐內侍肩挽的步輦，一起前往賞花。

梨園弟子十六部已在那裏準備演奏「龍池樂」、「霓裳羽衣曲」。玄宗很有音樂的天才，曾親製新曲四十多曲；這些梨園弟子都是他在聽政之暇調教出來的。這時，御廚子也擺好了酒宴。玄宗和妃子一邊飲酒，一邊看花。有名的歌手李龜年已經手提著檀板，走了出來，指示樂部，要爲皇帝與貴妃高歌一曲。玄宗忽然說：「高力士，賞名花，對妃子，哪能用舊歌詞呢？快去宣請李學士到來製作新詞吧！」

高力士匆匆趕到金明門去請李白。李白因爲昨夜被寧王接去飲酒，很晚纔回來，宿酲未醒，高臥在床。高力士直入內寢，催請李白說：

「李學士，皇上有敕宣召，請你馬上去沈香亭呢。」

李白洗過臉，用清茶漱過口，穿好了朝服，和高力士一起上了馬。繞過紫殿紅樓，到了柳色青青、縈煙裊娜的興慶宮龍池邊。高力士扶著李白下了馬。他的步履仍然踉踉蹌蹌，酒氣沖天，尙未全醒。他拜舞過皇帝，說：

「臣山野之性疏狂，還望陛下恕罪。」

「李學士醉了，」玄宗含笑說：「高力士，你快扶李學士到水閣中肸床上休息一會兒；快叫御廚房替李學士做一份醒酒的鮮魚湯來吧。」

李白上床靠下，看著自己腳下那雙赤皮履沾了許多黃泥巴，怕髒污了綺席錦茵，就隨口對高力士說：「替我脫下。」

當時高力士聽了這話，面色微微一變，心裏很不高興。

「這傢伙算是什麼東西！我歹殺也是一個紫衣中貴，官拜右監門衛將軍，主管內侍省，四方的奏摺都要先經過我的手，然後才送到皇上那裏。想做官的都要來奉承我，巴結我！」高力士憤憤不平地嘀咕著。「你再強殺也只不過是個白衣翰林，竟敢叫我給你脫鞋子！可惡哇可惡！」

高力士的心裏雖然十分不願意，可是手底下卻不得不替李白脫下赤皮履，替他換來一雙吳綾雲鎖鞋。

不一會兒，醒酒湯送來了；李白吃了兩口，鮮味直透心脾，酒也醒了大半，覺得精神特別清爽，出來重新拜見過皇帝。玄宗說道：

「李學士，今天請你來，只是爲著木芍藥盛開，想請你寫幾章新歌詩，來讚美讚美這好看的花兒罷。」

李白欣然承旨。他起身走向雕欄邊，只見沈香亭下，木芍藥開得非常豔，有紅的，紫的，淺紅的，通白的四株，都高約兩三尺，花大徑尺，一朵朵都單生在繁葉綠枝的頂端，金絲粉蕊，在密密的花瓣中，隨著風送來微微的香氣。尤其是開紅花的一株最爲明豔，美得像珊瑚；不，好像瑪瑙；不，應該是朝霞，是胭脂臉。花兒上凝著滾圓的玲瓏的露珠兒，隨著春風輕輕搖動，在朝陽燃燒下發出閃閃的紅光，像極了美人淚染了胭脂；不，是顆顆解語的胭脂淚，動盪著，晃漾著無限的喜悅的愛情。「這可不像楊貴妃與當今皇帝的愛情嗎？」豐富的想像，使詩人竟由含露的牡丹聯想到受玄宗愛寵的楊貴妃的身上去了；因此，他不禁偷偷轉眼看了楊貴妃一眼，只見楊貴妃正在那邊替他磨墨。

這位黑髮細膚、肥瘦合度、羅裳輕飄、舉止閑冶的少婦，眞是光彩煥發，轉動照人，好像是從天上下凡的姑射仙子，難怪老皇帝喜歡她到了「三千寵愛集一身」的地步。這一種眞眞實實的愛，又豈是楚襄王與巫山神女雲雲雨雨的春夢，所能相比？這的確是很美的詩的題材。李白想到了這裏；楊貴妃替他磨的墨也磨得差不多夠濃了。

李白轉身坐在象榻前，拿起筆來，蘸了一筆濃墨，就在金花箋上，寫下了三章清平調詞，呈奉玄宗。他拿天香國色，來讚美楊貴妃的豔麗。

玄宗看了，哈哈大笑，連說：「好詩，好詩！」就交給梨園弟子，略按詞調，彈絲吹竹，演奏了起來。花奴打得羯鼓咚咚，賀懷智敲得方響琅琅，鄭觀音撥得琵琶丁當當，張野狐吹得觱篥低打打，黃繙綽按著拍板，玄宗高興得也親自吹起了悠揚的玉笛。李龜年字字聲韻鏗鏘，句句玉潤珠圓，一章一章地演唱：

「雲想衣裳花想容，春風拂檻露華濃；
若非群玉山頭見，會向瑤臺月下逢。」
「一枝濃豔露凝香，雲雨巫山枉斷腸。
借問漢宮誰得似？可憐飛燕倚新粧。」
「名花傾國兩相歡，長得君王帶笑看；

解釋春風無限恨，沈香亭北倚闌干。」

楊貴妃聽了這三章歌詞都是讚美她的，也十分高興。她拿起玻璃七寶盞，倒了西涼州的綠蒲桃酒，一盞又一盞喝下去，臉上暈起朵朵紅霞。玄宗吹著玉笛，每當曲子轉調，就故意吹得慢慢兒的，來討好貴妃。悠揚的笛，繞梁的歌；楊貴妃笑得更甜更美。歌聲笛聲，好像是春鶯在龍池邊千條垂柳中滴溜溜的和鳴，使飛絮紛紛亂落。楊貴妃斂起繡巾，重新拜謝過玄宗。沈香亭畔充滿著一片歡樂。

四、南國聞鷓鴣

玄宗由是特別看重李白，異於其他學士。杜甫憶李白詩說：「白也詩無敵，飄然思不群；清新庾開府，俊逸鮑參軍。」但是高力士卻始終記恨著李白叫他脫鞋之恥，每思報復。有一次，楊貴妃重吟歌詞，高力士就利用這機會挑撥她說：「趙飛燕在漢成帝時是一個行爲最不檢點的賤女人。李學士怎麼可以拿她跟娘娘相比呢？這明是他有意寫來侮辱您的。」因此，楊貴妃對李白的看法改變了。後來玄宗好幾次想重用李白，都被貴妃所阻止。再加以「才高世難容」，同列的嫉忌，自是意料中事。如中書舍人張垍就不斷在玄宗面前說李白的壞話，大概不外說他生活浪漫，整天只知縱酒，使皇帝不敢重用他。再加當時李林甫爲右相，巧佞陰險，忌才害能，對朝廷上方正有學問的人，無不加以陷害。李白在長安三年，也覺得寫的多是像清平調之類的文字，實在也無聊得很，終於萌生「鷓鴣啼南園，余欲羅浮隱」的意思，向玄宗請了長假，浪遊天下，以詩酒自適；但不幸的，後來竟至於放逐夜郎，流離坎坷；胸羅大才，卻毫無所成事，實在令人慨歎。

變法

梁任公說：「以不世出之傑，而蒙天下之詬，易世而未之湔者，在泰西則有克林威爾，而在吾國則荊公。」

一、歲幣

又到黃葉辭枝、寒蟬悲響的七月，遼國的大使蕭圖古辭、副使馬鉉，隨著秋風，率領了三四百輛的氈車，到了宋都汴京的城郊，住進都亭驛，準備接運宋人納給他們的歲幣，包括白銀二十萬兩，綺絹三十萬匹。

第二天上午，蕭圖古辭戴了一頂後簷尖長的金冠，穿了一襲紫金花窄袍，就和馬鉉進城，朝見宋神宗皇帝。當他們來到陳橋門外，舉目看這方圓四十多里的汴京，城下隔著一條十來丈寬的護城濠。蕭圖古辭就笑著說：

「要攻這座高城，也不容易；我們只要繼續賣『和平』，每年就可以從宋人那裏收得這樣高價的貨款。再也划算不過！」

正笑談間，早有宋朝的通事舍人來接引他們進城去。開封城內處處是青樓畫閣，酒肆店舖，市招高掛，人來車往，十分熱鬧。其實在繁華中，已蘊含國防虛弱、財政匱乏、民生困苦的種種危機。

說起宋朝早已種下積弱不振的種子。宋承五季之後，太祖趙匡胤能夠登上皇帝的大位，實由部將的擁立。他鑒於五代幾十年間就更換八姓十二君，這些「君」大都由悍將驕兵所立，所以在即位的第二年，就設法要收回兵權。據後來傳出來的消息說，在一次小宴會上，大家喝得滿臉通紅，這時他發表了一篇簡短有理的酒話；就這樣，石守信、高懷德自動解甲歸鄉，當富翁去。這就是有名的「杯酒釋兵權」的故事；然後由皇帝自己統帥禁軍。他又漸漸用文臣主管各州軍政；因爲過份重文輕武，軍隊戰力自然削弱，影響到太宗伐遼失敗；眞宗澶淵訂盟，只好每年輸送「歲幣」給遼人，購買「和平」了。又因長期和平，不識干戈，邊防更加鬆弛，禁軍也驕惰不能作戰了。仁宗慶曆間，西夏主元昊也進兵逼宋人「和平」，每年賜他們銀綺絹茶二十五萬五千。宋人這樣乞求苟安，國庫只好任由遼夏人年年來搬空。可是朝野人士，仍因循偷安，酣嬉太平，喝龍團，飲花雕，命妓聽歌。有宋人詩爲證：

「梁園歌舞足風流，美酒如刀解斷愁。憶得少年多樂事，夜深燈火上礬樓。」

眞是好夢方酣，誰要打破它，就要遭到猛烈的攻擊了。

二、圖治

宋神宗在崇德殿上接見遼國的來使，接受他們呈遞的國書與貢禮，就下令在南御苑太清樓設宴款待遼使，由白礬樓的名手主廚，當然酒菜俱佳，與宴的還有王公大臣、翰林侍從，還有各國駐宋使者。

這樣紛紛擾擾的忙了一整天，神宗回到睿思閣，想起不久又要籌款交付西夏人的歲幣，心裏憂悶不樂。

神宗是一位愛國愛民的國君，早就懷有富國強兵的抱負，想湔雪數世的國恥，期能改善人民的生活，因此在東宮時就留意治國的人才。他早就聽說王安石是一位極有新見的政治家，文章寫得好，又博學多才，做過鄞縣縣長，有很好的政績；過去文彥博、歐陽修、曾鞏都推薦過他。又做過常州太守，提點江東刑獄，三司度支判官，能夠瞭解時政的弊病。嘉祐三年，曾經上書仁宗皇帝，對當時的國勢與政治，曾作極深入的分析，認爲非澈底改革不可，極有見地。韓維也時常在自己面前提起王安石的傑出才幹；因此，他即位不久就徵召王安石出知江寧府。不到半年，又調他入京爲翰林學士，以便隨時咨詢。

現在神宗因歲幣問題，深有感觸；他覺得要富國強兵，湔雪國恥，要天下大治，家給人足，只有起用王安石，大力革新政治；所以在熙寧二年（一〇六九）二月，便下詔以王安石參知政事，負責變法維新，作全面性的改革了。

三、新法

王安石認爲建國根本在立法理財，法子好才能去弊，有了錢才能辦事，暫時成立一個策畫財經的機構，叫做「三司條例司」，集中人才：呂惠卿、章惇、曾布、蘇轍等，編擬國家歲入歲出的預算，裁減冗費。又採集各方意見，縝密研討時政的弊病，提出改革的新辦法。

另外，王安石在軍政方面施行精兵與皆兵的政策。他執政九年，爲縮減軍費，而淘汰老弱，裁軍近六十萬人。並加強京畿邊境東南各地防務，在熙、豐間部分禁旅，由九十二將二十五指揮分區駐防，改變過去由京師派禁軍更戍各地制度。並實行保甲，十家爲一保，五十家爲一大保，十大保爲一都保，設都保正，負責訓練保丁武藝，使全國國民都能參加作戰，防盜守土；到了熙寧九年，由保甲產生國民兵共七百十八萬二千多人。由政府借馬匹給保丁，飼養使用，馬病死則由保丁賠償，叫做保馬。設立軍器監，總管兵器的製造與改良。

王安石很注重學校教育，想由學校培養治國與實用的人才。他首先增加太學生的名額，建立外、內、上三舍學制，以講授經學爲主，他並親自編著「周官、詩、書三經新義」作爲教本。設立學校，定科舉法，停考詩賦，專試經義與策論。又另設武學，猶今軍校，教各家兵法。又在太學中增設律學，教刑法律令；設醫學，分方脈、針、瘍等科。這與西洋大學分科制度的開始，差不多同時。

王安石知人善任，在對外戰爭中，建立不少的戰績。熙寧初以王韶規復河、湟（今甘肅鞏昌以西洮河一帶），五年六年間終於擊破吐蕃諸羌，闢地二千多里。章惇平定湖南路諸蠻，在澧、沅、辰、靖間增地四十多州。六年熊本招撫四川路瀘夷；八年舉溱州地五百里。安南國王李乾德入寇；九年郭逵、趙卨擊降乾德，得廣源等州地。

四、廷辯

像青苗、募役、均輸這些新法，現在看來都是非常進步便民的，但因損害到富豪巨商利益，因此不免有人要加反對。北宋的臺諫本來就喜歡批評時政，彈劾大臣，營取清譽。剛好王安石與御史中丞呂誨對處理章辟光案的意見相左，於是呂誨就湊了十大罪名，首攻王安石。

宋神宗看了這篇拉扯胡鬧的奏章，當場就批還了。呂誨就請求外調；呂誨的外調引起更大的風波。朝廷上范純仁等許多人就像瞎子聾子一樣的，跟著亂嚷，批評新法了。批評無效，就紛紛求去。其中以樞密副使司馬光和王安石的往覆書信辯論，在廷議中辯論，最爲大家所注目。有一次，他們在宋神宗的面前爭論了起來，司馬光先開口道：

「介甫，你發放青苗錢，收取利息，卻認爲這是王政，而要力行，其實這是與民爭利呢？孟子說：『仁義而已矣，何必曰利。』你卻專講『利』。像命薛向在江淮一帶實行『均輸法』，盡奪商人的利益。」

「你誤會了，青苗錢是貸款給農民幫助農民渡過難關，避免受有錢人高利的剝削罷了；均輸不過替國家統籌購物，省些費用，防止商人壟斷抬價罷了。」

「你這就不對了。孔子說：『君子喻於義，小人喻於利。』政府怎可以跟人民爭放利錢而講求生意人的末利呢？再說就是有好辦法吧，假使沒有好官吏去推行，也不會產生好效果。我聽說一些散發青苗錢的官吏，爲了爭取成績，不問要不要，就強貸給富民。還有些不肖的官吏借此勒索農民的金錢酒食呢！」

「沒有這事。不需要的人，就不貸放。」呂惠卿說。

「好像過去在你們條例司裏的蘇轍也說過：農民借錢容易，有了錢不免亂花，恐怕到期無力償還。那時節官吏來逼債，鞭打責罰，反而成了病民陋政呢？」

「這是利民的事，當然人民樂於還款。就是收些利息，也不過是作為辦事的經費，只是希望這辦法能繼續推行下去。」

「還有歷代以來，國家各種勞役，都是由『鄉戶』義務當差。現在你卻要大家幫著出錢，僱人去做這些工作，使人人都不能過安逸的日子了！」司馬光又說。

「這個確是大失人心的措施。」文彥博也說。

「募役法，要『官戶』也出錢助役，對士大夫來說，自然會有些不高興；可是對於老百姓並沒有什麼不便。」神宗笑說。

「可是，皇上您是跟士大夫共治天下囉，不是跟百姓共治天下呀！」文彥博說。

「老子說：『治大國要像烹小鮮魚』，非常簡單，只要好靜無為，不要做什麼，維持舊局面就行了。這是最好的辦法。」這時，司馬光越說越激烈，說得鬍子都飄起來了：「現在介甫卻認為天下人的見解都比不上你，日以繼夜的變更祖宗傳下的成規。違背了大家的意見，難怪有許多人要反對你！你卻拒絕大家的忠告！」

「我們政見不合，只是由於治國方法不同。我為天下整理財政而不是奪取私利；替國家興利除弊而不是惹事生非；我反駁那些歪曲的言論而不是拒絕忠告。一般人習慣於苟且偷安很久了，不關心國事，現在我要變更這種風氣，多做一些事，當然要遭到許多人的反對了。假使說今天我什麼事都不要做，只要守著成規就夠了。那就不是我所願領教的了！」王安石也很激動地把話說完。

反對新法的勢力日大。到後來成爲黨派意氣之爭，不管新法好壞，一概攻擊，而且大都以去留爲爭；攻訐無效，就要求外調，外調又阻止州縣奉行新法。宮中慈聖、宣仁兩位太后聽到寺觀女尼訴苦要出助役錢，也常對神宗說起新法的不便。幸而神宗信任極篤，王安石才敢身處艱危，不辭勞怨，力抗異議，堅忍不拔地，實行改革性的新法，希望能實現神宗強國富民的理想。

五、辭官

熙寧七年（一〇七四），因去歲蝗災亢旱，至今春仍未下雨，農作物不能下種，五穀騰貴，民心憂懼。反對新法的人，就借機歸罪新法，上干天怒。鄭俠上流民圖並奏疏，請罷一切新法。王安石雖知水旱是常數，但也感到十分灰心，乃力求辭官，推薦呂惠卿、韓絳二人，繼續執行新法。到八年二月，詔王安石再出執政。九年六月，他的兒子王雱病卒，憂傷不已，眼力昏耗，身心俱疲，退志益堅，四次上表，乞請辭職。十月准以使相名義，出鎭江寧。十年六月，才完全擺脫職務，讓他休息。

王安石退居金陵後，在鍾山南，建造木屋安居。屋前鑿池種荷，周圍栽了些苦楝銀杏，平日看魚餵鳥，汲水灌花，和老友在山林中說笑語，或騎驢遊賞附近的山水。時常作詩作文，研究文字，著有「字說」。

元豐時新法仍然繼續施行，日見成效，民生樂利。王安石自己也說：「創法於群幾之先，收功於異論之後」。

元豐八年（一〇八五）三月戊戌，神宗崩。哲宗即位，才十幾歲，宣仁太后臨朝攝政。五月起用司馬光爲宰相，於是將神宗時精密研訂、施行有效的新法，盡行廢止破壞；神宗朝的舊臣章惇、呂惠卿、蔡確……等也盡行竄逐遠貶。在太學裏禁用王安石著的「三經新義」「字說」，只有科舉考經義保留。過去反對新法最猛烈的范純仁，這時也反對司馬光這種作法說：「願公虛心，延納衆論，不必謀自己出！」

王安石變法的失敗，不是失敗於法的不好，而是失敗於許多所謂君子的不肯合作，難免用人不當，以致好法的效果減低；但最大的失敗，卻是失敗於當時朋黨之禍，意氣之爭，以致法毀於見效之後。

西湖春

一、遊山逛湖詩人留夢痕

宋元祐初，蘇軾自任翰林學士以來，甚得哲宗寵信，但因議事論政，有些和臺諫不合，便爲御史王巖叟、趙挺之，諫官朱光庭、韓川等攻擊不已，甚而羅織語言，誣之誹謗。他爲了避禍，曾經幾次請求外調。元祐四年（一〇八九）四月，終得皇帝恩准，以龍圖閣學士、左朝奉郎，出知杭州府，兼領兩浙西路兵馬鈐轄司，統管錢塘等九縣事。

蘇軾對出任杭州太守一職，非常歡喜。他想起熙寧間爲杭州通判已是十六七年前的往事。那時，他才三十幾歲，英姿煥發，文采清逸，性格豪爽，辦事努力，在杭州甚得人緣，而那一段生活也的確令人懷戀；因爲杭州是一個「山水窟」，是一個非常美麗的城市。他在杭州時候，曾和太守沈遘到吉祥寺看花；沈作牡丹記十卷，就請他作序。繼沈遘後，陳襄（述古）來作太守，動工修建六井；他曾協助策劃。原來杭州是由江海舊地漸漸形成桑田城邑，地下的水泉又鹹又苦，不能飲用。唐朝大曆中刺史李泌開始挖掘「相國」等六口大井，建造石溝引導西湖的淡水注入，供人民飲用。長慶中，白居易做太守又築堤立閘，蓄洩湖水，灌溉西湖的下流成千頃的田地。到了宋朝，這些水利的設施逐漸損壞。到陳襄開始掏溝砌磚，修復了六井；那時蘇軾曾寫了一篇「錢塘六井記」，詳記其事。

除了這兩件事值得回憶外，他在杭州三年多，生活過得也眞愜意，公事忙完了，常常和陳述古、柳子玉、楊公濟、張子野一班朋友前往西湖，觀賞湖光山色，飲酒賦詩，拜訪辯才大師、參寥子、詩僧惠勤、惠思，談論哲理禪機，足跡遍及斷橋、孤山、放鶴亭、西泠橋、南屏山、靈鷲峰，甚至遠去風篁嶺、龍井亭、徑山等地。西湖三面環山，景色無時不美。到了春天，西湖到處是花。緋桃碧柳，玉蘭山茶都盛開了。他在漫天花雨柳絮輕飄如夢中，看一片片飛落湖面，引來許多錦鱗，隨波呑吐。有時他趁著微明天色，煙色尙濃，去看船影輕移。一會兒朝陽出來了，青峰漸漸露出了尖頂；太陽又高了一點，煙雲又低了一些，遠望山巒也都露了出來，但山腳兒下的樹林卻仍被白茫茫的雲霧平平地橫遮去了半截；最後湖面上好像蒸飯出氣，煙霧氤氳，裊裊上昇，半晌才全部消失了；這時整個的西湖就像一面新磨光新擦亮的鏡子，將周遭的景物都倒映了出來，眞是美麗極了。他回憶到這裏，感到非常甜蜜，不久又可重溫這種美景了。當然夜泛湖上，那種經驗也是非常美妙的。那一輪如美人的月兒，在娟娟弄色，風恬波靜，月光滿湖；那茫茫的湖水，叢叢的菰蒲，荷花夜開送來風露香，遠寺閃爍著幾點微明的燈光，夜靜寂極了。這時可以聽見山徑中的屐響，他任憑一葉扁舟，繞湖而遊。啊，這時使他產生了一種寵辱皆忘、淡然無營的心境。但現在卻爲什麼又看不開自己在京城裏小小不如意的遭遇呢？社會本是一座舞臺，宦遊亦演劇罷了，不過要演得精采。在人生短暫的旅途上，假使能夠爲國家爲大衆多做一些事情，就算不虛此生了。又何必計較個人的得失呢？還記得那年上孤山去踏雪尋梅；本朝妻梅子鶴的高士林和靖的墳墓就在山後。那天雪景眞美，山上好像鋪了白氈，山川樓閣都是一色的白，在日光照耀下，直像堆滿了爛銀白玉的世界。放鶴亭前幾株枝幹虬曲的古梅，攢雪若球，紅萼初破，時露出幾點春意，也妍媚極了。由於有這樣美麗的湖光山色的浸潤，他的詩思更加豐富了，詩境也更加自然清妙了。這時，他又記起在臘日往孤山拜訪惠勤、惠思時寫的一些詩句。他不禁低吟道：

「天欲雪，雲滿湖，樓臺明滅山有無。水清出石魚可數，林深無人鳥相呼。」

眞能寫出那美景的靈魂。又有一次，湖上初晴後雨，他又作了一首絕句，說：

「水光瀲灩晴方好，山色空濛雨亦奇；

欲把西湖比西子，淡粧濃抹總相宜。」

他想到自已曾寫過這樣的好詩，不覺莞爾一笑，高興極了。現在有機會再去做這湖山的主人，又如何能不感到興奮呢！還是趕緊吩咐家人整理行裝擇日起程吧！

二、浚河除葑東坡建奇功

元祐四年七月三日，蘇軾到了杭州。江山故國，所至如歸；父老舊交，都來相問。他接事了一個多月，覺得杭州現在政清刑簡，民無辭訟，不像從前爲通判時那麼繁劇，連除夕還都囚犯滿廳，等待審理，到了日暮還不能回家跟妻子相聚呢。不過，現在杭州的市況卻顯得十分蕭條，西湖諸寺也衰落多了，沒有一絲活氣。他的心禁不住感傷了起來。當地的父老農民前前後後來州署裏陳情的有一百一十五人。大家都說因爲西湖長滿了葑草，日見枯淺，無水灌溉農田，以致連年成災；鹽橋、茅山兩條運河也被泥沙淤塞，不便貨運，物價天天高漲；大衆日常飲用的六井也損壞了，影響供應淡水，人民的生活更加艱苦；所以都盼望蘇太守能夠馬上改善這些水利的設施。

因此，蘇軾決定再會同本地的父老士紳，錢塘、仁和二縣，以及屬下佐吏多人，詳細勘察運河與西湖的情形。

這一天天氣很好，帶著秋霜的晨風，吹到臉上有一點寒意。他們從州署騎馬出發，不久到碧波亭下，一些裝運米穀柴薪、雞鴨魚肉、雜果鮮花、蓮菱蓴菜的貨船，在淺淺的鹽橋河上緩慢地行進，遇到極淺地方，還要用人力在岸上牽挽，情況確是嚴重。這時有一個鬍子花白的士紳說：「現在運河水淺了，連蘇、湖來的載重幾百擔船都不能通行，糧價已經貴到每斗九十足錢。今後杭州城裏四五十萬人，眞不知道怎麼過活了。」

又有一個人說：「過去運河每隔三五年就要掏一次淤泥，但是挖了又塞。湖大半成了葑田，容積小了，不能貯水供應運河，稍下一陣大雨，又漫溢成災。現在運河是靠浙江日夜兩次大潮倒灌進來的水供應的；但也帶進了大量泥沙，淤積河底，成爲我們杭州的大患！」

正說間，大家已經往北出了餘杭門；在天宗門間的梅家橋下，鹽橋河的上流與茅山河會合。他們向南沿著茅山河走去，漸漸轉入鄉村。到了龍山浙江閘口，正值漲潮。他們登上望海樓，只見海上一線浪頭，自遠而來；指顧之間就到了樓前，好像一座銀山漫蓋下來，千堆雪花飛濺了起來，在日光下又像萬道翻舞的金蛇。帶著鹹味濁泥的潮水，也從閘口上湧進了茅山河，一下子高漲了數尺。杭州的監稅蘇堅，子伯固，是一位對水利很有研究的人。他說：「茅山河帶著江潮中的泥沙進來，到城外鈐轄司前，剛好鹽橋河的下流來會，又將泥沙帶進鹽橋河，而潮水只淤沉十里，過此水就澄清了；因此我們只要在鈐轄司前建一座水閘，每遇漲潮，就關閉閘門，將這兩條運河暫時分隔，讓江潮只流進茅山河，不流進鹽橋河。待一兩時辰後，潮平水清，然後再打開閘門。那麼鹽橋河經過城區部分，一浚深了，就永遠不會再淤塞了；而茅山河的兩岸人口稀少，挖深了，縱使再積淤泥，開掏也比較容易。茅山河有江潮供水，自不會涸竭。鹽橋河可引西湖水來供應。西湖水分五道流入杭城的清湖河，而北出餘杭門，供民飲用灌溉。現在只要開一兩百丈新溝，將清湖河與鹽橋河上流連接起來，那鹽橋河也就不愁無水了。」

蘇軾聽了報告，覺得蘇堅的意見很不錯，可以採用。次日，他們到西湖巡視，只見湖面十之六、七爲葑草所蕪漫，無邊無際，不復舊觀，顯得十分荒涼。──葑草就是菰米，可充窮人雜糧。它叢生淺水，結根淤泥，生長力極強。巡視過後，他們就在望湖樓上開會討論開湖的問題。錢塘縣尉許敦仁首先報告說：

「西湖水淺，葑草如雲翳空，長得很快，雖然我們盡力開撩，但是沒有用。只要三兩年人工不繼，葑草隨又蔓延。所以需要一個永遠根除的辦法才行。吳縣人種菱角，他們都是每年春天開始除草，務使寸草不留，然後下種。要是能將葑田改成菱蕩，我想就不會再有葑草堙塞湖面的事了。不過，我們得先籌經費，僱工除葑。等湖面開成，再租給民戶種菱，每年收些租金，作管理西湖的費用。」

這時，仁和縣縣令黃僎也站了起來報告：「我派人打量湖上葑田的面積，約有二十五萬丈。一個人工能除一丈葑草，約需二十多萬工。每一工給錢五十五文，米三升，這一筆經費就相當巨大。至於如何籌措？還請蘇公指示。」

蘇軾從西湖回來，經過詳密考慮，決定採納他們的意見，進行浚河與開湖的工程。他在十月下令派遣兵工一千多人，浚深茅山、鹽橋兩條運河，各達八尺以上；又開新溝引導湖水灌輸鹽橋河；並在鈐轄司前設置水閘，控制潮水。這些工程都在元祐五年（一〇九〇）四月中完工。

接著，他將當時為賑濟浙西七州水旱災，餘米一萬多石，錢一萬多貫，撥作開湖的經費。同時又一再上表報請朝廷另撥僧道尼姑出家的證書——度牒一百道，出賣共得錢一萬七千貫來補助經費。終在四月二十八日動工開湖，僱了幾千民工，除葑的除葑，挖泥的挖泥，不到三個月，葑草席卷一空，綠波如綾，環湖三十里都濱山為岸。同時，他又派五百名兵士參加搬運，利用挖掘出來的葑草淤泥，在湖上築成一道十幾里的長堤，高約二丈，寬可五匹馬並行，從南屏山下直通西湖北岸。後人稱之「蘇公堤」，將西湖分成「裏湖」、「外湖」兩部分。並且在堤上造了「映波、鎖瀾、望山、壓堤、東浦、跨虹」六座橋樑。堤兩旁栽種桃花楊柳，在湖上種芙蓉菱花。又建了堰閘，調節湖水的蓄洩。又以餘力修復了六井。又以餘力修復了六井。

從此以後，西湖更加美麗，成為遊覽觀光的名區，每到三春天，晨光微露，煙氣淡抹，自蘇堤到斷橋一帶二十餘里，桃花燦比紅霞，柳煙垂拂碧波，翠鳥嚶嚀，黃鶯群飛，聲聲是銀笛，處處是圖畫。環湖有三百六十寺，現在又熱鬧了起來，仕女從各地來遊，順便也進寺許願燒香，所以蘇軾的會客有美堂詩也說：「憑君遍遶湖邊寺。」因為西湖拓寬浚深，水量增加；杭州的鹽橋河受湖水調節，河道暢通，每天都有成千艘的船從蘇州、嘉興運來各種貨物，使杭州一天比一天繁榮了。在西湖下流的幾十里間的田地，也因為有了湖水的灌溉，產量將大增；所以當他一到杭州的郊外，就可以看見村落中農家，柴扉半開，炊煙裊裊，雞犬相聞，農夫桑婦迎著朝陽流著汗滴努力地工作；山坡田間，流水活活，到處是稻苗方抽，桑葉吐青，茶芽展綠，一片豐收的前景。

蘇軾見大功告成，理想已經實現，非常高興，就率領杭城的官民祭告吳山、水仙、五龍三廟的神明。他在治政的餘暇，也時常葛巾布衣，扶著竹杖，在西湖信步而遊，看夕照滿湖，水鳥浮浮欲沒；月投波心，百頃波紋粼粼。春天煙籠蘇堤的曉景，夏季綠荷跳珠的雨色，秋時群山的黃葉，冬日斷橋的殘雪，都是汲取不盡的詩料。

蘇軾在元祐六年三月九日離開了杭州。後來，他寫了一首詩追述當日開湖的事，道：

「六橋橫絕天漢上，北山始與南山通；
忽驚二十五萬丈，老葑席卷蒼雲空。」

杭州人爲了紀念他對杭州的貢獻，在靈鷲山麓建造了一座「東坡祠」。一個能夠造福人民的人，總是令人感念不已。

隨園軼事

袁枚，字子才，清康熙五十五年（一七一六）三月二日在浙江錢塘縣（今杭州）東園大樹巷中出生，嘉慶二年（一七九七）十一月十七日在江蘇江寧縣（今南京）小倉山上的隨園中逝世。當時名作家姚鼐說，袁枚從官場下來就充分發揮他的才華寫作詩歌文章。他的散文、駢文都能夠暢發他自己的情思，小說也寫得幽默風趣，能夠快人心意，詩尤其寫得好，一般人心裏想說的話，他都能夠用詩歌表達出來，所以有許多人模仿他的作品。

當時詩人作家來到江南，一定去隨園拜訪他，送上作品，請他指教，幾乎每天都有。袁枚將這些投贈給他的詩篇刊印出版，而且在隨園裏造了一道長廊，叫做「詩城」，把這些詩稿貼在長廊的牆壁上展覽出來，在春天廊下梅花如香雪的時候，讓喜歡文學的遊人賓客來欣賞觀摩，的確是既風雅又新鮮的玩意兒。他為這件事寫了一首詩：

「十丈長廊萬首詩，誰家門富敢如斯？」

請看珠玉三千首，可勝珊瑚七尺枝！」

他又空出一個大房間，專爲保存別人送給他的文稿詩集，堆積得像山一般高，叫做「詩世界」。因此陸應宿說他是「詩中霸」。姚鼐也說，一百多年來，沒有一個文人能夠像他那樣的「極山林之樂，獲文章之名。」

開始讀詩

七歲那年，袁枚開始跟史玉瓚老師受教育，學四書五經。有一天，他和三妹素文一起朗讀詩經「緇衣」一章。史老師進來，聽見了，覺得讀得很好。後來有人向史老師借銀子，拿「古詩選」做抵押。袁枚才有機會進一步讀到漢、唐時代的許多好詩，而且偷偷模仿著作起詩來。

考中秀才

袁枚十二歲，和史老師同一年考取縣學做了生員。報錄人來報喜的時候，他還正和鄰家小朋友在玩遊戲。這麼年輕就中了秀才，自然教四鄰羨慕極了。

離開家鄉

乾隆元年（一七三六）袁枚離開家鄉，到桂林去看望叔父袁鴻，受到廣西巡撫金鉷的賞識，舉薦他到北京參加博學鴻詞科考試。各地保送來的都是博學的宿儒，在一百九十多人中，數他最年輕。他雖然沒有考取，卻認識了杭世駿、夏之蓉一班名士。

三年翰林

袁枚在京裏三年，到二十四歲終於考中進士，進入翰林院。他身材高，口才好，風度翩翩，文章又寫得漂亮，在翰林院裏特別有名聲。這一年，他回鄉娶王氏夫人。回京後，他跟史貽直尚書學滿洲文。讀的很苦，作詩說：「笑余聱牙學蝌斗，略解婁羅偏上口。」讀了三年，成績不及格，就被外放到江蘇做知縣。

為縣箴言

袁枚做了七年知縣，前後歷任溧水、江浦、沭陽、江寧四縣。他每天處理各種公事常常到了深夜。他說他最感厭苦的事，就是做江寧知縣時候，每天天亮就得出門，只爲了臺參大員，迎送賓客。他認爲這是爲大官作奴才。他痛恨官場這種陋規，認爲是最無意義的事。

袁枚認爲做知縣應該爲人民謀福利，要用全付精神在人民的身上，多多巡鄉，和百姓直接接觸，能瞭解民情，才能辦好縣政。政府處理人民的事情，應採「十日結案」的辦法，就是公事一到手，隨判隨銷，絕不加耽擱；這樣初情未改，枝節不多，訊問判斷，都比較容易；人民知道呈請的事，十日內一定結案，也就不怕官吏有意刁難暗擱，官吏也就無法弄權索取人情了。審判案件，最好公開，要使是非共見，而且要尋求事實與偵查證據，不可單憑法令條文，咬文嚼字與才氣成見來審案的；這樣才能做到大公。

買下隨園

乾隆十三年（一七四八），袁枚用三百兩銀子買下隨園。園在南京北門橋西一公里的小倉山的北巓，面積很大，有一百多畝，據說是曹雪芹的祖父曹寅的別墅，就是「紅樓夢」裏的「大觀園」。康熙年間，曹寅做江南織造，到他的兒子曹頫因虧累公款而抄家，園就歸繼任的織造隋赫德所有。這時，園傾屋塌，淪爲酒店。袁枚買了這園後，加以整建，改名「隨園」，取隨遇而安的意思。在這小倉山上遠眺，可以看到南京的名勝雨花臺、莫愁湖、鍾山、孝陵、雞鳴寺等地。

辭職歸鄉

兩江總督尹繼善因爲袁枚做江寧知縣，很有政績，要升他作高郵刺史。因吏部阻難，沒有成功。袁枚在乾隆十四年（一七四九）正月，辭去江寧知縣的職務，回杭州看望父母。這時他三十四歲。他說：

我坐著烏篷船回鄉，但快到家的時候，心裏急，反而覺得路一下子變長了；離鄉久了，鄉音入耳，也覺得不大習慣了。到了家，門房要問我的名姓，小狗也不認識我了，儘在籬笆邊對著我叫。我走上了中堂，阿姊扶著父親，老妻扶著母親出來，大家見了面，熱鬧極了，一時滿屋子都是歡笑的聲音。

袁枚過了燈節，又回南京去。他寡居的姊姊要他將甥兒陸豫庭帶去，鴻嬉也將堂弟香亭交給他帶去，就近教他們讀書。

經營隨園

袁枚從此住在南京隨園。中間除了去陝西做知縣，離開一年。他父親過世後他將一家人從家鄉接到隨園來往。三十八歲後，袁枚以寫作出版、經營隨園爲終身的事業。

他親自設計構思並率領工人興建隨園，以求能夠符合自己的心意。隨園共有二十三個房間，用卍字的長廊，一間一間相連起來。他將他母親的住處，叫做「倉山雲舍」。他說聚書如聚穀；他用三間房屋做「書倉」，又叫做「所好軒」，收藏了三萬卷圖書，後來達到五六萬卷。另有一間爲「金石藏」，專展覽他大力蒐集來的金石文及商盤周鼎之類的古物。讀書堂的屋頂滿是朱藤花，鑲著六扇玻璃窗，賞月看雪，非常方便，叫做「水精域」。他讀書倦了，有「小眠齋」，可以小睡，「小倉山房」三間是園中主室，背依倉山，擺設非常精美，有一面盤龍大鏡，縱橫七尺，是廣東巡撫張松園贈送的。山房左邊是他著書的地方，叫做「夏涼冬燠所」。再過去又有許多房屋。由「山房」前面走去，可以通到「詩世界」；再前去是「因樹爲屋」，有一棵參天的大銀杏蔭蔽屋上。再往前有一座露臺，叫做「南臺」，可以看山看湖。有一道「澄碧泉」向南流去。溪邊種滿了蘭花，風送來幽香，眞像佛家所說的「香界」。他模仿杭州西湖，將南臺前的一片小湖分做「雙湖」，前湖種紅荷，後湖供垂釣。拂溪繞湖的都是如絲的垂柳。又有一間房屋，圍以柳樹，叫做「柳谷」。湖上有堤；堤上置「渡鶴橋」，讓白鶴在橋上漫步。又造了一座「回波閘」來攔水，使水緩緩地流走。又有小舟，他和家人常在湖上藕花裏划船釣魚，稱之「泛杭」，連衣服都被花薰染香了。湖西邊有亭，叫做「水西亭」。園四周都是樹。竹萬竿，如綠海，夏天非常清涼，美曰「竹請客」。又在蒼松翠柏中，建了一座六角亭，題曰「柏亭」。園中又栽有丹桂、牡丹、木香、薔薇、海棠、木筆、繡球、芍藥、荼蘼……。每到花開，蝴蝶紛飛，鳥聲離沓。又養有白鶴麋鹿。「綠曉閣」最高，由閣上的窗戶，近可看到翠竹綠樹的晨景，遠可眺望西山和白塔。西南峰上雜栽著梅花、玉蘭，初春白花如雪，看去像西王母的「群玉山頭」。又桃花盛開，飛紅飄彩，又有一番「嵰山紅雪」的景象；他就將那看花的亭樹，取名做「群玉山頭」、「嵰山紅雪」。山間的道路多曲折迂迴，又美其名稱，為「盤之中」。

袁枚經營隨園，可以說花費盡他為宦十年的積蓄，以及無限量的心力。他在「春日雜詩」中說：「風亭月榭事匆匆，園漸繁華我漸窮；半世經綸十年俸，思量都在水雲中。」園中的水石亭樹都出自他自己的構想，山上的許多花木多由他親手栽種。他看這些樹木由萌芽，慢慢成長，而拱把，而蔽牛，而參天，終於使隨園成為當地的名園。

著作出版

袁枚喜歡讀書，打開了書，什麼事都忘了，沈迷的好像沈醉酒中；又喜歡寫作，他認為寫作可以滿足自己的心靈。他一生寫了許多作品，有「小倉山房詩集」三十七卷、「續集」二卷，收詩四千四百八十四首。「文集」三十五卷，收古文四百四十多篇。「外集」八卷，收駢文九十多篇。「袁太史稿」收八股文四十四篇。「小倉山房尺牘」十卷，專收書信。「牘外餘言」一卷，為隨筆札記。「隨園詩話」十六卷、「補遺」十卷，因為他提倡女學，收了許多女弟子，所作詩話也多記載女子吟詠男女愛情的瑣事。詩集卷二十有「續詩品」三十二首，仿司空圖的「詩品」而作，又有「隨園詩法叢話」，都是論述作詩的方法。「隨園隨筆」二十八卷，是他讀書札記，用以摘錄異聞，微抒心得，評介古籍。「子不語」（後改名新齊諧）二十四卷、「續新齊諧」十卷、「隨園戲墨」十六卷，都是小說類的作品，多記怪力亂神的故事。「隨園外史誌異」八卷，據明人薛朝選的小說重訂改寫。又有「隨園食單」，他在外吃了好菜，就叫家裏的廚子王小余去學了回來，然後他就將烹調方法記述下來。這些作品，他都一一印行出版。

此外，他印行的書，還有他堂弟袁樹（香亭）、三妹袁機（素文）、四妹袁杼、五妹袁棠、妹婿胡德琳、外甥陸建（豫庭）、朋友贈答唱和、女弟子、友人何士顒等詩稿詩集。他的嗣子袁通續刊的有陸應宿、袁通、納蘭性德等詩稿詞選。孫袁祖志又加自己與其姊綬、堂姊嘉等的雜記雜詠等等，是為「隨園三十六種」。

影響深遠

袁枚由於不斷寫作，不斷出書，他的作品風行各地，他旳名聲遠播各地，同時也增加了他的收入。從各地來拜門稱弟子的，奉上贄敬；請他作碑銘傳記序跋題詞的，送上筆潤，一篇墓誌有送到一千兩銀子的。還有達官貴人紛紛饋贈禮物給他；隨園也因此更加有名。每當花季，有許多遊人前往看花，隨園成了公園。鄉試年有許多士子前來參觀，爭著買他的詩文集、袁太史稿、詩話……，收入非常可觀，維持了他的家庭生活與管理隨園的開銷。這時隨園成爲書店、博物館、作品展覽會所，文藝沙龍，也成了當日江南文化的一中心，影響極大；江南的名門閨秀，受他的影響，作詩刻稿，蔚成一時的新風氣。他作詩倡說「性靈」，認爲「詩者由情生也。有必不可解之情，而後有必不可朽之詩。」他所作詩極清新雋逸，自然可愛，仿傚他作品的體式的日多，成爲清代詩壇上一大詩派。他八十歲作壽，四方祝賀來詩達一千三百多首；可見他當日聲名之盛，影響之大了。

遊蹤萬里

袁枚的身體很健康，到了晚年仍然健步如飛，到處遊山逛水。六十七歲開始旅遊東南的名山勝境，像遊浙江的天臺山、雁宕山。六十八歲遊安徽黃山。六十九歲遊江西廬山，廣東羅浮山，廣西桂林的獨秀峰諸山，望七星巖，湖南衡山。七十一歲遊福建武夷山，蘇州靈巖山，寒山等。七十七歲再遊天臺山。八十歲坐船遠遊洞庭湖各地，一路流連，來往一百多天，遊蹤達一萬數千里。多作歌詩遊記，紀述其事。

別矣隨園

袁枚到了八十二歲，又患嚴重痢疾，自知不起。他臨終前還作了兩首絕命詩，留別朋友和隨園。其留別隨園一首說：

「我本楞嚴十種仙，偈來遊戲小倉巔；
不圖酒賦琴歌客，也到鐘鳴漏盡天。
轉眼樓臺將訣別，滿山花鳥尚纏綿；
他年丁令還鄉日，再過隨園定惘然！」

就在袁枚死後五十幾年，隨園也毀於太平天國之亂的戰火，成了稻田麥隴。

蕭爽樓

——願生生世世為夫婦

清嘉慶八年（一八〇三）四月間，沈復變賣了東西，又得友人胡肯堂的濟助，才能夠將他的女人陳芸安葬在揚州西門外金桂山。他辦好了喪葬，回到先春門外賃居的小屋，一進門看到屋裏的鋪設如舊，遺物猶在，可是音容已杳，不覺心酸淚湧。在那一盞熒熒的孤燈下，他想起：現在在這異鄉只剩下我自家一個人了。又想起和芸過去在家鄉蘇州那一段恩愛的夫婦生活，眞如蘇東坡所說：「事如春夢了無痕。」

一、燕爾新婚

陳芸，字淑珍，原是我的舅父心餘先生的女兒，也是我的表姊，大我十個月，所以我叫她「淑姊」。我常跟母親去舅父家，也就常常和她見面了。她那瘦怯身材，斜肩膀，長脖子，眉彎目秀，神采飛揚，雖說牙齒微露，卻有一種令人魂消的纏綿的情態。她雖是溫柔和順的女人，卻具有男子的襟懷與才識，人極聰明，嫻女紅，工刺繡，而且通文墨，能吟詠，所作詩如「秋侵人影瘦，霜染菊花肥」，確也不錯。

乾隆四十五年（一七八〇）正月二十二日是我們新婚花燭之夜。我揭去她的頭巾，相視而笑，並肩坐在一起說話，好像好友重逢。我在桌下偷偷握了一下她又暖又滑的手腕，心裏不覺怦怦跳得厲害。自從芸娘進入家門後，她事上恭敬，待下和氣，與人說話常帶笑容。清晨每見朝陽映窗，就急起料理家事。我受她影響，也跟著早起讀書。我們相愛之情實在有不能用話可以形容的。

那時，我們家住在蘇州城裏滄浪亭愛蓮居的隔壁。滄浪亭是宋朝文學家蘇舜欽創建的一座名園，林木蔥翠，積水幾十畝，亭在水邊一座小山上。我們家有一間臨水小室，叫做「我取軒」，簷前一株老樹，濃蔭遮窗。那年六月很熱，我們就住在這裏消夏。她伴著我，讀書論文。她認為「古文全在識高氣雄」，「杜甫詩錘鍊精純，李白詩瀟灑落拓，作詩學杜的森嚴，不如學李的活潑」，「漢晉辭賦以相如調最高，語最鍊」。

我爽直不羈，她卻拘迂多禮；但我們都受彼此的影響。結婚時間越久，我們的感情越親密。在家裏同行並坐，起初猶避著人，後來就不以爲意了；這原是感情親密後自然的現象。我們獨奇怪有些夫婦到了老年還相視如路人呢！

七月七夕，芸擺下香燭瓜果，和我同拜織女星：我刻了兩方「願生生世世爲夫婦」的圖章，我執朱文，她執白文，作爲往來書信時用。那夜月色很美，波光如練，我們輕羅小扇，並坐在窗邊看月。中秋夜，我也曾帶著她到滄浪亭上走走。那一年新婚的生活過得眞是快樂恬適極了。

二、結伴遨遊

後來因爲我的弟弟啓堂娶親，房子不夠住，就搬到倉米巷去，雖然寬敞，但沒有滄浪亭的幽雅。我題芸住小樓，叫做「芸賓香閣」。

有一年母親過生日，家裏叫來一個戲班演劇，芸看到別離悲劇，就不禁情悲離座。她認爲觀劇原爲陶情賞心，悲劇徒教人腸斷難受。她是一個極富感情稟性善良的女人，卻沒想到她後來自己竟也成了悲劇中的人物。

舅父早逝，家境不好，養成芸儉樸的好習慣，常常一身素淡。平日喜歡吃臭乳腐、蝦滷瓜。這是我最討厭吃的，她卻說：「這東西價廉味佳，是從小吃慣的；現在雖不愁衣食，只是人不該忘本。」後來我也跟著愛吃了。她卻笑我說：「

這是『情之所鍾，雖醜不嫌。』」她雖然如此儉樸，但遇人需要，就是很貴重的東西，也毫不吝惜拿出來助人。啓堂弟結婚，弟婦上粧缺珠花；她就將自己受聘的一副送給她。

結婚第二年，我跟蔣思齋先生學習做幕友——就是紹興人所說的「師爺」。爲了生活，我也應人之聘，奔波各地，也就常常離開芸。有一年七月，我自外回來，因暑氣逼人，我和芸暫時搬到金母橋東，在農家租了一間臥室小住。記得那時我們常常垂釣柳蔭的深處，聽蟬聲聒耳。黃昏時分，爬上附近小山，看晚霞夕照，隨意聯吟。晚飯後就在月光下和鄰老閒聊著天兒。她快樂地對我說：「將來要在這裏蓋一棟屬於我們自己的家，買十畝園地，僱些工人種植果樹蔬菜；您畫畫，我彩繡，賣了錢，供詩酒之費。布衣菜飯，可樂一生，不必遠出謀生了！」唉，她說這一句話，猶如昨日！如今就是有這樣的好地方也沒有用了！

又有一年，水仙廟神誕，舉行插花比賽。晚上插燭瓶花間，叫做「花照」。花光燭影，非常美麗熱鬧。芸婉惜她自己不是男人，不能夠前去觀賞。我就勸她女扮男裝，偷偷地一起去看了回來。又有一次，我去吳江弔喪，船經太湖，芸就跟我商議託言回娘家，和我一起上船；船到了太湖，只見風帆沙鳥水天一色，她不禁讚歎天地的寬大。回來時，她並和我在船頭上飲酒賞月。這在舊時代確是一個最可愛的女人了。

三、神仙眷屬

乾隆五十年，我隨父親稼夫公在海寧。母親寄來的信都由芸代筆。後來偶有閒言，母親疑她述事不當，就不要她代寫。父親看見來信不是她筆跡，卻誤會她不願代筆。芸爲免失歡婆婆，不願自剖。五十五年，父親和我同在揚州。父親因爲一生幕客生活辛苦孤寂，想娶妾照顧，要我寫信給芸在家鄉替他物色。我們沒有辦法不辦。後來母親知道了這事，就非常不高興。五十七年春天，我在眞州做事，剛好父親生病，我前去揚州探病，啓堂弟也在父親那裏。這時芸來信說：啓堂向鄰家女人借錢，請她做保；現在人家追索很急。啓堂反怨芸寫信多事。我只好給她回信說：「等啓堂回去再還吧！」不久，父親病好；我又回眞州去，剛好芸又寄信來，就被父親開拆看。信中說到啓堂欠錢事，又說：「令堂認爲老人的病都是由娶妾而起，所以公公病稍好，你宜密囑姚姨姨託說想家；我當教她的父母到揚州接她回去。」父親看了這封信很生氣，再問啓堂借錢的事，他竟推搪不知。因此父親大怒，寫信訓我說：「你的媳婦背夫借債，又讒謗小叔。而且稱婆婆做『令堂』，公公做『老人』，荒謬之極！我已經派專人回蘇州斥逐她出門！」我接了這信，趕緊寫信給父親認罪，另一面馬上趕回蘇州安慰芸，怕她自尋短見。過幾天，父親又有來信，要我帶芸搬出去住。——於是我們就寄居友人魯半舫的蕭爽樓中。

我一家數口在木犀花香撩人的蕭爽樓住了下來。魯璋（半舫）是一位書畫家，所以有許多畫家的朋友，如楊昌緒（補凡）、袁沛（少迂）、王巖（星瀾）都常常帶著畫具來。我也跟他們學繪畫。這時芸彩繡、老媽子紡績來維持生活。我寫草篆、刻圖章，得一些筆潤，交給她準備茶酒供客。瓜蔬魚蝦，一經芸手，就有意外味。更有夏揖山、張閑憨……十幾位友人，都好像梁上燕子，自來自去。芸常拔釵沽酒招待他們。這些朋友知道我貧困，也常出份兒，沽酒買餚，談詩論畫，作終日之敘。有一次，我們帶著酒菜，往遊南園，看遍地菜花如金，蜂蝶亂飛，大家直玩到紅日西落，才盡歡而散。楊補凡曾替我們夫妻畫了一幅戴花的小影，神情維肖。

蕭爽樓這段生活，好像神仙一般的；但筆耕而炊，經濟時感拮据。剛好表妹婿徐秀峰從廣東回來，勸我一起去嶺南做生意。我和友好集資，芸也繡了許多繡物。在乾隆五十八年十月十日，我和秀峰搭船南下廣州。五十九年七月，我才從廣東回來。這時，父親已知道啓堂借錢的始末，親來蕭爽樓接我們回家。我們終於結束了這一段獨立而愉快的生活。明年，徐秀峰再去廣州；父親就不讓我同去了。

四、病愁坎坷

芸素來有血疾，常常頭暈心悸。這是由於她弟弟克昌出走，她的寡母又因思子病死，以致她悲傷過度，染了這病。

乾隆六十年八月五日，我和張閑憨同遊虎丘，同舟的還有出生歌妓家的溫憨園。芸跟我的母親剛好也去虎丘玩。我們的兩艘遊艇在虎丘半塘相遇。我讓憨園過船拜見我的母親。憨園長得亭亭玉立，頗知文墨，眞是「一泓秋水照人寒」。芸一見憨園，認爲是一位又漂亮又有韻味的少女呀，非常喜歡她，甚至天眞地想替我撮合，娶她回家。哪知憨園後來竟給有錢人娶走！芸自認受她愚弄，再加芸和憨園相交，家裏人閒話沸騰。芸終因憤激，又引發了舊病。病體支離，醫藥無效，時發時好。我爲籌醫藥費，和程墨安在我家門內開了一家書畫舖，但三天收入，不夠一日支出。冬天，我的兩個孩子無衣禦寒，男孩子逢森冷得發抖，女孩子青君還強說：「不冷。」因此到後來芸立誓不再請醫吃藥。她病了幾年，我負了不少債務，因此爲堂上所不見諒，嫌惡日增。

嘉慶五年五月初，我隨趙文楷出使琉球中山國。這時留芸在家，剛好有人要請快手繡一部「心經」，限十天完成。芸貪繡價高，就接了這工作。繡經後，病情加重，喚水索湯，上下討厭。到十月底，我從琉球回來。不久，更不幸的事又發生了。

先是友人向鄰居外國人借錢，請我做保。誰知道這位朋友竟賴債逃走？這位外國人時來我家吵鬧。十二月二十三日又來咆哮，剛好給我父親聽見，找我去大大訓了一頓。這時又剛好芸的義姊無錫華大成夫人派人來邀芸，到她那裏暫住養病。父親以爲是憨園派來的，因此火上添油，大罵說：「你的媳婦不守閨訓，你濫交小人；現在限你三天，自己搬出去住吧！」我只得和芸商量暫時搬去華家住。我將女兒青君送給表哥王藎臣的兒子韞石做童養媳，男孩逢森托付友人夏揖山轉薦去學做生意。安頓好了，在二十五日清晨，我扶著生病的芸娘，帶了半肩行李，坐船前往無錫。在華家過年，住了二十多天，芸漸能起床散步。

嘉慶六年二月，我在揚州貢局謀得一職，生活稍稍安定。七年十月才接芸來揚州，在先春門外租了兩間小屋。華夫人送我們一個小僮僕阿雙，幫同煮飯。可是芸到揚州不滿一個月，忽遇裁員，我又告失業，生活又陷入困境。芸極焦慮，卻強顏安慰我。他鄉舉目無親，過慮抑鬱，可想而知。到八年二月，芸血疾又大發；我出外借錢；阿雙又乘危逃走。她更加焦慮，病勢日見沈重。

到了三月底，芸終於臉色慘變，不斷涕泣，在夢中囈語。我要延醫診治，她力加阻止說：「我自從進入你家，滿望努力做一個好媳婦，終而不能做到；再加弟亡母喪，悲痛過甚，以致頭暈心悸，神衰體羸，所謂病入膏肓了。請不要再作無益的花費。我嫁你二十三年，蒙你錯愛，凡事體貼，得婿如此，我也無憾。如果能布衣暖，菜飯飽，一家人快快樂樂的，像滄浪亭、蕭爽樓的生活，眞成了神仙的眷屬了。」接著，她又說：「人生百年，終歸一死，只是現在中道相離，再不能照顧你的生活了！」說完，她的眼淚就像豆子般的滾落下來。我忍住眼淚，勉強安慰她，靜心調養病自然會好的。芸又哭著說：「我假使還有一線生機，我斷不敢這樣說了。現在自覺不行了，再不說，就沒有機會說了！你所以得不到父親的歡心，流離顚沛，全是爲著我的緣故。我死了，你應該回鄉去吧！孝養你的雙親，撫育我的孩子吧！」我聽了，不覺慘然，再也忍不住流下了眼淚！芸握住我的手，好像還有話要說。但是這時她只能斷斷續續的連說「來世」兩個字，突然就急喘了起來。一下子，她的嘴唇閉住了，再不能作聲了，只兩眼瞪視著我。她兩行無聲的悲淚沿著憔悴盡的臉頰湧落了下來。一會兒喘氣聲漸漸微弱，眼淚漸漸流乾了。她竟自丟下我一個人先走了。——這是嘉慶八年（一八〇三）三月三十日的事；芸卒年四十一。

五、浮生六記

沈復回想到這裏，眼淚已掛滿雙頰，室中的殘燈已黯然欲滅了。——後來沈復將他自己一生的歡樂悲愁的經歷寫成了「浮生六記」，非常眞摯感人；正像林語堂所說，它成爲古今中外記載夫婦閨房之樂最溫柔細膩的一部文學作品。

吳稚暉推行國語

一、讀音統一會

這個故事開端於民國元年十二月之間。

這天，吳稚暉先生感到特別高興，寬臉蛋上大大的眼睛、稍突的下唇都展露著快樂的微笑，因為他統一國語的理想將可實現了，教育總長蔡元培已請他籌備召開「讀音統一會」了。

他獨自靠在躺椅上，微禿的額頭勾起了幾道皺紋，揭開了記憶之扉。想起十幾二十年前，盧戇章、王照和他，一樣的，都認為中國所以積弱不堪，是由於方言複雜，國人不能團結；漢字難學，教育不能普及；所以要振衰強國，只有先統一國語，改革漢字，然後才能提高國民的知識。他這個理想，深深得到孫中山先生和蔡元培先生的贊同。兩個多月前，孫先生還對大衆說：「要在十年內，造二十萬里鐵路。鐵路貫通各地，國人交往，日益密切，自然就會形成民族共同自覺之統一國語了。」

接著，他又想起自己在家鄉江蘇陽湖雪堰橋鎮的時候，思想很迂舊，只知談八股文，作率土王臣論，趕鄉試，求功名。可是腐敗的滿清政府，終教人看透了，甲午戰爭，戊戌變法，庚子拳亂，中國差一點就被列強瓜分了。自己這才覺醒轉變了。於是東渡日本留學，也就在這時認識了蔡元培，一起回到上海，組織愛國學社，藉「蘇報」宣揚革命，幹得轟轟烈烈的，像刊登章太炎「駁康有爲政見書」，痛罵光緒「載湉小醜」；鄒容「革命軍自序」，聲言要豎獨立之旗，撞自由之鐘。這是何等痛快的言論！使得清廷日夜不安。不幸，章太炎因此下獄。鄒容自去投案，說：「我是作『革命軍』的作者，與章某何關？」唉，鄒容因此瘐死獄中，留下了詩句道：「凄涼讀盡支那史，幾個男兒非馬牛！」又教人何等感傷！自己和蔡元培也亡命歐洲，——這就是轟動一九〇三年的「蘇報案」。也因此，過了兩年，才能夠和　孫中山先生在倫敦訂交，而加入了同盟會。又與李石曾、張靜江等人在巴黎組織世界社，創辦「新世紀」，繼續鼓吹革命，抨擊僞立憲，倡導科學工藝，主張統一國語。啊，這些悲歌慷慨的往事，猶歷歷如昨。

如今，辛亥革命成功了，蔡元培爲教育總長，將統一國語的重任交託了自己。現在可以網羅全國精通語文的專家共聚一堂來研討統一國語的辦法，正可實現自己「語同音」的理想，自然是非常令人興奮的事。不過，現在還是趕快草擬一個辦法吧！想到這裏，也就一躍而起，在昏黃的燈下，拿起筆來，欸欸直寫。到了天亮，終寫好一份「讀音統一會進行程序」，自己看看，辦法與計畫都很周詳，也頗感滿意！

二、審議國音與採定字母

民國二年（一九一三）二月十五日，讀音統一會終於在北平召開了，到席者有各省及海外來的代表四十四人。香粉一般的白雪，漫天飛舞，遮蓋了巍峨的宮闕，碧綠的琉璃瓦，寬闊的石板路，秀麗的湖山林園。白茫茫的一片，實在很好看。因爲天氣很冷，代表們都穿了厚重的長袍大衣來開會。他們推選吳稚暉爲議長，王照爲副議長。吳稚暉在熱烈的掌聲中，走上議長席，報告開會的主題，說：

「這次會議是教育部召開的，主要在討論怎樣統一我國文字的讀音？一個國家的語言與文字都應當有統一的讀音。可是我國各地的方言卻有好幾百種，說話不能相通；這不必說，每一個字各地讀音，也不一樣，所以要設法統一。就像日本以江戶話作爲標準，統一了日語；英國用英格蘭話作標準，統一了英語。現在，我們也想就古今南北不同的方音中，選擇一種，作爲法定的『國音』。然後再根據國音，分析音素，製定一套『字母』，作為『注音』的工具。然後再根據審定的標準國音與注音字母，編一部『國音字典』，普及學校與社會。學生及一般人學了這套注音字母，就可以很容易讀出文字的讀音。這樣，不出十年、二十年，國音流行了，國語統一了，全國的人就可以用一種標準的國語來談話，來溝通意見了。我國文字的標意與記音的兩種功用也就全有了。」

他說到這裏，稍稍停頓了一下，接著又報告道：「現在，就請各位代表先討論『審定國音』這一案吧。到底要採用哪一地區的方音，作為統一國語的標準呢？」

「前年，武昌起義，推翻了滿清。鄙意以為用『湖北話』做標準語，是最富有意義的。」浙江代表胡以魯提議說。

「湖北話，通行地方有限，不可作全國性語言。」有人反對。

「北京官話傳佈很廣，能採用北京音，最好。」王照說。

福建代表盧戇章卻認為南京話比北京話更通行。但也有人反對。

也有代表主張「恢復古韻」，也有主張「用各地方言」，發言極為熱烈。

中午休會，吳稚暉心想：「爭論了一上午，這不是辦法。該設法解決吧。」

下午，繼續進行會議。他又起立報告：

「每一個東西，給它一個「名稱」，不過便於稱呼罷。像「花」，北平人叫「花」，南方人叫「呼俍」，日本人叫「哈那（はな）」，英國人叫「夫老兒（flower）」，法國人叫「勿亂（fleur）」，音雖不同，都是表示「花」的意思；所以各位就是故意將某一個字，注上荒謬絕倫的怪音，也沒有關係。只要以後通用了，這個怪音就成了「官音」。不過多數人通解的讀音，一定最妥當。現在既然各位各有各的主張，各不相讓。所以「審定國音」，不妨採用取決多數的民主方式吧！由大會先一夜將「備審字類」印發給各位代表。請各位代表用大會事先擬訂的「記音字母」，一字一字標出讀音。第二天開會，大家就把注了音的字單交了出來。一省一票。然後由書記唱說：「「一」字，要注何音？」計票員就統計「一」字各種讀音的票數；得票最多的一音，就作爲大會審定的「國音」。然後書記又唱說：「「庭」字，要注何音？」計票員再計票審定。「庭」字讀音審定了；那麼和「庭」同音的「廷、亭、停……」就不必再審議了。這樣每天審議三四百字，兩個多月也就可以辦好了。」

這個建議雖然不頂理想，不過也只有這個辦法可以解決紛爭，大家也就贊成通過了。開了兩個多月的會議，一共審定了六千五百多字的國音，又造了民間與科學的新字六百多字。如化學在「辛、甲……」旁邊加「金」成「鋅、鉀……」

意。

；度量在「千、百……」旁邊加「米」成「粁、粨……」。這大抵也是他出的主意。

由這種民主方式審定的國音，自然是最多數人採用的藍青官話戰勝，十之八九，跟北京音相同，但也摻進了一些其他的鄉音，如濁聲母、尖團音；好像大拼盤，很少人能完全發的出來。

在星期例假，這些代表也常抽暇參觀北平城內外的名勝。像到琉璃廠逛書舖，上天橋喝茶聽戲，到天壇、萬牲園、夕照寺、陶然亭走走。遠一點，乘平綏路火車，到南口，騎騾遊覽明十三陵；或出居庸關，看萬里長城。北海這時已開放爲公園，任人自由出入。中、南海的清宮禁苑，大總統府就在裏面，依舊不准閒人窺探，袁世凱就在這金碧輝煌的禁苑中辦公，又怎能不勾起他做皇帝的迷夢？在景山前街的神武門，就是清故宮後門。宣統退位後，還保留皇帝的稱號。他在這裏依舊有一個小朝廷，前清一些遺老仍然戴著紅頂花翎，坐著馬車，由這後門進宮，還時常可以看到一些背後拖著一條烏梢蛇的辮子兵，來來往往。舊勢力與遺毒，還沒完全根除；後來張勳的復辟，也自有它的原因，自不是偶發的事件。

「審定國音」告了一段落，卻已到了春雨如膏的四月天。北平到處是平房是林木，每到了下雨，一層層繁枝密葉隨著風雨起伏，就好像綠色的波浪；但在這綠色的大樹林裏，卻露出了許多美麗的飛簷，彩雕的屋脊正是「雨中春樹萬人家」。他們就在這雨聲如綠濤中，熱烈地繼續討論如何「採定注音字母」的問題。吳稚暉先生報告這第二議案時說：

「拼切字音的方法，過去有反切、等韻，煩瑣而不科學；現在應該執簡馭繁，訂出一套簡單的『字母』，作『注音』、『拼音』的符號。」

但與會的代表，個個都想作倉頡，提出的字母不下二三十種。簡單來說，大致分成三派：

1.符號派：這派有十來個人。如吳稚暉用筆畫簡單的篆書作的「豆芽菜字母」；盧戇章用拉丁字母作的「切音新字」；楊曾誥提議採用二十六個「羅馬字母」……等。

2.偏旁派：也有幾個人。如王照仿照日本的「假名」，用漢字的偏旁或簡字，作的「官話合聲字母」之類是。

3.縮寫派：就是用速記符號作字母。

吳稚暉認為速記符號是用來記錄講演稿的，講究的是一小點，一小鉤，一小畫，中外學速記的大都是有相當學力的人士，所以他反對說：「速記字母，自不是一般婦女、小孩子所能夠學習的。」他贊同採用「歐母」符號，卻也有人力加反對說：「羅馬字母，用來作『拼音文字』，可以；但要作拼音文字，先得集合全國學者，研究二十年，再談造字。今天，我們要作的，是標注字音的『注音字母』；最好還是採用跟漢字形體能夠相配合的簡字。」於是，代表馬裕藻、朱希祖、許壽裳、錢稻孫及部員周樹人等聯合建議，將大會中審定國音而暫時採用的「記音字母」，稍加以修改，作爲「注音字母」。這套「記音字母」，主要是章太炎創製的，有五十八個，原用於改良反切。

這個建議，提出後也就獲得通過。又幾經商討，製定了三十九個注音字母。（其中十五個採自章氏），包括ㄅ、ㄆ、ㄇ……等二十四個聲母，ㄧ、ㄨ、ㄩ三個介母，ㄚ、ㄛ、ㄝ……等十二個韻母。這一套字母主要是採用筆畫簡單的說文部首及古字構成的。如「ㄅ」是「包」本字，「ㄍ」是古「澮」字。又通過了「陰、陽、上、去、入」五聲和「濁音」等符號。並通過推行國音與字母的方法七條，又編了一冊「國音彙編草」，交給教育部存案。

開了一百天會議，到五月二十二日，才告閉會。這套「注音字母」代替了反切，在我國語言文字的讀音上也有了一個統一的標準了，這在我國的文化發展史上，可說是一件大事，是極大的進步。這時孫中山先生在香港向英人克魯克教授表示，幾年內用教育的力量，就可以做到國語的普及。

三、理想的實現

北平政局開始變動。三月二十日，國民黨領袖之一的宋教仁被人暗殺，袁世凱開始逼害國會議員，教育總長蔡元培也辭職了。吳稚暉先生就在這樣動盪的政局下，委曲求全，將這個會議開完了。但各種推行注音字母、統一國語的決議案，交給教育部後，也就被束之高閣。接著袁世凱稱帝，張勳復辟，軍閥割據，更無暇及此。不過，統一國語的信念，已深入人心，許多有識的人士在社會上繼續不斷地推行，有的設立注音字母傳習所，有的發行注音書報，有的組織國語研究會。

民國七年（一九一八），吳稚暉先生在上海起草，開始編著「國音字典」。到十一月由教育部公布了注音字母，作爲統一讀音的標準。八年，教育部設立「國語統一籌備會」，專管統一國語的事，將國音加以修訂，增加「ㄜ」母，廢棄「万、广、兀」三母。九年十二月二十四日，吳稚暉的「國音字典」編成公佈，共收一萬三千多字，是我國最早的一部國音字典。先是張士一提出「以受過教育的北平人的語言，作爲國語的標準」；後來汪怡、錢玄同、黎錦暉等三人據此觀點，修訂了吳稚暉先生的「國音字典」，國音就成了精密正確的國音了。

今天國語已經通行各地，這都是吳稚暉等人所努力奠定的基礎。所以國語界前輩汪怡作了一首竹枝詞讚美他說：

「編書淞滬不辭勞，舌戰春明意氣豪。

帶點鄉音何足道？有功國語自崇高！」

說的就是吳稚暉先生熱心推行國語——編國音字典與主持讀音統一會的事。春明，謂北京。

第三輯　報告小說集

殲癌日記（腸癌開刀日記）

癌症的可怕，在癌細胞分裂成長非常快速，且會隨著淋巴管和血液轉移到其他器官，破壞我們身體的正常組織，最後奪取病者寶貴的生命！

一、大便經常出血

我的身體很健康，除了痔瘡出血，一向很少生病，只有去年寒冬，皮膚出過一陣疹子，還有半夜咳嗽，但不久也都治好了，所以我總認爲自己的身體健康得很，腸胃尤其好，吃壞了拉肚子，吃吃「莫事拉」就沒事了！麗貞常說我的腸胃是鐵打鋼造的，不像她吃壞了東西就胃脹胃痛，上吐下瀉。我的痔瘡之所以時常出血，是由於職業緣故，教書寫稿，批改作業，坐的時間很長，十幾二十年前就患上痔瘡，開了一次刀，後來又再發，出血也有十幾年的歷史，也就不放在心上。這一年來比較嚴重，但因工作忙也就拖在那裏，不去管它。我想這是痔瘡患者通常的毛病，何況十個男人九個痔，有了痔瘡又有什麼緊要！

民國八十年（一九九一）五月間，我的痔瘡因為心情不好，突然嚴重了起來，接連出血達八、九天。我心裏有了要開刀的念頭，上課時候我對學生說：可能要進醫院割掉。這時，有一位女學生說：她的先生在榮總做醫生，也許可以幫忙。——後來，我才知道她叫郭乃禎。

二、兩位年輕而熱腸的醫生

過了兩天，她打電話來。在電話中，她介紹她的先生新陳代謝科主治醫師石光中大夫和我講話。石大夫詳細問我痔瘡出血的情形。我說：「這個病拖了十幾年，時好時壞；出血嚴重時，鮮血像自來水的噴下，衛生紙擦過常血凝成塊，兩三天就沒了，經常十天半個月出血一次。」他勸我趕緊割掉，比較好。我說：「到暑假還有一個半月，那時開刀比較不影響學生課業。」其間，我也去公保看過兩次，還是老樣子，沒有絲毫減輕。

我的學生蔡宗陽博士知道我痔瘡出血得厲害，給了我一服單方。他說燒一壺水，當茶喝，可以止血。一吃下去，第二天果然不出血了。暑假終於來到，因為不大出血，割痔瘡事又就忘了。可是到了六月二十一日星期五晚上，突然接到石光中大夫打來電話，說他已經約了陳維熊大夫替我動手術。我說：「痔瘡已經半個多月沒有出血了，也許不用開刀了。」星期六晚上，石大夫又打一通電話給我，說：「星期一上午，你一定要去看。現在不出血，不表示不嚴重。榮總設備很好，陳大夫醫術也很高明，開刀絕不會有什麼危險和痛楚的。」他的話使我深深感動。現在竟還有這樣關心別人的醫生，我說：「好，後天我一定去看看！」

六月二十四日星期一上午，我一大早就到公保大樓掛了號，看直腸科的病人不少。輪到我已經十一點多鐘。我推門走進去，一眼看到一位眼睛帶著微笑的年輕醫生。他問：「你有什麼不舒服？」

「陳大夫，我是方祖燊。」我笑著答說：「我痔瘡出血很久了；不過，這幾天已經不大出血了。請你看看我需要不需要動手術？」

「你就是方教授？」陳大夫看著病歷，說：「麻煩你側身屈腿躺在那邊床上，讓我檢查一下。」這時，我只覺得他戴著塑膠手套的手指塞進我的肛門，在裏邊用力轉了一轉，痛得我只好把嘴巴張開。不知道他又用什麼東西檢查了一下，然後說：「痔瘡很嚴重，要馬上開刀。現在請到一樓轉診處辦理轉診，下午到榮總辦理入院手續，明天我就替你開刀。」於是我到樓下辦理好轉診，就趕回師範大學。

三、榮民總醫院

下午兩點鐘左右，天氣炎熱，麗貞開車送我到石牌的榮總。多年不見的榮民總醫院已經煥然一新，中央是一座二十層的中正樓。大樓前面是一大片廣大的草坪和花壇，左右後面是一幢幢兩三層的樓房、停車場，還有紅花綠樹，曲道水塘，疊石翠欄。我們走進了巍峨的中正樓，只見四周牆壁上掛著現代名家的畫，琳瑯滿目。我們在一樓轉診處和住院處辦好轉診住院的手續，就坐電梯到十一樓A 111病房，向櫃臺的護士小姐報到。她看了看我的住院單，說：「方先生，你住第十病床，拐角的那間就是。等下會有人帶你去驗血做檢查。」

這是一間兩個人住的病房，在兩張病床邊各擺著一個床頭櫃，靠門的一張病床上躺著一個年老的病人，看見我們進來，就坐了起來，並且告訴我藍條衣服、熱水瓶、塑膠拖鞋、臉盆和牙杯，都是醫院替我準備的。我換穿了醫院替我準備的衣服。麗貞把帶來的東西擺好，就去熱水間灌了一瓶開水回來。

我和鄰床病人聊東問西，才知道他姓王，六十八歲。七、八年前，大腸長了一個瘤，開了一次刀；現在大腸又長了一個瘤，又動了一次手術。我聽了覺得比他幸運，自己只是來開痔瘡罷了；也比住在這111病房的其他三十多個病人幸運。

剛才在外面櫃臺上，我看到病人的姓名下面大多寫著 ca of……；ca就是cancer，也就是說這裏的病人大都是腸道患了可怕的癌症。我比起他們，豈不是幸運多多！

麗貞因爲明天上午要參加系所助教甄選會議，把我安頓好就回去了。不久，醫院裏的服務小姐來帶我去驗血、胸部照x光片、做心電圖。做完這些檢查回到病房已經是四點多鐘，主治醫師陳維熊大夫帶著住院醫師姜子愷大夫，還有實習呂大夫三個人走進了病房，跟我打了個招呼，說：「明天下午開刀。」負責我的護士羅小姐也進來替我量體溫和血壓，說：「一切都很好。明天早上灌腸，晚上只能吃些流質的食物。」

四、直腸鏡檢查與直腸癌症狀

晚飯之後，我洗了澡躺在床上，看清宣瘦梅《夜雨剪燈錄》的麗藻趣味的故事，來打發在醫院裏難挨的時間。室內的燈光很亮，王先生的孩子來看他。他們父子倆低聲說著話。正在這時候，姜子愷大夫要我跟他去大腸鏡室，做直腸鏡檢查。我屈腿側臥在檢查臺上，心裏有點緊張。他用一根帶有燈光的中空管子，輕輕插進我的肛門。我覺得它在我的直腸和結腸間移動，有一點不舒服。我把嘴巴張得大大的，來舒解這種緊張與不舒服的感覺。大約有幾分鐘之久，只聽姜大夫說：「你的腸子裏有一個地方有點怪怪的。」我好像感覺他把裏面的穢物吸了一些出來，又看了一下，然後用一個特製用具，穿過這個直腸鏡的中空管子，在腸壁上掐了三小點腸肉出來，說：「明天要送去做病理檢查。」

我十分吃驚，問道：「是癌症嗎？」

「不知道。」姜大夫說：「有可能。明天請陳大夫再檢查看看。」

二十五日早晨六點多鐘，我打電話給麗貞，告訴她昨天晚上檢查的事。我聽出她聲音非常焦急，說：「不會吧！你除了痔瘡出血，沒有其他症狀。你怎麼可能患上腸癌呢？會一開完，我就去醫院。」九點鐘左右，陳維熊大夫來了，微笑著對我說：「方教授，現在我們再去做一次直腸鏡檢查。」我們走出三一一病房，沿著廊道走去，到了大腸鏡室。陳大夫讓我側身躺在檢查臺上，然後說：「不要緊張，幾分鐘就檢查好。現在給你灌腸。」一個護士小姐一邊拿著一罐灌腸水，由我肛門灌了進去，一邊對我說：「你可以到對面廁所，把大便放掉，再過來檢查。」我覺得肚子一陣不舒服，有點脹脹的，趕緊忍著跑向對面的廁所，清理乾淨。又回到大腸鏡室，側身屈腿地躺在檢查臺上。

陳維熊大夫站在我的身後；他把直腸鏡管插進我的肛門，開始檢查。接著護士小姐把直腸鏡管慢慢往腸裏推進，又往外拉了回來。陳維熊大夫的手上控制著一個連著直腸鏡管的小型攝影機。我的耳朵邊只聽到一下一下機門開闔的聲音。這時檢查臺的左側，也就是正對著我的臉部一架十九吋的彩色電視機的螢光幕上，映出了我的腸子的內部情況，那光滑乾淨的腸壁。一一展現眼前，還有一兩片沒有灌洗掉的嫩黃色的殘便，好像枯葉掛在腸壁上。突然，畫面停住不動了。我看到腸壁上，有三個小黑點，還有一小灘黑黑的淤血。我心想：「這大概就是昨晚被姜子愷大夫掐走了三丁點的地方吧！」除此之外，我看不見有什麼腫瘤，或者小小的息肉。正自慶幸我的腸壁是那麼乾淨完美，無瑕無疵。——正在這時，陳大夫忽然說：「石大夫，你看就在那三小黑點的附近，有一小片灰白色；那就是有問題的地方，大概肛門上去十二公分吧！」我這時候才發現石光中大夫站在我的背後。陳維熊大夫說：「要把它拍下來。」接著就聽到喀擦喀擦的幾聲響，另一個的螢光幕上就照下兩三列腸壁的相片。他又在我的腸壁上掐走了一小丁點兒的腸肉。石光中大夫點一點頭，就匆匆離開了。陳維熊大夫對我說：「方教授，好了！痔瘡，今天暫時不開了；等『病理檢查』有了結果，再說。」

「什麼時候，可以知道？」我問

「最快要三天。今天星期二，昨晚做的星期四就可以知道；今天做的星期五也就出來了。假使是『直腸癌』，下星期二就要動手術；那是大手術！痔瘡以後什麼時候開，都可以；痔瘡不會致人死命的！」

我下了檢查臺，走出大腸鏡室，回到病房，躺在病床上，心裏非常震驚！實在難以相信，也難以接受！一九六九年，經濟部長陶聲洋先生在五十歲時候，即因大腸癌去世。現在，我自己竟也可能患上這一種能致人死命的腸癌！怎能不教人的心絃震顫不已！過去系裏的同事何錡章教授與肝癌對抗了半年。我最後一次看到他腹脹如鼓，連嗎啡也都止不住他的痛苦，終於拋下了愛妻幼兒走了！田素蘭副教授是全系最漂亮的女老師，也是內子的好友，不幸患了食道癌，療治了一年，終也花落玉殞！好友林建基在美國也因肝癌而離開人世！英語系卞銘灝教授，中英文俱佳，文采華麗，三十多歲就因胃腸癌而猝逝！這些朋友的舊事一下子如潮湧現，心中十分感傷！啊，生命多脆弱，好像晨間露！心境一時無法平靜下來！

我正自哀念這些朋友的早逝，也爲自己不可知的命運而感傷之際，醫院中的楊順芬護士忽然來跟我講話。她的身子很胖，又懷身孕，挺著大肚子，走路十分吃力。我問她：「什麼時候要生了？」她說：「再十幾天，」我說：「爲什麼不請假？」她笑著說：「照顧病人是我的責任。」接著她就問我：「過去有沒有什麼不舒服的現象？像體重減輕？時感疲倦？腹脹腹痛？惡心嘔吐？有沒有便秘、瀉肚子？糞便有沒有帶著血絲或黏液？有沒有變形變細？她所問的這些都是直腸癌可能有的症狀。我說全部沒有，只有大便時候，痔瘡時常出血。她說：「便中帶血，是直腸癌主要的症狀。許多人常常誤認是痔瘡出血。直腸癌不是絕症，早一點開刀都可以恢復健康！」她的問話，使我想起：石光中大夫可能早已懷疑我患的是直腸癌，不是痔瘡；所以要我趕快去治療！不過，我的心裏還是希望這次切片檢查沒有事，那就好了！

二十六日下午兩點多鐘，醫院裏工作人員帶我去照腹部x光，大概是要確定癌症部位，作為開刀時的依據。做腹部超音波檢查時候，我平躺在一張床上。一位女醫技師將一個探筒（傳感器）沾了一些滑滑的凝膠，然後用力在我的腹部上滑動掃瞄，並且叫我：「吸氣」，「呼氣」，檢查甚細。我想大概是在看腸子及周圍的其他器官，如肝臟、膀胱的情況。只可惜，我自己看不見超音波掃瞄機螢光幕上所映現的影像。

檢查完畢，我回到病房。麗貞已經在病房裏等我。

五、兩次病理檢查都證實是直腸癌

六月二十七日星期四下午五點鐘左右，我送走麗貞回來，在病房門口剛好碰到陳維熊大夫和石光中大夫一起來看我。陳大夫告訴我說：「方教授，第一次切片檢查已經證實是癌細胞。我們決定七月二日，下星期二上午八點半鐘，替你動腸道手術。有幾點需要告訴你：第一、開刀後，大便可能會失常，變得稀爛，次數增加。有的人很快就會改善，有的人會延長到三四個月。第二、有百分之二十的人，性能力全失；因爲有關性神經就在那附近；百分之三十至四十性能力會減弱。第三、假使癌細胞蔓延到靠近肛門部位，就要做『人工肛門』；在五公分以內的部位，非做永久性人工肛門不可。初步檢查，你的發病部位在肛門上方十二公分。我會盡量做個臨時的人工肛門，使大便改道，暫時不經過開刀縫接的地方。這樣傷口容易癒合康復。」

「做人工肛門」，我聽了非常震驚！身上掛著一個「屎袋」，多麼骯髒，不舒服，不方便！何況我已經六十多歲，肩上的擔子也可以放下；兩個孩子都已長大，在國外留學，預期再三四年就可以學成自立；麗貞在師大教書，還有十幾年才退休，足可照顧自己；我雖珍惜生命，但對生死也看得很平淡，人生橫直早晚都要走上這一條路，又何必活得那麼痛苦！所以我就說：「假使不開刀，我可以有多少日子好活呢？」

「這個，我沒有辦法預計！」陳維熊大夫笑著說：「癌細胞分裂非常快速，也許幾個月，也許三幾年。不過，到癌細胞轉移到其他器官，再來開刀就來不及了！這時醫生可能打開了，就只有再關上！而且癌症到了末期是非常痛苦的！」

我心想到時候吃幾顆安眠藥，就可以解脫人生所有痛苦，永遠安息了！

「方教授，」這時，石光中大夫說：「現在，開不開刀的決定權，已經不在病人，而在醫生！因爲我們做醫生的，既然已經知道他患了癌症，可以救而不去救，有一天知道這位病人因此死了！你說醫生是不是會一輩子內疚！現在，你只有同意開刀。你可以說非常幸運！開痔瘡，卻發現了直腸癌。這是危險性最少的一種癌，存活率很高。有一位將軍開刀十幾年了，身體越來越健康，事業也越做越成功！」

「我本來打算割掉了痔瘡，在七月中，和內子帶孩子一起去大陸探望親人，機票都已經託香港親戚買好了。手術之後，還能去吧！」我轉頭向陳大夫問說。

「直腸癌是大手術，手術之後需要休養；七月中去大陸是不可能的。」陳大夫笑著答道。

「謝謝，」我說：「陳大夫，今晚我想請假回家，明天一早回來。」

「好吧！」

我向護理臺辦好了請假手續，就急急忙忙坐計程車回家。

這三十多年來一直那麼愛我的麗貞，當我把要開直腸的事告訴她的時候。她眞的一下子就嚇得呆若木雞地愣住了。我眞不知道她是否能夠承受得了這突如其來的重大的打擊。停了好一會兒，她才說：「我不要你死！我要你好好地活下去！不要丟下我一個人走了！再陪我五年、十年、二十年！你要勇敢接受手術！我會好好照顧你！我相信你會完全康復的！留下有用的生命，好好走完這一生吧！」我聽了她的話，禁不住掉下幾滴悲傷的眼淚！麗貞是那麼愛我，希望和我相依爲命，白首偕老！我卻不以生死爲意，眞是自私透頂，慚愧之極！

二十八日星期五，麗貞一早就開車送我回榮總。下午，系裏許多同事聽到消息，分批來看我。第二次病理檢查的報告也出來了，仍然是教人絕望的癌症！

六、手術之前禁食與灌腸

六月二十九日，開刀前三天就開始限制飲食，只能吃米湯、果汁、藕粉、蜜豆奶之類的流質食物。三十日晚上，護士小姐開始替我灌腸，從肛門灌進約一千cc的水，教我在病房內慢慢走來走去，憋不住了，才進廁所。後來又灌了一次。

七月一日上午十點多鐘，王先生的孩子來接他出院。又有一個新病人住進來，他姓林，才三十多歲，臉色灰黃，好像失血很多的樣子。他是在橫向的大腸裏長了一個腫瘤，兩三個月來，大便變細，嚴重出血，體重減輕十來公斤。他自己說：「在一家公司擔任財務主管，每天工作十二小時，才能把事情做完；我的病大概是忙累過度所致。」

下午四點多鐘，護士小姐送來半瓶橘紅色的蓖麻油，要我用溫水喝下，再喝一大壺水。我是急性子的，平日吃東西都是狼吞虎嚥的，喝茶都是牛飲的。這一壺一千cc的水，半小時我就喝光了；因爲喝得太急，這下子可慘了，先是肚子絞痛半小時，有如刀割；坐在馬桶上，大瀉一場；回到床上，又全身直冒冷汗，手腳的末梢神經顫動如抽筋，差一點就休克死亡。幸好，我的心臟很強，才能安然渡過；心臟衰弱的，開刀的危險性就大。

晚上，又灌了兩三次腸，直到護士小姐認爲清洗得非常乾淨才停止。這樣手術時候才不會污染；並且吩咐明天開刀，今晚十二點過後，開水也不可以喝了，這樣手術之後就不至發生嘔吐。不久，服務人員進來，用刮鬍子刀把開刀部分的毛剃得一乾二淨。

到九點鐘，麗貞來了。她把病房裏坐躺兩用的躺床拉開，睡在我床邊。我感覺到麗貞一夜都沒睡好。她說：「今天吃東西胃都痛！」

七、第一次手術——切除直腸癌

七月三日星期二，我按照醫院的規定，一早起來盥洗沐浴，排淨小便，脫下手錶、眼鏡、內衣褲，換上手術衣，腳上繫上名牌。

八點半鐘，醫院工作人員推著一張綠色有輪子的手術床來了，叫我躺在上面，說：「要進手術房了。」麗貞和學生劉蕙蘭跟在後面幫著推著。手術房在三樓，由專用電梯下去，很快就到了。麗貞她們不能進去，就在手術房外等待。工作人員把我推了進去，就走開了。

一會兒，裏面的人又把病床往裏推，經過長長的過道，到了一個閘門口；閘門自動往上拉開一些，冷氣風強烈地往外吹過來，好像不讓外面的空氣進去。他們讓我通過閘門口一塊板上，再翻身到裏面另一張推床上，閘門又自動密密關閉。我想：這裏面大概就是完全無菌的地方了。穿著綠色手術衣的醫師又把我往裏送，然後才到了一間相當寬敞的手術室，裏面的醫師、護士都是穿著綠色的手術衣。一個護士小姐過來接手，說：「我是麻醉小姐。」她讓我躺在室中央的一張窄窄的手術檯上，一邊把上面兩三個圓形的大手術燈調整好對準了我，一邊又說：

「不要害怕！你看看，我們這裏的女孩子都很漂亮啊！」

她的話的確使我的心情舒緩了許多。環顧室內，我看見左手邊的牆上有肺部和腹部x光照片，裏面的燈影把照片上的影像很清楚地映照出來。手術檯的左邊附近，還有一部專測心跳的機器，連著量血壓的止血帶。護士小姐把止血帶裝在我的右胳臂上，一下束緊，說：「血壓正常。」我覺得她們把我綁緊在手術檯上，又在我的左手掌背上的靜脈刺了一針，打起點滴。我問說：「現在幾點？」有人答說：「八點四十分。」不久，醫師開始站在手術檯的兩邊。我身上穿的手術衣什麼時候給脫掉，已經記不得了。我只覺得他們在我赤裸的身上，上下左右，蓋上了四片厚重的手術布，只露出腹部，然後他們在上面塗擦消毒藥水，冷冷冰冰的。這時，護士小姐在點滴的玻璃瓶下的塑膠短管，加打了一針藥水進去。我心裏正在想：「二十九年前，麗貞在一家醫院剖腹生子：房間內沒有手術燈，只有一盞電燈照著；沒有冷氣，只有一架電風扇轉著；我就在室外透過窗戶看到兩個雙胞胎的兒子誕生。那時候醫院的設備多麼簡陋；現在是多麼完善！還有……」還沒想完，我就什麼都不知道了，完全喪失了意識與感覺。

好像一切都靜止不動了；待我醒來，已經睡在病床上，赤裸的身上蓋著一床薄棉被，而且插著許多管子，覺得非常不自在！我用左手揮打著管子，大聲叫著：「不要，不要！」耳邊只聽有人說：「不要這麼大聲嚷，會吵醒別的病人！」一會兒，我就被推出恢復室。我瞥了一眼，彷彿裏面還有許多等待麻醉藥過去清醒過來的病人。到了手術房的門邊，只聽廣播說：「方祖燊的家屬請到恢復室門外。」門自動開了，麗貞、二哥祖榮，還有學生劉蕙蘭、翁于雯都在眼前出現。麗貞看見我清醒了過來，焦慮的神情才逐漸從她的臉上消褪，而露出了一絲憂傷而喜悅的微笑，直刺進我的心靈深處！我想擠出一顆滚圓含笑的珍珠送給她！但甚麼都擠不出來，大概只有遲頓無力的眼神吧！

她們幫著工作人員把病床從電梯推回十一樓111病房，麗貞說：「現在是下午四點五十分；你整整在裏面七、八個小時，眞叫人焦急死了！」

回到病房，我才發現自己的身上插的管子有：左鼻孔胃管、導尿管、肛門附近的傷口引流管，還有左、右兩手臂打著點滴，一共有五條管子。二哥祖榮說：「從前，我去醫院看一個手術後的朋友。那個朋友對我說：他成了『五管先生』；過幾天，這些管子都會拔掉的！」從榮總發給我「大腸手術前後衛教」中，我早就知道：動大手術因爲上麻醉藥的時間久，身體的一切機能都成停止狀態，所以要插一些管子來幫助他恢復：鼻胃管是把胃內分泌液抽出來，減輕胃脹；不插鼻胃管，有的人醒後常常會發生嘔吐現象。導尿管在引導尿液，自動流出；因爲大手術後排尿多半比較困難，而且護理的人還要統計觀察尿液的分量。傷口引流管是把內部的污液血水引流出來，目的在避免體腔內部發炎，促使傷口癒合。據說開刀時候，右鼻孔還插一根通氣管來幫助病人呼吸。左右兩手都打著點滴，一手是用來輸血的，一手是用來添加消炎藥、營養劑的。——當時，這些管子給我的感受是很不舒服的；不過傷口的痛楚逐漸強烈，相對地對掛滿了管子不方便的感覺便減輕了許多！右手的點滴打完了，護士小姐進來把它去掉，順便替我穿上衣服褲子。入夜，我痛苦非常，輾轉反側。麗貞把這種情形告訴護士小姐；護士小姐給我打了一針止痛針；我就昏昏沉沉地半睡半醒地睡著了。

麗貞一臉疲累，雖然請了一位服務員來幫著照顧，然而我知道麗貞一夜都沒有閤上眼，注意點滴打完了沒有？計算尿液多少？護士每隔一段時間，就來加藥、換點滴、量體溫血壓，告訴麗貞：血壓八十、一百二；開刀後體溫三十七度三，不算燒；脈博八十。但我感覺到自己的呼吸比較急促沉重。

八、臨時的人工肛門

七月三日星期三上午，麗貞幫我擦臉。八點半過後，陳維熊大夫帶著住院醫師姜子愷大夫和實習醫師呂南翰大夫一起來巡房。他笑著對我們說：「手術進行了四個小時左右，因爲你的骨盆比較小，動起手術比較困難，所以開刀時間比較長，不過一切都非常好；割掉二十三公分腸子和一些淋巴結，留下八公分直腸，和上面的大腸接好，割下腸子的兩頭都很乾淨。肝，我觸診過，很好，沒有問題。另外，我替你做了一個暫時的人工肛門。」他一邊說著，一邊翻開被子，掀起一點我的衣褲，露出肚子的部分，又掀開一道窄長的紗布，可以看到從肚臍眼上一點，往下直去，有一道約二十公分長的刀口，黑色的細線左右縫了十四針；兩邊的皮膚和肌肉緊緊密合，沒有一點餘血滲液，好像一條大蜈蚣爬在我的肚子的正中央。實習的呂大夫順手用棉棒在那刀口擦些優碘，換了一條新紗布蓋上。

所謂「人工肛門」，就是在我的肚臍眼右方的肚皮上，貼了一張四方形的人造皮；皮中央扣著一個塑膠袋，袋子裏露出一截約六公分長，四公分寬的紅色腸子。——腸兩頭各有個出口：一個通上面的大腸、小腸和胃，是用來排便的；另一個通下面剩餘的大腸、直腸和肛門——因爲還沒進吃東西，所以袋子裏空空如也，只有一點胃液。陳維熊大夫對麗貞說：「方教授看了這人造肛門，好像很不高興！這只是暫時裝置，爲的是讓下面腸的縫接地方，沒有大便通過，能夠很快長好癒合。腸子剛剛接上，就用它來排便，有時糞液會漏到腹腔去；有時接口也可能會脹裂脫開：就得再動一次手術，那就麻煩了！你放心，兩三個月後就可以裝回去。」陳維熊大夫說完，又忙著到別的病房去了。麗貞安慰我說：「這就像車子改在中途下車，而不用終點站；待完全整修好了再用，這是大夫爲你做的最安全打算！你要安心聽醫生的話，不要焦急！」

護士小姐進來教我用蒸氣吸入器，裏面擺了藥物，用嘴巴吸氣，來軟化因開刀而滯積於支氣管和肺部的黏痰。一次做十五分鐘，然後用深呼吸方式，使橫隔膜用力咳出痰來。咳痰時候，還要用手按住腹部，這樣可以減輕咳痰時候傷口震動的疼痛。一天至少要做四次，要儘量把痰咳出來，咳乾淨；不然，出院之後容易產生肺炎併發症。那就麻煩了！我按著她的方法去做，咳了許多痰，呼吸道非常暢通。

九、一場奇怪的惡夢

七月四日上午八點鐘左右，林先生進手術房動手術。

九點鐘過了，陳維熊大夫來巡房，替我拔掉鼻胃管。鼻子一下子輕鬆了起來！已經五天沒有喝一口水，吃一粒飯，只靠打含有少量氯、葡萄糖的沙多士（suntose），定時加注些藥劑和營養劑，控制傷口不使發炎，補充身體需要的水分和熱能，維持我的生命。我覺得自己十分孱弱。

中午過了，林先生送回病房來。林老太太對我們說：「他拿掉了一個雞蛋大的腫瘤。」又對他的孩子說：「病根除掉了，你現在只要安心休養，就可以完全康復！鱸魚可以幫助傷口的恢復，等你一排氣了，我就給你做些新鮮的鱸魚湯來，給你吃。」她是一個開朗樂觀的女人，一臉笑容，說話很有力量，的確能夠增強病人的信心。

下午六點多鐘，我又覺得非常疼痛，加了藥劑的點滴從手肘背的靜脈進去，經血管到了心臟，有點涼涼的感覺，左胸腔隱隱作痛，我的呼吸一下子變得急促起來。麗貞把我的這種情況告訴護士小姐。不一會兒，陳維熊大夫帶著實習的楊大夫來了，看了一下，問我說：「過去有過胸痛的現象嗎？」我說：「偶而有。」他就轉頭吩咐楊醫師說：「去心臟科借做心電圖的機器來。」不久，護士小姐也來替我量血壓。這時我的呼吸聲急促沉重。

在呼吸逼促、精神恍惚之際，我覺得自己正在跟死神搏鬥，非常艱苦的一搏。肉體好像飄游漆黑如墨的空中，飛進另一個世界，我勇猛如鷹隼，許多窮兇極惡的妖魔鬼怪，輪番攻擊我心靈的小府。我怒跳如雷，許多深愛我的朋友幫助我擊滅這些蠢醜。我展開奇翼，飛天騰虛，青光電閃，擋者披靡。我又飛越一道極髒臭污濁的溪流，岸邊草利如刀鋸，石尖如劍戟，濁流中滿布著蛇蠍蜈蚣。我一無所懼，小心翼翼，穿行其上，騰身而下，垢斥劈刺。這些蟲豸魍魎在光亮的劍影下，紛紛倒退奔逃。我終於脫離了艱險，到了但丁所謂的天堂與煉獄的中間地帶，一邊風光明媚，滿徑花落，盈耳禽聲，樹掛朱果，竹搖綠影，泉激怪岩，瀉雪雷鳴，住在裏面的人熙樂融諧，在綠疇翠野間力耕。好久沒有見面的好友林建基，突然出現在我的眼前。他帶領我參觀這個世外樂土。另一邊是在空曠的惡地上，建有一座座幾百層的摩天高樓，直插雲霄。有一座摩天高樓上半部正在大火中燃燒，熊熊的火燄吞噬了它，黑煙迷漫。許多人麇集高樓上呼號待救。我見到這種悲慘情狀，忍不住跑了進去，勸使這樓下半部的人設法滅火救人。但他們似乎都視若無睹，無動於衷，上面的人有的被燒焦了，支持不住，就從高樓上接二連三跌落下來，摔到地面，砰砰的響聲不絕於耳。我看得心驚肉跳，地府的煉獄大概就是這樣吧！

我們幾個人沿著山坡往上爬。我們彼此說著別後的思情，現在的情況，說著，說著，不覺已來到了山頂。我正要伸出一腳踩了下去，忽然驚覺下頭是直下萬丈深淵的峭壁！我趕緊收回了腳步，建基幾位朋友也都不見了，心裏覺得孤獨之極！急著尋找回家的道路，嘴裏直喊：「麗貞，麗貞，我要回家！」只聽麗貞在旁邊說：「別怕！別怕！我在這裏！」原來是做了一場奇怪的惡夢！

夢中的建基是我最好的一個朋友。他在一九八六年十一月發現得了肝癌，醫生告訴他：化學治療、放射性治療、開刀切除治療三種傳統方法，都已不能夠用來挽救他的生命，因爲癌細胞已經在他的肝部擴散，已經無藥可救！這是多令人絕望傷心的話語！但是他說：「我雖不能使我的家人快樂的生活！也不要使我的家人籠罩在哀痛的情況之下！我要很勇敢的活著，很安詳的死去！」他終於在一九八八年三月間在美國過世。他跟肝癌搏鬥了十七個月。希常嫂來信說：「病魔終戰勝不了他！他堅強地忍受肉體上及精神上的痛苦！雖然如此，但是到了最後一個月，我仍然深深地體驗到癌症的可怕！希望不久的將來，能夠發明新藥來拯救得癌的人！他本想過年時回台北，見見你們這些老朋友！但後來病情惡化的很快，就無法回台灣了！」想起建基，他這時怎麼會在我的夢中出現呢！想起了這位年輕時時常過從的好友，歡談言笑，互相期勉！我不禁悲從衷來，熱淚盈眶！但也感受到自己要比好友幸運，能夠及時發現，還可以用傳統方法來治療腸癌！啊，他在我的夢中出現，是不是就是要告訴我這一點吧！教我寬心，珍重自己！這時，值夜班一位年輕醫師已經借來一架機器，替我做了心電圖，說：「正常，沒有問題！」我又想心臟的健全，對手術是非常重要的。難怪心臟有病的，打點滴也會發生心臟衰竭而死亡的。

十、排了氣才能吃東西

七月五日，已經六、七天沒有吃東西喝水，上下嘴唇都因爲缺水而乾裂脫皮。麗貞不時給我用棉棒蘸水來潤澤它。大家都知道：凡是開刀都要等到排氣之後，才能夠拔掉點滴的管子，才能夠進食喝水。我已經好幾天不吃東西，飢餓之苦，則與日俱增！心裏非常盼望快點排氣放屁，於是乎來探病的親友、護士小姐都紛紛提供促使放屁的方法，就是：多多翻身，半躺半坐，摩挲腹部，下床走路。於是乎我就在病床上翻來覆去，叫麗貞把床搖高，好讓自己半躺坐著看報紙讀閒書；有空就用右手輕輕撫摸著肚皮來幫助腸子的蠕動；一天也總有兩三次勉強撐著身子，讓麗貞推著點滴的架子，在走廊間慢慢走著。虛弱的身子走兩圈就支持不住。這樣折騰了快兩天了，到今天是開刀後第四天，似乎還沒有絲毫排氣之意緒。

在迫切期盼中，到了中午，才微微感受到有些「氣」在肚子裏咕嚕咕嚕的響，好像腹腔內器官都在調整，腸子也開始不斷蠕動。我想大概開刀時候，醫師把腸子搬動、檢視、剪斷、縫好，再放回，還切除一些淋巴腺，都難免不能放回原處；腸道的蠕動在使它自然調整，腸氣暢通應該是表示體內器官已經恢復原狀，上下可以暢通無阻。這樣才可以進食喝水。

但我又怎樣放屁呢？我造了一個人工肛門，大腸在半途就分枝，腸道內的濁氣，又如何直通而下？到肛門口放出去呢？我把這個疑惑請教護士小姐。她說：「你可以看看人工造口的塑膠袋吧。」於是我翻開蓋被，果然已經有些氣把袋子鼓了起來。她看了說：「還不行呢！」直到下午四、五點鐘，那個塑膠袋都被氣鼓脹得滿滿的。入夜後，下面的肛門也開始接二連三排出「令人喜極」之氣來。麗貞把這種情況告訴護士小姐。護士小姐說：「我會轉告陳大夫。大概明天中午就可以進食了！」

十一、癌細胞轉移與化學治療

七月六日早上，陳維熊大夫來巡房，實習醫師替我塗藥水、換紗布。陳大夫看了笑著對我說：「傷口長得很好，過兩三天就可以拆線。現在，你就可以喝水。中午就可以進食了。」他停了一下，又說：「病理檢查已經出來，切下的腸子的兩頭沒有癌細胞。不過，腸子外面的淋巴結，十幾個中有兩個已經受到感染。本來我以爲你是零到一期，現在看來應該屬於第三期，出院之後要繼續回來做化學藥物治療——就是打『抗癌針』。假使癌細胞沒有轉移到腸外，就不要打針。不過你已經算很幸運，沒有轉移到其他器官！安心治療休養，就會完全康復！」

後來我才知道腸癌分做四期：一期癌細胞只限在腸壁上的黏膜或黏膜下層。二期癌細胞已侵入腸肌肉層或漿膜層。三期癌細胞已透過腸壁到腸外的淋巴腺。四期癌細胞已轉移到附近其他器官，如肝、肺、膀胱……。

十一點鐘左右，送來一份午餐，一碗稀飯，還有些青菜、瘦肉、紅蘿蔔、油豆腐。七、八天沒吃東西，不一下子都吃光了。麗貞還開了雞精給我喝。

郭乃禎同學帶著她的孩子來看我，又送來鮮花和水果。下午她的先生石光中醫師也來看我。「方教授，」他很誠懇地對我說：「據陳維熊大夫說：你的淋巴結已經受到感染，但沒有關係，癌症的治療，一半是靠手術和藥物，另一半是靠病人自己，能夠寬下心來治療，那就一定會好的。癌症最危險的是第一年；第一年能夠過去，第二年存活率就提高，第三年更高；到第五年就跟一般正常的人一樣。第一期的癌症患者，手術後存活率雖然說高達百分之九十，如不小心，落進了百分之十死亡率中，也就無法活下去。第三期五年存活率，雖然只有百分之六十五；但你如果能夠堅強有信心，跟醫生配合，該打針就打針，該靜養就靜養，注意營養運動，體力日益加強，一定能在那百分之六十五之中，再活個五年、十年、二十年！」他的話給我很大的鼓勵，的確有些癌症的患者是在發病後一年之內過世，所以第一年要特別小心將養治療。

十二、榮總醫護人才的造就與培育

七月七日，每天上午八點半到九點多鐘，直腸外科徐弘主任時常帶著七、八位實習醫師到病房巡視，並就病人情況，對他們作非常簡要的指導與說明。那些實習醫師都十分注意聽和看，這種實際的臨床說明應該是很好的一種教學方法。——在榮總實習的醫生、護士很多，有國防醫學院、陽明醫學院，其他護專的學生。醫學院學生讀七年，最後兩年到醫院實習，從打針、換藥做起，跟隨各科主任、主治醫師巡視病房，在門診、開刀時做見習，還有從電腦資料，從參加會議研究病情，聽醫學專題講演，極爲忙碌。一科實習一個月，不斷轉科，務使一個醫生具備全面性醫學的專業知識與技術。畢業之後，做住院醫師。住院醫師仍然要不停轉科，不過是三個月一轉。住院醫師做滿五年，才能升做總醫師。總醫師做一年，服務成績優良，還要經過專科醫師資格考試及格，取得專科醫師執業執照，還得有主治醫師的職缺出來，才能夠升做主治醫師。一個專業醫師的教育、培養、訓練的過程，如此愼重嚴格，是有道理的，因爲醫生是濟世救人的行業，如果醫術不精，醫德不好，醫藥知識落後，都會造成病人生命的危險，甚至死亡。那些在榮總的醫師或護士，都是那麼認眞負責，親切熱忱。一個護士管十幾個病人，深夜裏按時跑這個病房，跑那個病房，替病人量體溫、量血壓、給藥換點滴，忙得一刻都不能停下。這些都使我深深感動，住在榮總的病人絕大部分是榮民，可以看出政府對榮民的照顧。設立這樣完善設備，一流醫護的大醫院，實在令人羨慕！

十三、自來水聲的妙用

七月八日上午十點鐘，實習楊醫師替我拔掉肛門邊的引流管。這個引流管外貼著好多層紗布，來吸收體內滲出來的淤血污水，因為它鼓起一大塊，不能平躺著睡覺，坐著也不舒服，常常有硬登登的刺痛。現在拔掉了，的確輕鬆了許多。

九日上午，實習楊醫師來幫我拆了一半線。今天我服用了一種橘紅色的藥丸——後來我才知道這個藥叫做（Spasmo-Euvernil），是專治尿道膀胱的利尿藥。到了下午，小便袋裏的尿液變成琥珀色。麗貞以為內出血，又緊張了一陣，趕緊問護士小姐才知道是這個藥物的反應。

十日上午，楊醫師又把開刀口上的另一半線也拆除，並且拔掉了導尿管，臨走時說：「假使到了晚上還不能小出便來，或小便量很少，就要通知我們，也許還要再裝上導尿管。尿排不出來，時間久了，會發生尿毒症。」於是我一邊喝水，一邊不斷跑廁所，可是就是小不出來，眞是急死人！到了下午，還是沒有一點半滴！

鄰床的林先生開刀後的情況很好，八日就開始進食。中午，他母親給送來一鍋新鮮的鱸魚湯，分了半截給我。我感謝她的盛意，全都吃完。林老太太因爲不能整天陪她的兒子，就替他請了女服務員來照顧他。這位女服務員很喜歡講話，說的話也十分風趣，護理的知識也很豐富。她告訴我們許多醫院裏的事情。她說：「過去有一個病人問我：開刀有沒有危險？會不會死在手術臺上？我說：好幾年來，我照顧過許多動大手術的病人，從未聽說過有病人在手術中死亡。最怕的是醫生不願意替你開刀，就是開了又馬上縫起來。那才是無可救藥的了；凡是醫師願意替你動手術的大都是有救的。」她這席話的確有一些道理在。

她看我老小不出便來，便教我一招妙方。她說：「你好幾天沒有自己小便，再加開刀時用麻醉藥，小便的機能還沒有恢復正常，所以不容易小出便來。現在，你進浴室後，就把洗臉槽的水龍頭打開，讓自來水流著，聽著流水，小便就會很容易小出來了。」我聽她的話，如法泡製，那潺潺的美妙的流水聲，使我渴想放尿的緊張的心情放鬆了不少，果然就汩汩而下。不過還不是非常流暢。——小便的完全恢復暢快正常，那是在十幾天後的事了。

十四、出院時的瑣事

到七月十一日上午，一切情況都很穩定，陳維熊大夫說：「今天可以出院了。方教授，我開了一些藥，你帶回去服用。還有我替你聯絡了血液科的劉俊煌大夫，月底你可以掛門診，跟他商討打抗癌針的事。八月中，我要去美國哈佛大學進修。『人工肛門』裝回去的事，我已經請劉道台大夫幫忙。九月初，你可以打電話跟他聯絡。還有你下次到榮總打抗癌針的時候，順便到這裏找我。我再幫你看看。」

出院之前，工作忙碌的護士小姐抽空來教麗貞換人造皮。怎麼在人造皮中間剪個洞？怎麼貼在凸露在肚皮上大腸的周圍，再扣上塑膠袋？花了二三十分鐘才弄好，看來也不是一件簡單的事。麗貞向護士小姐打聽，知道到榮總附近的一家叫做「明陽」醫療用品店去買，榮總病人可以打八折。麗貞就和二哥一起去買些棉棒、人造皮、塑膠袋、小剪刀，準備帶回去用。

這次，我住院前後十八天，體重減輕了六公斤，只剩五十六點五公斤，兩邊臉頰又削了下去，目光暗淡，身體十分孱弱。我從十一樓坐電梯下來，穿過大廳，走到車上，都覺得吃力極了。

十幾天來，幸好有麗貞在身邊日夜細心照顧，才能使我平安渡過這一段艱困的日子。我轉過頭來看走在身邊的她，形容也十分憔悴，好像一下子衰老了許多！眞是對不起她！二哥祖榮也幫著拿許多朋友送的奶粉、好立克、雞精、水果上車。鄰床的林先生也在這天出院。他雖然割了一個雞蛋大的腫瘤，屬於二期癌症，因爲沒有擴散到腸外，所以出院後不必打抗癌針。

回到花園新城，回到十多天不見的家裏，心裏眞的舒暢多了。園子裏的花木欣欣向榮，蓊鬱繁茂，紅的海棠、仙丹，黃的黃蟬，白的曼陀羅、七里香，紫藍的九重葛都開得很盛，還有盈耳的蟬聲鳥聲，還有雨遮霧掩的五峰山，又可與我日夕相見。只是每天要換三四次人工肛門上的塑膠袋，還要沖洗乾淨，拿到陽臺上去晾乾再用，覺得相當煩心！

十五、回家之後常見的一種反應——發燒

七月十四日傍晚，我逐漸覺得燥熱酸痛，量了體溫，三十七度四。入夜頭燙燙的，再量燒到三十八度。麗貞心裏驚慌，一定要打電話給石光中大夫，請教他需要不需要去看醫生？能不能吃抗生素之類的藥？石大夫說：「這是開刀後常有的反應，可以吃一片黃色的橢圓形的scanol退燒藥。二十四小時後還不能退燒，

後天就要到醫院來門診。不要吃抗生素，吃了抗生素，再來驗血檢查，就不容易找出病因。」於是我就吃一顆scanol，在燥熱、酸痛帶著寒顫過了一夜，又害麗貞擔憂了一夜。十五日晨起燒漸漸減退，到了下午四點鐘左右完全退盡。

十六日，宗舟從美國飛返台北。父子相見，不勝悲喜交集。

十六、如何處理臨時人工肛門

七月十七日早起，發現人造皮因爲貼久了，有些小縫，大便滲了一點出來。我拿下塑膠袋，沖洗乾淨，又掰開人造皮，腸子周圍的肚皮被大便裏的胃酸成分侵蝕，有點紅紅的血絲和破皮，還有些人造皮的膠粒黏在皮膚上面，很不是味道。我趁此機會淋浴，抹肥皀，用溫水，把皮膚上的膠粒沖洗乾淨，順便也用清水輕輕沖一沖腸子。這樣做會不會傷到腸子呢？記得在醫院時，護士小姐曾經告訴過我：「腸子裝的是大便，既柔韌又結實，用清水沖洗，當然不會沖壞腸子的。」我洗乾淨了身子，覺得清爽極了，然後在破皮的地方，灑一些karaya藥粉。這種藥粉半天就使破皮復原，只留下一些疤痕。阿舟幫我剪了一片人造皮重新貼上，再扣上塑膠袋子，前前後後，足足花了將近一個小時，也可見生病，不但自己痛苦，還會麻煩家人；不過既生了病，就得耐心去面對一切煩苦。

二十一日，阿苞從佛羅里達打了一通電話回來，抱怨我們不讓他知道我開刀的事。

十七、手術後的檢查

七月二十五日，出院已經兩個星期。下午，我回榮總做手術後檢查，陳維熊大夫檢查後，說：「直腸裏的接口已經完全癒合，只是長得太快點，橫生了許多肉芽，這樣會使腸道窄小，影響通便，必須刮掉。」不知他用什麼管狀物？從肛門口捅進去，轉了一圈，又沖進一點水，然後又吸了出來。我只覺得有東西很快隨著管子流出去。這時人造肛門的腸子裏也有一點血水流進了塑膠袋裏。他又說：「好了，下月在我出國之前，你再來找我。我再幫你用直腸鏡仔細檢查、通腸。什麼時間？我跟你聯絡。」

十八、一本「癌症護理」的好書

七月二十八日，麗貞和阿舟對於癌症手術後病人要吃些什麼？打了抗癌針，病人有何反應？如何護理照顧？可說毫無所知。出院時候，醫師說：「牛奶吃了會脹氣，暫時不要吃；要吃低渣又營養食物來加強體力。」仍嫌不夠具體。正當我們不知如何之際，我的生命守護神派遣使者來訪寒舍蝸居。

這天傍晚，吳貴綴老師突然帶了一罐補體素（高蛋白奶粉），一罐天鶴草，一本「癌症症狀護理」來看我。她是我教過的師大學生，畢業十幾年了，以後再未見過。這次她聽到我這位老師得了這種絕症，特地來看我。原來她去年底患了乳癌，經過開刀，化學治療，已經完全康復。現在她來看我，就是要告訴我：「癌症治療過程雖然艱苦，只要耐心治療，自然也會康復的！」

她說：化學治療反應是很強烈的，掉髮、破嘴、厭食、疲倦、惡心、嘔吐、腹瀉、微燒、拉血便、全身酸痛，她統統經歷過。六個月的抗癌針打完了，現在她已經完全康復。我看她滿頭秀髮，又濃又黑；臉頰嫣紅，好像比做學生時候更光采漂亮。她說：她今天所以來，就是要讓老師親自看看：「癌症並不是絕症」。又說：「癌症症狀護理」，是對病人飲食的照顧，病情的護理非常有用的一本書，希望能夠幫助方老師很快康復。

「癌症症狀護理」(Guidelines for Cancer Care Symptom Management，台北市新生南路一段50之一號四樓華杏出版公司發行），是美國賓州匹茲堡大學護理學研究所內外科護理學副教授喬易斯．耶斯葛博士(Joyce m. Yasko,RN.,PHD)所著護理教材，譯者唐秀治、賴裕和、黃宜儀、葉欣欣四人都是臺大護理系畢業的專業護士。

十九、化學治療的重要

七月三十日上午，麗貞開車送我去榮總，和血液腫瘤科劉俊煌大夫談化學治療的方式。他說：「化學治療共六療程：第一個療程，一天一針，連續五天。今天就開始打，等一下拿單子去驗血，紅色單子等著拿回來給我看；白色單子十天後才有結果，不必拿回來。以後每一療程是每禮拜打一針，打完四針休息一禮拜，再繼續打。」接著開了兩種化學針劑 5 Fluorouracil（Roche，羅氏有利癌）700mg，和Leucovorin(留可福林，一譯爾可福鈣）30mg。這是一次注射的份量，還有增強免疫力的Decaris（滴卡里司）50mg藥片、葡萄糖液。——後來我看醫學書籍，才知道：治癌的化學藥物都有非常強烈的副作用，癌細胞會吸收化學藥液，遭到摧毀；人體內善於吸收外來養分的細胞，如腸胃道黏膜細胞、毛髮細胞、骨髓巨核細胞、血液中細胞，也會吸收藥液，遭到破壞，而引起的反應，有惡心嘔吐，脹氣腹瀉，頭髮掉落，全身酸痛；還會使白血球數降低，減弱抵抗力，很容易感染其他疾病；使血小板數降低，而引起皮膚出血和搔癢。化學治療，頭兩三天體力最弱，應該在家靜養；然後體力日漸恢復，又可繼續注射；因此，化學治療多採取「週而復始」的方式來進行：有的每週一針，有的兩週一針，也有一個月才打一針，這完全要看病人狀況和所打藥物而定。

醫生認爲手術治療和放射線治療，都是針對病灶的局部治療；只有化學藥劑的治療，是屬於全身性的治療，由靜脈血管注射進去的化學藥物，隨著血液流到身體各個部分，去撲滅癌細胞，預防癌病再發。病人雖然經過手術割掉癌瘤，但殘餘的癌細胞有沒有轉移到身體的其他部分？肉眼是沒法看見的，而且癌細胞分裂是非常快速的。醫師認爲癌細胞有可能轉移的病人，就要輔以化學藥物的治療。我所打的羅氏有利癌（5-FU）就是治腸癌、乳癌的化學藥劑，能使腫瘤縮小，藥性比較溫和，反應比較輕微。

我拿了針劑，和麗貞一起到榮總中正樓地下室的癌症治療中心打針。化學藥劑和葡萄糖液一起打，足足打了一小時才結束。來打針的臉色大都不好看，有的人頭髮掉光，戴頂帽子來遮掩。其中也有很年輕的，大部分是年紀比較大的。

中午回到家不久，麗貞的七妹黃巧容從香港飛來臺北。她這次聽說我患了腸癌特地從香港來臺看我；張榮熙從印尼，沈國鈞從臺中，董季棠從嘉義來看我的病；還有系裏的同事好友曾經兩次三次到醫院和寒舍來看我。這種種深情厚誼都教我畢生難忘！給我極大的鼓舞力量！巧容的來臺更使麗貞的心情爲之好轉多多！

二十、化學治療的反應

從七月三十日到八月三日，每天都到榮總打針作化學治療。這五天是我自有生以來最難挨過的五天，第一天夜裏強烈的痛苦的反應就來了，渾身有說不出的難過，情緒變得非常脆弱、沮喪、感傷、絕望、孤單無助，悲苦的淚禁不住如泉湧出。我感覺化學藥劑狂肆地在摧殘戕殺我的肉體，背部有難以言喻的酸痛。不，應該說全身！有時某一條血管的末端，好像受到撞擊、拉拔、錐鑿、針刺，突然而來一陣痛楚！有時腳底的每一根神經，好像痙攣時候微微的刺痛！兩脅的肋骨也好像要拆散似的發痛！第二天開始腹瀉，人造肛門口的塑膠袋裏不時流出黃綠色稀爛的糞便，眞不舒服！不過比起用眞正肛門排便的要好得多了，不然一天要跑廁所五六七八趟，就夠你煩！這幾天吃任何東西，都味同嚼蠟，像呑漿糊、咬木頭那樣難吃，難以下嚥！打針的時候，有人告訴我平日最喜歡吃的腓力牛排，現在看了就惡心。什麼都吃不下，一吃就吐。我幸好還沒有至此地步，還能勉強自己硬吃些東西！我的靈魂與肉體都像剛從煉獄中回來的痛苦！

打針的第三天（八月一日），人造肛門的腸子——連接下面部分的小口，有帶血的黏液流了出來，大約四、五cc。我用衛生紙擦乾淨。但第四天早晨仍然有兩cc血黏液，而且發燒到攝氏三十八度，吃了一顆退燒藥，入夜燒才退盡。麗貞非常驚慌，打電話請教同事學醫的孩子李毅大夫。李毅到我們家裏告訴我們，說：「這大概是開刀時候淤留腸子裏的血水，和腸裏黏液混在一起，現在倒流了出來，所以不必害怕！假使是新鮮的紅血，那就要注意；假使明天還不停止，那就可能是因爲打化學針劑引起的腸出血，就要到醫院去看看。」幸好，第五天就沒有這種滲血的現象。

二十一、癌症病人的心理

八月五日，這幾天，我十分孱弱地躺在躺床上，乏力疲倦之極。麗貞雖然悉心照顧，調理飲食，可是我一點胃口都沒有，吃也吃不下，只是喝水又怎能補充體力呢？我因爲飢餓，脾氣也變得非常煩躁，對別人講話總是沒好聲氣！麗貞、阿舟和巧容都能涵忍我這個病人！安慰我，說些輕鬆的話題，讓我忘記病痛之苦！所以還不覺得怎麼樣！然而「天下沒有不散的筵席」，「人生總是離多聚少」，巧容今天就要搭乘晚上九時三十分飛機回香港。

臨別時，她特別叮嚀我：「姊夫，別亂生氣！希望你早日康復！」下午六時，她離開花園新城，由麗貞和阿舟開車，送她到臺北車站搭機場巴士。

屋子裏只剩我孤零的一人，覺得自己幾乎被無望所淹沒，每一刻都在跟死神在搏鬥，時間的腳步走得那麼緩慢！好不容易才等到麗貞他們回來！滿肚子的委曲埋怨一下子爆發了出來：「麗貞，妳爲什麼不去看看那一本『癌症護理』！什麼東西？我可以吃！什麼東西？我不可以吃！」我大聲的吼！

「你怎麼可以這樣不講理？只懂得抱怨！你沒看到我整天都忙著你的事！你知道你病了，我多擔心！」

「你要學會怎樣去照顧癌症病人？癌症的病人就是這樣的不講理的！」我一邊大聲吼叫，一邊眼淚紛紛落下！我爲什麼這樣的煩躁感傷！——後來我才知道化學治療會使病人情緒低落失常，甚至想到自殺！就像女作家三毛；所以照料癌症患者的家人都要特別有耐心地原諒他，包容他。——我的心實在感到歉疚！這一病已不知給麗貞帶來多大的精神壓力，多麼沉重的心靈憂傷！現在我竟還對她吼叫，眞是不知好歹！

二十二、化學治療期間的飲食

八月六日，癌症手術之後，體力耗損，體重減輕；手術後再作化學治療，雖說能夠抑制消滅癌細胞，但好細胞也會遭到嚴重的破壞，所以要想使病人的體力很快恢復，好細胞很快再生，就要補充更多的熱量與蛋白質。

「癌症護理」，說：「養分需求跟體重有關：一般男人體重一公斤，每天需要蛋白質一克，熱量四十卡；女性三十五卡。癌症手術後，需要蛋白質一·五克，熱量四十五卡。手術後作化學治療（或放射線治療）的，需要蛋白質二克，熱量五十卡。要是受到細菌、病毒、黴菌、原蟲、酵母菌的感染，發生像發燒、感冒、咳嗽、喉嚨疼痛、排尿困難、頻尿血尿、皮膚發炎、黏膜潰瘍、大便出血及敗血症之類的症狀，就需要蛋白質二·五克，熱量六十卡。像我平常體重六十二公斤（現在五十七公斤），每天就需要蛋白質一百二十四克，熱量三千一百卡；這樣才能使好細胞更生，體重恢復。此外，還要大量喝水，以便讓化學藥物的毒素在血液裏循環幾遍，很快變成小便和汗水排洩出去。」癌症病人的飲食應該特別加以調理，現在參考「癌症護理」這本書，我自己擬了一份化學治療期間，適合我們中國人需要與口味的菜單，內容大抵分做兩方面：

一、水分：每天要喝三千毫升（十五茶杯），應該把你所吃的所有含水的食物飲料，像開水、果汁、肉湯、稀飯、飲料（運動飲料）、牛奶、雞精、養樂多，還有打抗癌針的葡萄糖液，都要計算在內。

二、熱量和蛋白質：我每天所吃的都是高熱量、高蛋白的精緻食物。早餐包括一瓶雞精，一碗麥片稀粥（麥片三湯匙，好立克一湯匙，高蛋白半湯匙），兩片吐司（或稀飯）肉鬆，還有一個蘋果。十點鐘吃一個布丁（或養樂多）。午餐和晚餐都是一碗乾飯、一碟魚、一碗肉湯、一碟蔬菜和一個水果。下午三點鐘又吃一個小點心（布丁或果凍）。晚上睡覺前，又吃一瓶雞精和麥片粥。

我常吃魚有秋刀魚、金線魚、鱸魚、小魚、鯧魚、雪魚。肉湯有清燉排骨、牛肉、雞胸；有時燉排骨、雞湯，還可以加少許蔘鬚，對體力的恢復更有幫助。排骨和苦瓜，牛肉和紅蘿蔔、馬鈴薯合煮，湯味更是可口。蔬菜有菠菜、小白菜、蘆筍、冬瓜、綠豆、豌豆、番茄之類，都可以吃；容易產氣的，像花甘藍、洋蔥、捲心菜、則避免食用。水果有香蕉、梨、葡萄、蘋果；我因爲怕瀉肚子，只吃煮熱的蘋果；蘋果含有果膠，可以整腸止瀉，還有雞蛋、酸果（乳酪）、低脂奶、餅乾、麵條、通心粉、餃子、餛飩、麵包都可以吃。避免或限制吃的，有油炸物、花生、果仁（會使大便變硬）、椰子、生菜、薯片（會使大便變爛）；刺激品（煙、酒、咖啡、茶、辣椒、胡椒、咖哩、冰涼飲料）。蝦、螃蟹、鴨肉、鵝肉，比較會發，要儘量不吃。假使皮膚出疹，連番茄、香菇（菌類）也不能吃了。

飲食的適當與否，對癌患者身體的康復，有非常密切的關係，應該要特別注意。——後來我能迅速康復，和飲食「適當」有極大的關係。我也因亂吃東西而腹瀉，而便秘。

二十三、陳維熊大夫出國前替我通腸

八月二十一日，星期三，阿舟又一人離家飛往美國，繼續他的學業。他在家一個月零六天，給他母親精神的支撐，就好像是一服強心劑；替我換人工肛門口的人造皮，總是剪得剛剛好，使我沒有半點兒不舒服，家裏許多事情他都搶著做：修理電器，改裝庭園燈，洗碗、拖地板，陪母親講話、上街、買菜、開車送我去醫院，有時還下廚煮菜。孩子出國讀書兩三年，變得比從前更懂得如何去愛人！過去兩個孩子出國，我們都去機場送他；現在我們不但不能去送他，麗貞還要送我去榮總，去面對治療的種種困難！

上午，還差五分到九點鐘，我和麗貞已經到榮總中正樓十一樓大腸鏡室外等待。不一會兒，陳維熊大夫來了，看看錶正是九點鐘。我心想這位大夫眞守時啊！他請我和麗貞一起進檢查室。他戴上塑膠手套，讓我側身屈腿躺在檢查臺上，就開始作直腸鏡檢查，電視幕上現出那肉色的柔美的腸壁，鏡頭慢慢的轉移，陳大夫自己看了很滿意，對旁邊的護士說：「一百分！」那位看來有四十多歲的護士答道：「應該說一百二十分，非常成功！」陳大夫接著就請護士小姐，揭開扣在人工肛門口的塑膠袋子，再用一條管子插進了人工肛門通往下面的腸道，慢慢往下推，又從管子裏灌進一些水。我逐漸感覺到下部肛門口的括約肌鬆開了，有水沖了出來。陳大夫說：「很好，腸道暢通得很。」接著對我說：「我過兩三天，就飛美到哈佛去進修，你臨時人工肛門裝回去的手術，在和劉道台大夫聯絡時候，你可以告訴他：『我已經替你通過腸道，』免得再麻煩他們。還有痔瘡，等我回來再替你開。你手術後的情況非常好，你們不要擔心了！」

我走出大腸鏡室，心裏實在由衷地感謝這一位年輕負責的大夫！祝他一路順風！

二十四、驗血與坐浴盆子

九月七日，星期六，上午九點鐘到榮總排隊驗血。驗血的很多，大部分是糖尿病驗血糖的。快到十點鐘，我才拿到紅單子的驗血報告，檢驗的項目有白血球數值等十幾項。問人才知道白血球數每立方毫米低於三千個，就不能打抗癌針，醫師就會要病人回去加強營養，待白血球數值恢復正常再來打針。白單子只驗

CEA一項，就是檢驗大腸直腸內癌細胞分離出來的蛋白；這是正常細胞所沒有的。它在血中的濃度會隨著癌細胞情況而昇降。乳癌、卵巢癌也可以根據CEA檢驗來作判斷。不過CEA檢驗有時也不一定可靠。據說我開刀前也曾作CEA檢驗，數值很低；最正確的檢查仍然是切片檢查。CEA的正常值是小於4.87ng/ml，也就是說：正常人的大腸內也有些癌細胞。石大夫說：CEA的數值在10以內都沒有什麼意義，超過20、30就要注意，到70、80自然是有嚴重的問題。

我拿了紅色的「血液檢驗單」，就趕緊轉往三樓血液科，電話預約掛號的號碼也到了，我就走進第六診室向護士小姐報到，把檢驗單連公保診療單交給她。護士小姐就把一本厚厚的病歷交給劉俊煌大夫。他是一位戴細邊眼鏡，樣子很斯文的大夫。他時常一邊看病歷，一邊停下思考。今天，他仔細看過我的病歷，又看我十天前檢驗的白單子上CEA的數值，再瞄了一眼紅色檢驗單：白血球數有五千六百個，當然正常，可以打針。果然，劉大夫又跟我商量第二療程打針的時間。劉大夫開了藥。我拿去計價，從藥局拿到一大袋藥，已經十一點多鐘了。

因為人造皮和塑膠袋快用完了，順便就去明陽購買。麗貞說：「你的痔瘡最好趁現在不用肛門時候，多用熱水泡它，血液流通，也許就會好了。」因此，我就問女店員說：「有沒有坐浴盆子？」

「有呀，不銹鋼的，一個兩千元，打九折一千八百塊錢。」

於是我們又買了一個蠻大的坐浴盆子，連同一個架子，雖然不很重，但麗貞卻不肯讓我搬，只讓我拿她的皮包和購物袋。她一人抱著走回了榮總。她的臉被熱毒的夏陽曬得通紅，汗水濕透了她的上衣。我心裏覺得實在欠她太多，只有下一輩子才能還清這一份深情。

二十五、脫肛的痛苦

九月八日，星期日，早上七點半鐘，我吃過早點，麗貞說：「買了坐浴盆子，就應該用它。」我就在坐浴盆裏裝了大約四十五度左右的溫水，然後坐在上面泡著屁股，大約十分鐘，我覺得肛門口張開，腸子裏的濁氣一下子排了出來，十分舒服，又泡了五分鐘，用毛巾擦的時候，我才發現發生脫肛的現象，內痔跑出了肛門口。起先，並不在意，以爲會自動縮回去，沒想到痔核慢慢加大，推也推不回去，而且很痛。到了下午，越來越大，越大越痛，我只好打電話給榮總劉道台大夫，問他怎麼辦？他說：「痔核跑了出來，當時沒有把它按回去。現在括約肌束緊了，血液流進去就不容易流回去；流進多，痔核自然變大；血瘀久，痔核變紫變黑，就會壞死。還是趕緊到榮總急診吧！」

麗貞開車送我去。我坐在車上，眞恨不得一下子就飛到了榮總，肛門口上的痔核已經有鴿子蛋大，車子一顚簸，就痛得要命！好不容易挨到六點鐘，才到了榮總，掛了急診。

一位年輕的大夫讓我臉朝下躺在手術床上，然後在我的肛門口擦些麻醉藥和凡士林，接著就用力把凸出的痔核往下按，按了好幾下才把它按進肛門裏去，說：「明天下午，掛直腸外科門診，讓醫生再看一看。」

我躺在手術床上休息。劉道台大夫也過來看我。他看了病歷說：「小痔核可以用結紮處理，像你這麼大的痔核只有開刀割掉，最好趁現在大便不經過肛門口，開刀割除，傷口比較容易癒合，痛苦也比較少。」劉道台是一位說話很溫婉而誠懇的大夫。

休息差不多，痛楚也暫時消失於無形。我們向他們道謝後，就趁著濃黑的夜色，迷濛的燈影駕車回家，但當車子到圓山，轉上高架路不久，就感到肛門裏漸漸疼痛起來，到了後來，幾乎難以忍受，不禁連聲叫痛。怎麼忍？現在眞痛得要命！麻醉藥的作用過去了，肛門壁的肌肉縮緊，壓迫瘀血的痔核非常痛，痛得眼淚都要流出來了！

回到家裏，一推開門就趕緊倒了一杯水，呑下一粒普拿疼，上床睡覺。

二十六、我又住進榮總

九月九日，星期一，昨夜整夜痛楚，難以成眠。半夜十二點多鐘，今天凌晨兩點半，各吃了一粒普拿疼，才勉強闔了闔眼。

上午不到九點鐘，我們就到了榮總，直上中正樓十一樓直腸外科辦公室，剛好在過道上碰到陳梅麗護士長。她的身材高挑，臉上掛著一副眼鏡，笑容和藹可親。我們跟她打招呼。她大概看出我們一臉的焦急，就問：「回來可有甚麼事情？」麗貞把我痔瘡脫肛的情況告訴了她。她說：「可以請徐弘主任看看。」說著剛好徐主任來了，我又說了一遍。我說：「痔核，昨夜已經塞回去了。爲什麼今天還那麼痛？痛到腳都發軟，站著都痛！」

「會痛好幾天，你進來，我幫你看看。」徐主任幫我看過之後，又說：「痔核太大了，瘀血已經變紫，最好馬上割掉。」就回頭問吳傳昶住院醫師：「看看有沒有空床位？」眞是幸運，有空床位。上午，我就辦好了住院手續，又住進111病房35床。

這次和我同室的病人是孔先生。他剛退休不久，半年前檢查還沒病；三、四個月前，大便時候忽然有白色黏液出來。他以爲是痔瘡嚴重起來，再去檢查，三總醫生說他是「直腸癌，而且癌瘤非常接近肛門口，觸診可以摸到」。因為是榮民，就轉到榮民總醫院來。他說他每天都做運動，飲食起居正常，不抽煙不喝酒，身體健康，只是坐辦公廳久了，患有痔瘡，但並沒有出血。他並不相信自己得了癌症，好幾次問我治療情形。他的妻子很年輕，本省人，很愛她丈夫。麗貞說：她看到孔太太偷偷地哭，癌症當然是很令人憂慮操心的事！

下午照例量血壓、驗血、做心電圖，只因肛門非常痛，脹尿時更厲害。好不容易把檢查都做完了，食物不經下面的腸子和肛門，所以飲食照常。

二十七、第二次手術——割除痔瘡

九月十日上午八點三十分，我被推進手術房等候。四十分被推入手術室，我脫光了衣服，臉部朝下，趴在手術檯上，只覺得劉道台大夫在我兩邊的臀部上，好像用拉力極強的兩片拉片，把肛門拉開。又在我的肛門周圍塗消毒藥水，然後用手術布上下左右遮蓋住，只露出肛門部分，並且在肛門口的左右上下共打了五針麻醉針，接著就聽到徐弘主任告訴我：又打了一針麻藥針。這次手術只是局部麻醉。我的知覺還十分靈敏。我覺得好像給螞蟻叮了一下；不，應該稍痛一點，好像被蜜蜂刺了一下似的。接著，我覺得他們開始割開黏膜表皮，挖出痔核，好像扔進盆子裏，啪的一聲微響。我沒有一絲痛苦，眞後悔原來切除痔瘡這麼簡單。爲什麼不早點來割掉！以致釀成大病。醫師繼續工作，不久就聽他們說：「好了，很好！」掀開蓋在我身上的手術布，解開拉片，叫我由手術檯轉身到推床上去，蓋上一床薄被，由一位工作人員推出來。我憑感覺這整個手術過程應該不到十五分鐘。很快就推到了手術間門口附近，觀察了一會兒，然後聽到廣播說：「方祖燊手術完了，家屬請到手術房門口。」房門自動打開了，一眼就看到麗貞對我說：「現在是九點十五分，整個過程四十五分鐘。」

我的肛門口包著一堆紗布、藥棉。回到十一樓病房，也不痛。我上午就這樣睡覺了。下午有點隱隱痛，因爲我不用肛門排便，護士說：「可以照常吃飯，但不能喝水，怕會發生脹尿；小過便後，才能喝水。假使到明天早晨還不小便，就要用導管排尿。」——後來才知道一個人二十四小時排不出尿來，就會損害腎臟的功能。

一整天沒有喝水，口乾得難受。我好幾次進了浴室，但都小不出來。鄰床孔先生也很關心。晚上九點鐘，我又進浴室，而且開了水龍頭，讓它輕輕流著，傾耳聽著水流聲音，儘量放鬆了緊張的心情。我忽然聽見浴室外的孔先生說：「尿了！尿了！」我高興地幾乎要笑出聲來！

十一日，實習醫師把我肛門口墊的一疊紗布拿掉，並且叫我開始泡溫水坐浴，塞在肛門口裏的藥布就自行脫落。一天坐浴好幾次，每次約十五分鐘，坐浴完了，肛門口仍然貼上一片紗布，來吸收傷口滲出的血液。

十二日上午八點多鐘，孔先生進手術房開刀。中午過後才推回來，他因為癌瘤的位置長得低，肛門割掉了。不過，他比我幸運的是發現的早，屬於零到一期，癌細胞沒有轉移，割掉也就好了，不需要作化學治療，可以減少許多痛苦；比我不幸的，他要做永久性的人工肛門，要靠灌腸每天大便一次。若能養成按時大便的習慣，大概也就沒有什麼不方便了。

二十八、出院

九月十三日星期五上午九點多鐘，我就出院。我認為有些病人更需要床位。我已經恢復得不錯，應該趕快出院，把床位讓給更需要的人。出院時候帶了一些藥回去，有：消腫的Danzen 5mg 21粒；利尿的Spasmo-Euvernil，腸胃的Gasgel 28粒；消炎、止痛的Ponstan 250mg 21粒；軟便的MgO 250mg 28粒。護士小姐說：「要是沒有發炎、腫痛、尿量少的現象，就可以不服藥了。」

二十九、請假問題

當你出院的時候，主治醫師就會給你開「住院診斷證明書」。假使你覺得需要請假休養，可以附上診斷書向服務單位請假。癌症病人要請多少天的病假呢？這完全要看病情的輕重來決定的。大概手術治療後，不做化學治療或放射線治療的癌症病人，手術後休養一兩個月，身體恢復健康，也就可以繼續上班工作了；要是手術之後，還需要作化學治療或放射線治療的話，那就需要作比較長期的休養。這樣才有助於身體的復原，實際也是需要的，因爲化學治療與放射線治療，對身體都會造成傷害與強烈反應。體力極衰弱，抵抗力極差，非常容易感染其他疾病；實在無能爲力正常工作。所以當我經過切除手術和化學藥物治療之後，我就決定向學校請假，況且十月中我還要住進榮總，作「修補肛門造瘻」的手術；之後還有四個療程（五個多月）的化學治療，預計整個治療要到明年四月底才能夠結束。

因此，我決定請一個學期長假（約四個月，從九月中到明年一月中），我所擔任的課程，請人暫時代授。——現在回顧起來，這個決定是非常正確的；因此在治療期間，我沒有發生嚴重的感染，身體能夠在預期中慢慢恢復。機關裏主管人事的先生，應該認識：癌症是非常痛苦難纏而需長期治療的一種疾病，病人請假就應該儘量給他協助。

三十、割除痔瘡之後的情形

九月十四日，我回家之後，每天坐浴四次，流出一些縫口的棉線。下午，腸子出血，是從人工造口慢慢倒流了出來，黏黏稠稠的，約六、七CC，流在塑膠袋子裏，體溫升高到三十九度五。麗貞很擔心。入夜吃了一粒黃色退燒藥(Scanol)。十五日，燒退，下午不再出血。肛門傷口邊緣紅紅的腫塊漸漸消了下去，長出紅嫩的細皮。肛門裏的縫線，正如醫師所說：會隨著坐浴，逐漸脫落在坐浴盆子裏。十六日下午二時，坐浴後，人工造口又有黏稠的血液倒流出來，又開始發燒到三十七度六。至晚燒漸退，仍汩汩出血。九時上床，睡不穩。十七日凌晨兩點四十分，睡醒過來，煩躁不安，胃有熱脹感覺，胸覺悶悶的。麗貞起來替我量體溫，三十六度五，燒已全退，仍有微量出血。大概是：切開痔瘡流些淤血殘留腸子裏；加上現在縫線逐漸脫落，針眼也可能滲出小量的血液；再加坐浴加熱，刺激腸道：這些血自然往上倒流了出來。因爲出血不多，也就不加擔心了。當然要是有許多血塊排出。或不斷流出鮮紅的血液，就應該立刻去醫院急診治療了。

因爲大便暫時不經過肛門口，傷口不到一星期就大致完全癒合。坐浴的次數也就隨著癒合日漸減少，終而停止。每次大便後用水沖洗肛門，我想這種好習慣應該人人都可以終生奉行。

三十一、繼續打抗癌針

腫瘤科劉俊煌大夫說：「手術前後十天之內，是不宜打抗癌針的。」我因爲割除痔瘡的關係，第二療程的化學治療自然延期。九月二十日打了一針，二十一日又打一針。連續兩天打針，反應強烈，發燒腹瀉。二十六日，燒退盡，大便恢復正常。二十七日再打一針。

三十二、第三次手術——修補人工肛門

十月四日，徐弘主任原定在十月中，替我進行人工肛門修補手術；可是從九月底以來，人工造口上的那一小段紅色腸子，日益往上凸出，好像腫大了許多。爲什麼這樣？我請教過護士長陳小姐，她說這段腸子本來就是縫在上頭，稍稍一兩針，經過兩三個月，縫線鬆脫斷掉，腸子自然會往上凸出一點。這是正常現象，不用害怕。

十月十五日星期二，再和榮總聯絡，終於有了空床位。上午十時，我辦好住院手續，又住進十一樓111病房的37床，接受「修補肛門」的手術。和我同房間的一位病人，也因腸癌住院。他雙頰消瘦，臉色蒼白，不斷痛苦地哼唧呻吟。他好像十分怕冷，蓋著一床厚被。他的太太說：因爲發現的晚，癌細胞已經轉移，情況十分嚴重，一吃東西就吐，而且痛得厲害，止痛針都止不住痛！他是在動過手術後三四個月，又再回來住院的。他痛苦時候就說：「死了，算了！」看來已經無法救治，實在令人感傷！也在我的心裏投下一道陰影：人生結局，何其痛苦！我眞羨慕那些心臟病猝發死亡的朋友，沒有甚麼痛苦就走了，能夠「無疾而終」，眞是幾世修來的福氣！

下午又開始作手術前的例行檢查。晚上，護士戴小姐替我灌腸。這次灌腸和一般的灌腸全然不同。她用橡皮管從肛門灌水進去，清洗下面的腸道；又用寬長的塑膠袋及坐浴盆子在造口來承接灌出來的穢水。灌完了肛門，又從人工造口往上灌。每次灌進的水，總有八、九百cc。大腸部分鼓鼓漲漲的，十分不舒服。她一拔出橡皮管，大腸裏的東西就從造口奔洩出來。再灌兩次，流出的水只帶一點淡黃的顏色。她說：「明後天還要再灌。」

十六日上午抽血。下午灌腸，又灌了三十多分鐘。

十七日下午五點鐘，戴小姐又來灌腸。她說：「明天要動手術，今天要灌到徹底乾淨爲止。」一次又一次專灌造口上面的大腸，一小桶一小桶的溫水，從造口灌了進去，又從造口潰洩出來，實在難受極了。最後連大腸壁白色的黏膜都被一片一片沖刷了出來。這次，我的大腸一定受到莫大的傷害。兩三天來都是吃米湯藕粉；這次灌腸之後連水也不准喝了。

十月十八日上午九點多鐘，我被送進手術房。九點三十分，由主治醫師徐弘主任動手術，還有劉道台、吳傳昶兩三位醫師，麻醉醫師給我作全身麻醉，手術不到一小時就完成了。他們把我外露的一小段大腸縫好，從人工造口裝回腹腔裏去；又從下到上將人工造口直縫了兩針，留下一道高約半公分的縫隙。他們說：「這樣可以讓腹腔裏的血水自動流出，所以不要縫密，」而且在縫口上面蓋了三層紗布，來吸收滲出的血水。這次開刀，比第一次好多了，只打點滴，沒有插鼻管、尿管，只是入夜後縫口有點痛，尚可忍受，但覺口乾舌燥。

十九日晚上疼痛難受，護士王小姐替我打了一針止痛針，所有痛苦、飢餓、口渴全都消失。護士小姐一如昨天每隔幾小時就替我量體溫、脈膊、血壓，還有在點滴裏加上消炎藥和營養劑。

二十一日，我已經七天沒有進食了，只靠點滴維持生命，我覺得自己衰弱得很。上午，麗貞高高拿著點滴，陪著我繞著走廊走了好幾圈，希望腸子趕快蠕動，能夠趕快放屁。平常大家都討厭放屁，現在卻祈求一屁，而不可得。中午過後，逐漸覺得肚子悶悶脹了起來，在千呼萬喚，迫切盼望之下，「屁」終於像放連珠砲似的放出。麗貞趕緊告訴了護士小姐。不久，護士小姐拿來了一個十cc容量的小塑膠杯，交給麗貞說：「現在方先生可以喝水了，一次只能喝這一小杯。」雖然只是這小小的一杯水，喝起來卻像甘露仙液。不久，點滴打完了，手背上的針頭也拔掉了，可以自己下床走動，覺得輕鬆多了。晚上，開始進流質的食物。

二十二日九點鐘左右，徐弘主任來巡房，實習醫師揭開紗布，看那刀口的縫隙已經長滿新肉，完全癒合。徐主任說：「可以拆線了。」「拆線」就是表示可以隨時「出院」。我看疲憊之極的麗貞，她在醫院裏是很難休息的，睡也睡不好，吃也不正常，所以就向徐主任表示：打算明天出院。

三十三、裝回臨時人工肛門後的情況

十月二十三日上午，徐主任又來巡房。我問他：出院後要注意些什麼事情？要怎樣調養？他說：「因爲乙狀結腸部分割掉，過去大便到這彎曲的結腸部分總會停一停，現在不行了；所以你要避免的是瀉肚子，大便的次數會增加，最好能養成晚上大便一次。我會開些止瀉藥給你。」我說：「現在，大便控制不住，老是要跑廁所。」他說：「這是暫時現象，慢慢會改善。」胖護士楊順芬女士告訴我們：「這種現象快的十天半個月就會過去，最慢三個月也一定會恢復正常，可以安心回去好好休養。」

麗貞辦好了手續，結了賬。護士夏小姐送來一袋藥，有止瀉的Imodium2mg（需要時服用），維他命（Multi-vita）42粒，抗生素 Lopilexin CAP500mg 12粒（三天份），給我帶回去服用。由麗貞開車，我們回到花園新城家裏。這次一共住院九天。

晚上大便失禁，肛門口的括約肌好像失去了控制能力；它甚至不知道怎麼大便？我想這可能是因爲好幾個月不用肛門，所以它不知道該怎麼放鬆縮緊，讓大便出來結束！大便細得像一條麵線，肛門口老是有「便意」，要不斷上廁所，眞是煩透！我說恐怕要用紙尿褲。我用「靠的住」墊在內褲裏，以免弄髒褲子，心想假使老是這樣子，又怎能出去做事上課？那就只好提前退休了！麗貞說：「你不要胡思亂想，最艱苦的一段都渡過了！你要相信醫生護士的話，最慢三個月就會復原的！」

二十四日，一天大便好幾次，每次都只是一點點。二十五日中午，突然發燒到三十八度。我想：這可能又是手術後一種反應吧，過去兩次回家後也都發生過這種現象，也就不在意。下午又瀉肚子，吃退燒藥、止瀉藥各一粒。二十六日，燒退瀉也好了。

二十七日，大便並沒有恢復正常，肛門口老是有要大便的刺激感。中午到晚上，總有八、九次之多，肛門都大痛了。每一次都只是細細的軟便，大到後面又變成水瀉。一位朋友說：你可以做做收縮肛門的運動，加強恢復括約肌收縮能力，慢慢就可以改善了。於是在坐著看電視時候，我就用心意來收縮肛門口，每次做十分鐘。後來大便的情況，果然日漸改善，日漸變粗，有鉛筆那麼粗，慢慢有手指那麼粗。大概二十多天後，就恢復正常，一天兩三次，完全可以隨意控制，再沒有失禁的現象了。也從飲食中，體會出：喝牛奶，吃生水果，就會脹氣，拉肚子。蘋果含有一種果膠，能整腸止瀉；每天三餐之後，就吃一個蘋果，去皮削片，煮熱再吃。我終於渡過了這一段艱苦的日子。

三十四、最後四個療程化學治療的反應與護理

從去年六月二十四日，我到榮民總醫院求醫，發現患了直腸癌後，我動了三次手術：切除一部分腸子，做臨時人工肛門；割掉痔瘡；裝回人工肛門：手術的

治療到十月底終告結束。還要繼續治療的是還有四個療程的化學治療，因此每個月我還要到榮總五次或六次，和血液科劉俊煌大夫商量打針的日期和藥劑，還有驗血，讓醫師看看血液和 CEA 的情形。我每次所注射的化學藥劑，仍然是5-FU（羅氏有利癌）700mg，Leucovorin（留可福林，用以加強 5-FU 的效力）30mg，Primperan（治嘔吐，惡心）10mg和一瓶500CC葡萄糖液一起打。

總計從去年七月三十日開始化學治療，到今年三月二十日打完最後一針，六個療程一共打了二十三針。除第一療程連續五天每天一針，反應非常強烈外，其他每星期一針，反應就弱多了。大抵，我是上午九點多鐘到榮總打針，藥水一打進去，就覺得倦極欲睡。打完針，在麗貞開車回家的路上，常常就會覺得肚子脹氣，不斷放屁，因爲路遠，回到家常常是十二點半以後，又因爲氣多，這整個下午和晚上，就常常跑廁所，少的四五趟，多的八九趟，最後總要弄到腹瀉。我的辦法是在睡覺前，用四十五度溫水，坐浴十五分鐘，使肛門不舒服感減低，坐浴也可使腸子裏殘餘的沒瀉光的大便，由於肛門口的鬆弛張開，而完全放光。然後再吃下劉俊煌大夫所開的止瀉藥（Dus-patalin，100mg）一片，這樣就可以黃粱一覺到天明。肚子的不舒服和微瀉，時常會持續兩天或三天。

我對化學治療還有一些反應，是惡心、掉頭髮、皮膚出疹、搔癢、破嘴、手背靜脈色素沉澱，針孔不易癒合等等現象；但幸好都不太嚴重。我跟劉醫師說。他就開一些治惡心、嘔吐的藥（Pantomide，一粒5mg）給我，厲害時候吃。我本來就掉頭髮。現在再掉一點，只要不是童山濯濯，我也不會太在意；何況它又長回一些細毛和細髮。皮膚搔癢出疹，就擦些治濕疹的臨得隆霜藥，差不多在化學治療結束後兩個月，找皮膚科醫師開點內服藥和外用藥膏，也就日漸減輕、結疤、痊癒。破嘴時候，就噴些西瓜霜，兩三次就好。色素沉澱，我一面熱敷，一面在沉澱處塗擦喜療妥（Hirudoid），來加強皮下組織的恢復。總而言之，我是採取「兵來將擋，水來土掩」的方法來對付。一有不好的反應就設法解決，把不舒服的反應減少到最低的程度；只是在心理上對於打抗癌針一事，到後來愈漸萌生畏懼之感，幸好在我還能夠承受得了之前就告結束了。

三十五、治療後的檢查

民國八十一年（一九九二）三月二十一日星期六上午，我到榮總血液科門診，劉俊煌大夫向我建議：現在化學治療結束了，你應該再回直腸外科做一次「追蹤檢查」，看看長達九個月，經過手術治療、化學治療之後結果，要是沒有問題，就算好了呀！

三月二十七日星期五下午，我到榮總和直腸外科徐弘主任商量檢查的事情；當天，他就給我安排驗血（做CEA檢驗的分析）、照胸部、腹部x光。四月七日上午十時做超音波檢查，掃瞄肝、膽、攝護腺。四月二十九日上午九時五十分做大腸鏡檢查。

這些檢查都很簡單，只有大腸鏡檢查比較麻煩：檢查前兩天（二十七日）只准吃低渣飲料食物（稀飯、肉鬆、蛋花湯）；前一天（二十八日）只准吃無渣的飲料食物，像茶、咖啡、蜂蜜、果汁、糖、軟糖。牛奶及牛奶製品也不能吃了。下午四點鐘，還要吃黃色的瀉藥Bisacodyl（Dulcolax）5mg三粒，一小時後再吃三粒，並且大量喝水，約一千五百cc以上。吃下瀉藥之後，經過三個半小時，到晚上七點半鐘，我開始大的是好便，但接著便是水瀉，一次又一次，總有十幾次。肚子裏脹滿了氣，劈里啪啦的放屁、瀉肚子，很不舒服。我又把白色的排氣藥瓦斯康（Gascon 40mg）六粒吃了下去。不一會兒，就把肚子裏殘餘的穢水和濁氣通通排洩了出來。這時就像直腸國人，一喝水進去就直瀉出來，折騰了好一陣子，看看也已經把腸道洗得乾乾淨淨，就不再喝水，也就慢慢不瀉了，看看壁鐘也已經到了十點三十七分，足足拉了三個小時的肚子，眞是疲憊之極！洗過澡，倒下頭去便睡覺了。

四月二十九日，一早起來喝了一大杯糖水。七點半鐘，我們前往榮總。出門前又上了兩次廁所，大出的水中仍然有少量的黃色物，可見昨晚三個小時的腹瀉，也還沒有瀉得一乾二淨！九點半鐘，到了榮總中正樓十一樓，已經有七八個人在大腸鏡室外等著檢查。我跟護士小姐報過到。她給我一件籃色細條款的長衫，教我穿上。到了十一點鐘左右，才輪到我。我屈腿側身地躺在檢查臺上。麗貞也跟著進了檢查室，在旁邊看著。護士小姐把帶著小攝影鏡頭的橡皮管，插進我的肛門口。我並不覺得有什麼不舒服。徐弘主任雙手控制著攝影機，大概是開關吧；我耳朵邊只聽著喀擦喀擦的聲響，電視銀幕上就映現出我的大腸內部的情形，鮮紅的腸壁，一段一段地映進我的眼簾，非常乾淨，沒有一丁瘜肉。徐主任說：「管子進去很深了。」這時，護士小姐要我轉身仰臥，並且用一隻手壓住我左邊的腹部。這時，我感覺到管子頭在左邊大腸的拐角處，然後往右邊壓擠過去似的，相當的痛。我不禁叫出聲來！麗貞緊緊握住我的手低聲說：「不痛，不痛！放輕鬆，放輕鬆！」徐主任說：「說的輕鬆，做的可不容易！」又說：「你看，已經進入大腸和小腸交接的地方。」腸壁非常乾淨，管子又在我不知不覺中拔了出來。徐主任說：「非常好！」我們出了檢查室，到診療室，徐主任翻著病歷說：「CEA2.03、超音波、x光各項檢查也都沒有問題。」最後他向我說：

「非常好，兩年後再來做一次大腸鏡檢查。」

後來，我每三個月回榮總作一次追蹤檢查，驗血（CEA），半年作一次超音波檢查。

三十六、癒後感想

啊，十個月來的噩夢終告結束了！一切治療過程的憂傷痛苦，一剎那間都消失無蹤成了過去式！在回家的路上，麗貞和我的心情有說不出的輕鬆愉快！麗貞說：「你應該感謝上帝！」我心裏說：「我最應該感謝的，是榮民總醫院那些宅心仁厚、醫術高明的醫師，還有那些和藹親切、認眞負責的護士，還有二哥和許多親友同事對我的關懷和一些學生對我的照顧！尤其是石光中大夫和郭乃禎同學伉儷！還有我的妻子黃麗貞從頭到尾的陪伴我，安慰我，照顧我！在我的餘生中，我將永遠刻骨銘心記住這一群人間至溫暖至珍貴的各種情意！」

最後，我要奉勸大家：發現身體有了一些慢性的病痛，就應該早日去醫院檢查、治療，千萬不可拖延，到了變成大病再去治療，就要花費許多時間和金錢。癌症發現越早越容易治好，到轉移到其他器官就很難療治了。

（一九九二年七月十三日至二十九日在青年日報副刊連載。）

三十七、後記

我們都知道小腸是用來吸收養分的，大腸是用來吸收水分的，大腸割掉一部分，吸收水分能力自然弱些，容易造成腹瀉。七月十五日，我到中國大陸旅行，因爲天氣熱流汗多，常常便秘，大便非常艱苦。幸好我帶有軟便藥 MgO 和止瀉藥。便秘時，就吃蜂蜜和軟便藥，多喝水，多吃水果蔬菜；腹瀉時，就吃止瀉藥。回來後請教醫生。醫生說：我們大便是靠著腸道的蠕動，才能把糞便推送出去。開刀後，腸壁管蠕動的部分神經受到破壞，推動力不是加快就是減弱；飲食一不調適，也就很容易造成腹瀉或便祕。我則常常腹瀉；每當我感到肚子不舒服，脹氣，瀉肚子，我就吃一粒「表飛鳴」；脹氣厲害，就吃一粒「瓦斯康」，幫助排氣；腸子蠕動太快，拉乾淨了，就吃一粒Duphar來使腸子蠕動減慢；這樣第二天不會再瀉肚子了。不過瓦斯康和Duphar不宜常吃。有些人容易發生便祕的情形，甚至形成腸堵塞。便祕厲害的，甚至要用手指去摳，或者要找醫生灌腸，才能大出便來。當然，在便祕時，睡前喝一杯牛奶，或蜜水，或冷飲，也可以幫助利便。腸道開刀之後，一定要特別注意飲食的調適，保持每天大便的暢通，不要造成腹瀉或便祕。還有要聽從醫師的意見按時回去作追蹤檢查（像驗血、超音波掃瞄、照

X光……等等）。至於多長時間作一次追蹤檢查？可以跟醫生商量，由醫生決定。

至於病癒後的飲食，只要體重恢復正常後，吃各種東西沒有什麼特別不良的反應，也就可以恢復一般的生活了，不必特別像病中那樣的大量吃高蛋白和高熱量的食物了。因爲那樣吃，體重會繼續快速增加，對身體並不好；保持理想的體重，健康的身體，也是要特別注意的地方。

我從開刀至今已經超過了五年半。醫師說：「癌症治療之後，過了五年存活期，就算完全好了，跟正常人一樣。」

第四輯　私小說集

幻滅

——父親的革命故事

我的父親姓方諱毅，清光緒十三年（一八八七）生於福州城裡鰲峰坊。每當深夜想起父親，我就不禁感到驕傲，慷慨，頹唐，悲嘆，落淚，眞是百感交集！父親的種種形象與種種往事，也就從塵夢舊憶中湧現於眼前！談父親的事蹟，那就要追溯到我出生十九年前，就是辛亥（一九一一）武昌革命前後，他參加這一年十一月九日光復福州的革命戰役。

1

父親七十二歲時候，在大陸所寫〈我的一生〉中，自稱：我是小資產階級的知識分子。我們在鰲峰坊的祖居很大，族人趁著我參加革命逃亡廣東時節，逼迫你的母親變賣，得了錢他們拿去花用。那時，我的家境是很不錯的。我受過封建時代舊式社會唯心主義的教育。當時我是很厭惡這種教育，我滿心只希望接受新思想的教育。

因爲我國從鴉片戰爭打敗，福州就被強迫開放爲通商口岸，鴉片就一船一船運進福州，到處是煙館，許多人成煙鬼。後來法國艦隊擊毀我們馬尾造船廠和基隆炮台。中日戰爭，大東溝一戰，我們閩人葬身海底的總有上千人。談和時日本要遼東。遼東是清人的發祥地，自然不會答應！清人打算犧牲福建和臺灣；我們反對，才只割了臺灣給日本。戊戌維新失敗，閩人林旭列名六君子，慘遭慈禧殺害。我從小聽說或看到滿清這種種禍國殃民的事情，所以我早就產生了革命的思想。因此，我不喜歡讀那些爛八股文，認爲只有讀軍校，才能夠富強國家。一九〇六年，我就投筆從戎。你的祖父反對，幾乎要宣稱斷絕父子的關係；但我立志堅決，結果考上福建陸軍講武堂。一個人只要立志堅定，做任何事情沒有不成功的！

我當時是自費生，每個月要繳龍洋整整十元，一年要一百二十元龍洋。當時一個人吃飯，一個月兩三塊錢就夠。整整的三年實在也花了家裡不少銀錢。學校在長門，離榕城很遠，生活很艱苦，三餐都是粗飯淡菜，軍事訓練非常嚴格，每星期都要從長門，跑步過琯頭嶺，到連江，往返有三十里之遠，都是許崇智老師帶領。他當時是學校的總教習。跑到瑁頭嶺，大家坐在地上休息；他就講解戰術總穿插些孫中山先生跟滿清王朝鬥爭的故事。我們同學聽了，個個都深深感動。這是我實際接受革命教育的開始！

我二十一歲，從福建省陸軍講武堂畢業。第二年，就是清宣統元年（一九〇九），我被派到陸軍第十鎮第十九協第卅八標實習。三個月滿後，我就被派充排長。我那時候戴著有尾巴的軍帽，穿著新軍軍服，長筒黑馬靴，右手握著一把長柄的軍刀，神采奕奕，也的確是十分神氣，令人羡慕的。所以一畢業就有許多人家來說親，不久我就跟上海海軍總輪處處長王齊辰先生的千金結婚，不幸不到兩年她就過世了。接著，我又娶了盧鋆藩先生的小姐，也就是你們的生母——盧棣秋。談到了我的母親，父親總是高興地笑著說：「她不但漂亮能幹，而且性格堅強。」你這個外祖父是做貿易生意，他有好幾艘大海船。後來我逃亡廣東，還藏在他的海船甲板底下。不久，你的母親就懷了你的大哥祖澤，也就是我參加辛亥革命福州戰役的那一年。因此，你大哥剛好在中華民國建國的元年誕生。

鄒容的《革命軍》，這時已在我們的新軍中暗暗流傳。鄒容說：只有革命才能掃除我國數千年來的專制政體，才能脫掉我們數千年來的奴隸枷鎖！才能使人人享受平等自由的幸福！才能使國民享受民主富強的生活！鄒容的話，深深激勵了我們新軍人的心靈！那時我就立定決心要參加革命的陣營，要獻身革命的工作！這也是當日中國許許多多青年的心聲！

2

我們的人民身處在這樣的動蕩不安的時代，心裡塡滿了氣憤，感慨國事的日非，福州無數的知識分子就起來組織革命的社團，像文明社、勵志社、橋南公益社；許多勞動群衆也起來參加反清的會黨，像三合會、哥老會。一九〇六年（淸光緒三十二年），也就是中國同盟會在日本東京成立的第二年，孫中山先生自東京派人來福州，和福建革命的領導人鄭祖蔭、林斯琛聯絡。這年夏天，他們成立了中國同盟會福建支會，鄭做會長，林當總幹事，支會機關設在梅塢橋南公益社內，下面設立體育會、去毒社、學校和報館，做一些禁止鴉片，義務救火，辦教育，辦報紙的公益事業，來掩護革命的各種活動。福州留日的學生，在東京加入同盟會的也很多。他們回榕之後，暗中鼓吹革命，吸收同志，也都起了很大的影響。

辛亥這一年（一九一一）三月二十九日廣州之役，黃花崗埋葬了七十二位革命烈士，我們福建就佔了十九人！在這十九個烈士之中，我們的福州人又佔了九位！林文、方聲洞、林覺民、林尹民、陳與燊、陳可鈞、陳更新都是福州留日學生的菁英！還有馮超驤出身炮術學校，劉元棟是消防隊隊長。當他們爲革命而壯烈犧牲的消息傳回了榕城，福建的革命志士個個憤慨塡膺，痛心之極！當然也教滿人魂驚魄散，布政司大肆搜捕革命黨人！父親每當說到這些往事，他的語氣和聲音就變得十分的激動。當時，我總覺得好奇怪，和平日的父親大不一樣！

待我十八九歲，離開故鄉，到了臺灣。後來，我讀到：方聲洞與他父親的〈絕筆書〉，林覺民與他妻子意映的〈訣別書〉。這時，我才知道當日這些革命黨人，在出發參加革命之前，每一個人都預立了一封遺書！從這些遺書，可以看出他們都是「抱著必死的決心，參加革命的聖戰！」故能視死如歸，慷慨赴難！方聲洞寫給他的老父的絕筆書，說：「此爲兒最後親筆之稟！此稟果到家，則兒已不在人世者久矣！」林覺民寫給他的愛妻的訣別書，說：「吾作此書，淚珠與筆墨齊下，不能竟書而欲擱筆！」我眞不能想像當他們的父親，他們的妻子，接到這樣的一封死別之信的時候，他們將是何等傷情心碎！今天，我再讀這些革命先烈的遺書，我仍然禁不住酸心，浩歎，熱淚掛滿了我的眼眶和雙頰！也因此，我才深深理解體諒到當日父親之所以參加革命的心境！全然是爲了救國與救亡，全然是爲了爭取民主與自由！於是他敢冒著殺身滅家的危險！

父親又激昂慷慨地說，在十月十日武昌革命成功之後，福州也就捲進了而淹沒於大革命的潮流之中！各地革命黨人勇敢地踏著先烈的血跡蜂起響應！於是福州的情勢一霎時間也就變成非常的緊張，「革命」隨時都有爆發之可能！

3

在一九一一年風號葉零的秋暮，對各地滿洲人來說，這是一個極爲恐懼不安的暮秋。福州的風聲也一天比一天緊張！父親站在馬尾的羅星塔下，眺望下面的馬江，望見許多外國軍艦開進、停泊在港灣裡；南臺倉前山的外國使館和大洋行區，也出現了洋人護僑的武裝部隊。城內豪門富戶也紛紛挈眷攜資搬到倉前山，託庇於洋人。似乎福州革命的爆發已經是不可避免的！滿清政府實行宵禁，下令在各條街道巷口建造木柵門，由居民組織義勇隊，定時開關，管制交通。到了夜裡九時之後，路上只有巡邏兵丁通過，在小巷間的石板路上響起驚懼單調的腳步音，常常整條大街闃無人影，連狗兒也不敢出來了。可是在白天裡種種革命立將爆發的謠言，卻在茶室酒樓、澡堂戲院之間喧傳，隨著人們的嘴巴而走，傳布各地，氣氛的沉重使福州的人心不安憂悶之極了！

閩浙總督松壽想用溫和政策、加強兵力來阻止革命的爆發。將軍朴壽、都統勝恩、副都統明玉、佐領文楷則想藉武力鎮壓革命。這時駐守福州的清軍，總稱「捷勝營」，有紅、黃、藍、白四旗，分正旗、鑲旗兩級，八旗共兩千多人，擁有智利五響步槍、馬呢林步槍、五響馬槍，德製毛瑟槍，裝備精良，只是老弱和抽鴉片的卻佔了三分之二，眞能夠打仗的只有六、七百人。文楷組織了一隊敢死隊，約五百人，叫「殺漢團」。另有漢軍一旗駐防洋嶼，約八百多人。另外就是我們的第十鎭新軍，原屬於湘軍。光緒十年，法軍攻打閩臺，左宗棠帶領來的，約有五千兵力，駐守福建各縣。左宗棠病死，由他舊部孫開華率領。孫開華，湖南慈谿人；中法戰爭時，孤軍堅守臺灣滬尾，血戰八個月，大敗法軍，名譟一時。後來湘軍改編爲第十鎭（猶今師級）新軍，開華的長子孫道仁繼爲統制，下設兩協。王麒爲第十九協協統，許崇智爲第二十協協統。當時駐守福州城，只有第十九協三十八標所屬步、騎、炮、工、輜重、憲兵等共十二隊（連），大約一千人。二十協有第三十九、四十兩標，因爲所征新兵還沒入伍，只有軍官包括：標統（團長）、管帶（營長）、隊官（連長）到排長各級軍官，約一百多人，組成「軍官隊」。當時福州的防務，是由第十鎭負責福州城和南臺的治安，並保護外僑。滿清的捷勝營專負責保衛將軍署和旗人聚居的地區。總督松壽還不知道：我們新軍部分的官兵已被革命黨滲透，暗中來往聯絡，所以他還電召建寧鎭標統徐鏡清率部前來福州增防，以嚇阻革命的爆發。

4

新軍中雖然隱藏著一批革命志士，我們都盼望儘快發動革命的戰爭。同盟會會員彭壽松，湖南長沙人，原任佐隸雜職，性格粗獷不羈，敢作敢為，因毆打同鄉而被參革職。他仇恨清廷，傾向革命。他在辛亥五月加入福建同盟會。他說：

「革命要靠武力。我們必須加緊運動福建新軍和哥老會。」

在武昌首義成功之後，他就特別設立「軍警同盟會」加緊運動我們新軍。這時革命思想像狂飆像怒潮傳遍了全中國，在福州的我們新軍也紛紛加入革命的組織。許崇智在十月三十日加入同盟會。許崇智，廣東人，日本士官學校畢業。林祖蔭、彭壽松這些同盟會黨人，會同新軍的協統許崇智、炮營管帶蕭奇斌幾個人在南臺白泉庵開了一次秘密會議，研究武裝起義的計畫。新軍許多官兵實際已經轉變，只有第十鎮統制孫道仁還沒爭取過來。林斯琛就透過英商乾記洋行的買辦蔡展龐，去勸說孫道仁。起先，孫道仁還畏首畏尾，猶豫不決。後來，蔡買辦又再去勸他說：

「各省都起來響應，支持革命！世事丕變，已成定局！我公掌握福建新軍的兵權。清人於公，能不猜疑？文楷已將我公，列入暗殺的第一對象！」

「我也聽說。」孫道仁沉吟了一陣子說：「只是要發動革命戰爭，總需餉銀與彈藥。這個……還希先生策畫。」

「這個好辦，全包在我身上。」蔡展龐說。

蔡展龐告辭了回去，當即和同盟會的林斯琛、彭壽松、鄭祖蔭商量。他們決定邀請第十鎮統制孫道仁、協統許崇智和各個社團、幫會的首腦，於十一月五日晚上，在南臺泛船浦和港頭江之間乾記洋行的一艘商船上，召開一次秘密會議。在這次會議裡，孫道仁提出要求，說：「革命的經費至少需要餉銀二十萬元，才能應付各項開支：鼓舞將士作戰的獎金，資遣投降清兵的費用，撫恤傷亡遺族和家屬，新軍政府成立也需要充份的經費，才能做事。」

「我們一時實在籌不出這麼多錢。」林斯琛聽了說，「我們可以不可以先付五萬元；另外五萬元待攻下了銀元局，再行補付。」

孫道仁聽了，仍面有難色。許崇智力加勸說。孫道仁這才答應，當晚他宣誓加入同盟會。福州革命戰爭因此就一觸即發。父親和其他許多同志，也在十一月七日那一天加入了軍警同盟會。

5

十一月八日（舊曆九月十八日）下午三時，孫道仁簽發起義的命令，派二十協協統許崇智為前敵總指揮，王麒為參謀總長。許崇智即派新兵營管帶孫葆鎔為前敵指揮，趁著夜裡明亮的月色佔領了于山，並在于山觀音閣大士殿設立總指揮部，作為總攻擊的基地。于山，相傳漢朝何仙兄弟九個人，結廬於此，一稱九仙山，在福州城的東南邊；從山腳沿著石級上去，到鰲頂峰，直石壁立，可以望見城內的千家萬井裊裊炊煙都在我們的腳下。于山可以俯扼旗界，應該是兵家必爭之地；清軍失此先著，終成困守一隅的局面。我們革命軍的炮兵就在半山設立陣地，架起了四尊克虜伯過山炮。工兵隊連夜破壞剪斷旗界對外的所有通訊的電話線。許總指揮又派兵密密地包圍了和旗界交接的街道地區。九時之後，各街各巷的柵門就都已經奉令緊閉，不許通行。許總指揮又從軍官隊中抽調他的學生張祖漢、孫本戎、張之望、陳望、張乃誠、鄭慶奇和我，一共四十多人，編組「學生軍官隊」，充當他自己的衛隊和隨從，隨時聽他調遣，去擔任各種戰鬥緊急的任務。民間社團和會黨也都組隊助戰。北庫的新軍派出一隊士兵，在城北屏山下散開，暗地裡監視著山頂上八旗的彈藥庫。那一夜就在這樣的緊張而平靜的情勢中過去！

到了九日，拂曉五時，天色昏濛未亮，衰草霜濃，氣候十分寒冷。這時北庫新軍發出了一響沖天的信號炮；許總指揮看見了，立刻透過電話下令開始全面進攻。接著雄壯的軍號聲，在清晨的空氣中激越地吹起！一遍又一遍在福州城的上空激蕩飄揚，持續了十幾分鐘。接著槍聲大作。沒多久，清軍駐守的水部門城樓起火燃燒，槍聲繼續不斷，是炸彈隊的王杰功向城樓投出手擲炸彈所引起的。炸死了幾個旗兵，他自己也受了傷。王杰功是一個年才十三歲的中學生，勇敢地參加革命的戰爭。于山革命軍炮兵也開始發炮轟擊，過十分鐘炮彈即擊中將軍署。又猛擊高節里，葉家花廳也中彈起火。東方既白，只見安奶廟火光四起。北庫新軍也隨著大炮聲，向屏山頂的彈藥庫攻擊，槍聲非常密集；守庫的旗兵剛從夢中醒來，驚惶失措，害怕得紛紛跳過庫後的頹牆逃走，沒有還擊一槍；新軍輕易爬登牆頭，再開兩次排槍，隨即衝進了庫裡，半個人影兒都沒有。他們就這樣輕易地佔領了八旗彈藥庫。彈藥庫裡到處堆放著火藥桶、毛瑟快槍，炮彈子彈總有好幾萬發。楊琦率領著民間的義勇隊隨著進入庫內，大家搶著搬運著槍械和彈藥。這時革命軍正在井樓門、獅橋頭、旗汛口、津門樓各處堵截旗兵，不讓他們闖了出來，戰況激烈，雙方各有死傷。新軍征兵營排長江道淼，滿身是血，被人抬往醫院，終因失血過多而犧牲。

父親這時率領著學生軍官隊，在南街一帶作戰。當時各條街道粗木的柵門完全關閉，我們軍隊利用柵門固守著各處要道，大大阻礙清軍的調動通過。人民都大門緊閉，躲在家裡不敢出來。學生炸彈隊是由倉前山英華等校中學生和橋南社體育會會員組成，由彭壽松帶領，進入城裡，看到津門整座城樓籠罩在熊熊的火燄之中。他們在古仙橋和秀治里一帶，向清兵投擲了四十幾枚炸彈，迫使想衝闖出來的清兵又狼狽地龜縮，退回了河西街。這時在花巷總司令部的電訊裡，傳來于山情況危急的訊息。總指揮許崇智緊急召集我們全體學生軍官隊，呼籲我們跟著他前去支援于山。我們都是受他多年革命教育的學生，早已將生死置之度外。上午八點鐘，我們隨著他出發前往于山，經過南街，衝上白塔寺，和滿軍發生激烈的血戰。

當戰況最激烈的時候，花巷第十鎮總司令部只留下十九協協統王麒和幾十個士兵防守。「當時我想到，」父親說：「滿清的捷勝營有兩千多人；我們參加革命的總兵力，實際只有五百多人，『敵衆我寡，如何應付！』我們全部投入了戰鬥，防守各處街道要口和包圍旗界；我們還故意敞開一個東門，好教旗兵逃走。我們大部分的兵力都放在于山，正面跟敵人作殊死戰。」這時于山的炮兵連續發射威力猛烈的炮火，轟擊將軍署。

將近九時，于山陣地突然陷入危急的情況，有一百多個清兵潛入了鰲峰坊法政學堂的三樓，正在我炮兵陣地的左前方，向我方偷襲，突然射來極爲猛烈的排槍。我們有十幾個戰士中彈，傷的傷，死的死。槍彈咻咻的飛過我的頭頂上，而擊得山石紛飛，樹枝折斷，陳桂生隊官的臉部中了彈，血流滿面。再加我方炮彈快要打光，炮營蕭奇斌管帶因爲壓力過大，急得嘔血暈倒。許總指揮改派楊國祥隊官暫時代理指揮。不久，我在望遠鏡中，看到了清兵在法政學堂三樓裡，利用百葉窗作掩護，向我們射擊。這時，剛好楊琦帶領的義勇隊，及時送到了燃燒開花彈。炮兵又忙著裝炮、上腔、還擊。在重炮的猛擊之下，我在望遠鏡中，又看到法政學堂立時起火燃燒，牆上彈孔累累，許多清兵開始四散衝竄了出來，接著又看到法政學堂轟然坍塌，成一片廢墟。我軍仍然嚴陣固守著鰲峰坊口，牽制這一批旗兵的移動。

于山成爲革命成功與失敗的樞紐。清軍開始反撲，一波一波地湧來，戰火非常激烈。旗人佐領文楷率領著兩三百名殺漢團向九曲亭進發，彈如飄雨，硝煙迷漫；他們企圖一口氣衝上來搶奪大炮，還想切斷我方彈藥的補給線。他們從山腳右側的呂祖宮一帶，快速上衝，到了八十一階，集中安奶廟的邊沿；另一隊清兵則從太平街山腳到達了白塔寺，快速地移動：這兩路清兵都採取跳躍式仰攻，藉著樹木和地勢的掩護，他們迅速衝到了半山頂，非常接近我方的炮兵陣地，猛烈開槍射擊我軍。他們想從多方面圍攻我方的炮兵，幾次逼近前來要搶奪大炮，形勢眞是危急萬分！許總指揮召集所有在場的民間的社團和學生隊的成員，大聲地說：

「福建革命能不能夠成功？就在這一刻戰爭決定！不是我們消滅敵人，就是敵人消滅了我們！只有向前奮戰，才能夠推翻這個腐敗之極的政府，民主的革命才能夠成功！現在，我要求你們全部加入，聽方毅排長指揮，和我們軍隊并肩作戰！」

「我當時眞感到光榮！」父親說，「我立刻率領著他們，勇往直前，拼死作戰。我們冒著敵人的槍彈，前仆後繼，迎面給敵人一個痛擊！」清人的狡計雖不能得逞，但來勢仍極兇猛。敵我雙方已極接近，我們用極猛烈的手擲炸彈去攻擊他們！一個個炸彈投擲出去，一個個爆炸開花，土石火光，轟轟然上噴四射，炸得敵人粉身碎骨，給敵人最激烈的痛擊！滿軍遂告不支，向山下逃竄潰退。文楷就在這時被我們所俘虜。這時許總指揮對我們研判說：「清兵的精銳已經被我軍分割幾處；處處受到我軍的牽制圍堵，頭尾已經不能夠相顧。」他拿起了電話筒對各部隊發出了緊急的命令，並叫號手不斷吹起了急促而高亢的號音，促使各部隊向他們所面對的敵人猛攻，堵截部隊也逐步進迫敵方，縮小包圍圈。這時我只聽到槍聲四起，戰況更加激烈，尤其是開花炮彈呼呼飛過，轟然爆炸，終教敵人心膽俱裂，鬥志動搖而瓦解。

到了午後二時，形勢急轉而下。我們從望遠鏡中，可以看到水部門城樓上的辮子兵，向我方張開了一面白布旗，上面寫著「將軍出走，停戰和議」八個大字。我們懷疑他們「有詐」，並且認爲不夠誠意，而置之不理，繼續炮轟射擊。不過，清兵一方的槍聲卻漸漸沉寂了下來。

民間的洋槍隊佔領大清銀行分行、中洲水亭稅務局，還佔領了泛船浦的電報局，截扣了清軍發往鄰縣求援的急電。許總指揮又再派出騎兵騎著馬到各處傳達命令，縮緊我們的包圍圈。清軍又派人拿著第二面白布的降旗，進入于山戰區，把它高高掛在天君殿前門的大榕樹上，寫著「獻械乞降」四字。白布旗在風中翻飛，颯颯地亂響。許總指揮這才命令吹起暫停射擊的號音。在槍聲一時突然寂靜了下來，于山的氣氛卻變得更加緊張，停火的時間一分一秒地過去，我方仍然嚴密地監視著前方，觀察著前線動靜，不敢有一分鬆懈。這樣又過了好一陣子，前哨的警戒班長帶來一個手裡持著白旗的軍官；他的後面跟著幾個挑夫，挑著幾擔步槍的機柄，求見許總指揮。我認得這一個人是福建武備學堂第一期畢業的吳振翔。他也是許崇智的學生，現任征兵營前隊隊官。他立正舉手向許總指揮行過軍禮，然後說：

「許老師，我代表明副都統，向您請求停火。請您派個人到副都統署，談判我們投降事情。」

「吳隊官，我可以答應，暫時停火！」許總指揮接著轉過頭問左右的一些青年軍官，說：「有哪一位願意去，談判招降的事？請出列！」

他的話剛說完，就聽有人大聲地答道：「我去！」原來是陳金魁排長。他高大粗壯，名如其人。臨走，許總指揮親自低聲交代他一些原則。陳金魁接著就跟吳振翔下山走了，前往河東街副都統明玉的府邸，商談招降。

三點多鐘過了，秋天的太陽漸漸西斜，映照在滿山的黃葉紅楓上，發出粼粼的絢爛的光點，隨著秋風搖蕩晃動，把于山點染得十分美麗！教人暫時忘記了身處兇險的戰場之中。太陽慢慢更加偏西了，一輪火紅的夕陽直照了過來。可是陳金魁還沒有回來，大家都替他耽心了起來，甚至有人懷疑他可能已遭敵人殺害。許總指揮又派工兵營王嘉凱隊官前去打聽。走到半路，他就碰見陳金魁。直到天快黑了，他們兩個人才押著滿清捷勝營的三四百名的官兵，出了水部門，在靄靄的暮色裡，到于山下南較場集中，呈繳沒有機柄的槍桿和子彈。我們在于山大士殿前第四炮台處，安置幾鋌重機關槍監視著。清軍繳械後，我們每個人發給他一元銀洋，遣回原駐處。

這時已是傍晚五點半鐘過了。許總指揮命令我和孫本戎、張乃誠等人率領一些士兵，前往旗界挨戶挨家搜查殘兵散勇；又派軍械局局長林鐘貴負責清理水部門前收繳的軍械彈藥。這時，旗界餘燼未滅，還在冒著煙，住戶商店，家家大門洞開，有一些湘軍的官兵進進出出，槍桿上掛著大包小包，還有肩膀上扛著箱子的。這些軍人趁機搶掠財物，我們也無法禁止。好幾個地方，我看到一些小孩子在哭，女人家在叫，男人則坐著發呆，他們眼睜睜的看著火還在燃燒著他們的房屋！附近也沒有人來救火，只任它自燒自滅！唉，不管什麼樣的戰爭，它結果就是這樣子！「我看了，心裡十分難過！」父親說。

建寧鎮標統徐鏡清是孫道仁的舊部。孫道仁偵聽到他率領兩營六百多人，在下午五時左右抵達福州西門洪山橋，就派次子孫克修騎馬馳訪徐鏡清，告訴他：「革命已經爆發！」命令他分兵兩路加入作戰，一路去北門包抄將軍署，一路去南門支援于山。孫道仁自己帶著隨從，騎馬前往于山督戰。徐鏡清部隊加入了戰線，更加速了清兵全面的崩潰。

滿清將軍樸壽看見大勢已去，自忖「無力回天」，就改穿便服逃到明玉的家裡。不久，就被革命軍發現逮捕，被砍殺於于山九曲亭的附近。這時已經是晚上八點多鐘，福州全部革命的戰爭也告結束。這晚，整座福州城仍然在嚴密的警戒中過去。

滿清閩浙總督松壽自知不免，穿著一品朝服，當晚吞金自殺。鑲黃旗協領定瑄自己上吊死了。捷勝營管帶長志投井自殺，被救起之後，在馬江海潮寺削髮出家，做了和尚。

當晚，橋南總機關部就以「閩軍政府」的名義，發出安民的布告。

第二天，十一月十日上午八時，八旗都統勝恩率領清兵一千三百多人，參加南較場投降的儀式。革命軍由許總指揮代表接受。勝恩按著名冊報名，每個人發給銀洋一元，仍飭回旗下街定居。午後，勝恩去花巷第十鎭司令部謁見孫道仁，說：「這次戰爭造成貴軍許多傷亡，還請我公定罪！」統制孫道仁因爲勝恩率部投降，用非常溫和的話安慰他說：「我們革命的目的，是在追求五族平等。勝都統不必介意！現在都是一家人了！」事後，優厚資送勝恩全家回他東北的家鄉。其他滿籍人員要回東北的，也一一給予資助遣送。文楷在于山被俘，拘留了幾天後，也就釋放。

戰死的人，統統交由福州杉木公會清理，安葬在西山公墓。

當許總指揮帶領我們革命軍離開于山，經過南街，回花巷司令部的時候，沿途受到人民熱烈的鼓掌歡迎，店家燃放鞭砲慶祝福州的光復！還有送水果，送乾點，慰勞我們！人人都認為我們從此翻身，可以做自由國民，可以安居樂業，都高呼「革命軍萬歲！中華民族萬萬歲！」我非常感動，也認為今後可以過安定快樂的日子了！

6

十一月十三日，閩軍政府在閩浙總督府內成立，大家推舉第十鎮統制孫道仁為閩軍都督，彭壽松為政務院院長，鄭祖蔭、林斯琛為副院長。許崇智為陸軍總司令。那天上午九點鐘，舉行就職典禮，孫道仁的身上穿著上將藍呢全金板的軍服，頭上戴著一頂白絲高纓的大帥禮帽，步上了臺上。司儀宣告：閩軍都督就職典禮開始。參事鄭祖蔭也穿著嶄新的藍長袍、青馬掛，走上主席臺說了一些話。臺下的軍政社會各界的代表，都沉醉於革命的勝利的浪潮中，熱烈地鼓掌。鄭祖蔭說話完畢，代表人民將「中華民國軍政府閩都督之印」雙手舉起，然後授給孫道仁。孫道仁雙手接了都督的大印，就交給監印官劉名軒，受命啓封用印。劉名軒就在「都督就職」的告示上，用紫紅的印呢蓋了一個大印。孫都督開始致答謝辭，並發表就職的宣言，不免時時咧開了嘴巴，露出了笑意，可見他內心的志滿意得！臺下在座的要人也各有所穫所得，自然也是喜在不言之中。

十五日上午九時，福州各界人士，在于山下南較場演武廳，舉行追悼陣亡將士的大會。靈堂的中央擺著用榕葉青和黃菊花結紮成的三個大花圈，兩邊高掛著一對十八星五色國旗；這象徵著中國十八行省五族共和的意思。下面的橫桌上排列著作戰陣亡的許多將士的遺像。左右兩邊的牆壁上掛滿了輓聯誄章。都不外是「功在黨國」，「英魂長存」之類的文字。靈桌上陳列著烈士的神主牌，還有供著蠟燭、香花、鮮果、水酒。鄭祖蔭宣布追悼大會開始，樂隊就演奏起悲壯的軍樂，由都督孫道仁主祭，死者的遺屬禁不住號啕大哭！許多軍人眼看著同袍不幸戰死，爲革命而犧牲，幾天前還在一起說笑吃飯，現在卻人鬼乖隔！不少軍人當場痛哭失聲，淚如雨下！大家紛紛上前向烈士的遺族和受傷的家屬，表示慰問的心意！孫都督代表軍政府給予優厚的撫恤金；並頒發獎金、勳章給作戰有功的官兵；以步兵少校的榮銜，頒給學生炸彈隊的少年隊員王杰功，表彰他的英勇的事蹟。這次參加革命戰役的學生忙了幾天，仍舊回到學校繼續他們的學業。

7

福州城，在革命狂熱過後，社會又恢復過去的平靜，人民似乎可以舒了一口氣，新政府廢除了一些人民詬病已久的苛捐雜稅，豁免舊欠的錢糧，鹽歸政府公賣，鏟除紳商的壟斷，補償高節里在戰火中燒毀的民宅，選擇賢能出任政府的要職。我認爲革命之後的初期，福州的政局的確和滿清末季不同，有些新的措施、改革和新的氣象。只是過了不久，不同的派系爲著權力和利益而鬥爭，政局又不穩定。人民都感到深深的失望！父親也感受到革命並不像他所想像的那麼完美！

8

但最令福州人民傷心的，包括我的父親在內，就是中國這種自由民主的美麗之夢，很快就完全破滅了，像五彩的肥皂泡一樣的破了，像芬芳的曇花一樣的凋謝了，像高空中流星一剎那間就殞落入漫漫的黑夜暗空之中！我們都知道中國的革命不到一年半，就是民國二年（一九一三）三月二十日夜，倡導民主政黨政治的宋教仁先生，在上海火車站被袁世凱所僱用的殺手刺殺。父親對我說：當時袁世凱蓄意恢復專制，打算稱帝。這年七月間，各省軍政首腦群起反對，江西李烈鈞、安徽柏文蔚、上海陳其美，都宣告獨立。許崇智老師也準備率領我們進入江西，協助他們抵抗袁軍。但不久都告失敗，許崇智逃亡上海。父親也跟隨著逃亡上海。中國的人民從此就深深陷入了戰爭動亂的黑暗痛苦的深淵！終我父親的一生，都在痛苦之中掙扎！所以我說父親的夢早已破滅……！

（一九九六年三月二十八、九、三十日青年日報）

鐵石磯

台灣是一個四面環海的島嶼，每當你到海邊就可以很容易接觸一望無際的大海，滔滔的白浪在藍藍的海面一波又一波洶湧過來，夕照染紅了天邊的霞彩和海水的光影。海給我許多絢爛的遐思，船更給我許多難忘的回憶。

在戰爭動亂中長大的人，實在很難像現代人那樣可以從小培養一些終生享受不盡的生活的情趣。我們那時都是隨遇而安，趣由境生，學些什麼，愛些什麼，經歷些什麼，完全隨著境遇決定；現在，那一些經歷都永遠深藏於我渺小的心扉，然而我的生命的豪雄之歌，就是這樣子譜製成的！

記得我從前曾經在基隆和平島造船公司，花蓮吉安畜牧場，高雄港碼頭工作過，時常接觸到大海，朝陽潮音，紅波皓月都是我的好友。在這些地方可以看到船，但卻無法接觸到船，跟其他的人一樣。船是我所喜歡坐的玩的。我從小就想乘船遨遊四海。民國三十七年底，我到台灣來就是搭唐山貨輪來的。第二年八月，我去花蓮就是搭幾十噸的小漁船去的。

我從小就喜歡船，在故鄉福州津門街，每當下大雨，天井積水盈寸，我總要摺個小小紙船，讓它在斜斜的雨箭中，密密的雨簾下東飄西蕩，玩得快樂極了。八、九歲時，終於坐上了眞正的船。那是外祖父的大海船。

我的外祖父是位貿易商人。他擁有幾艘運貨木殼的大海船，帆在高高的桅杆上升起，乘風破浪，船走得很快。中日戰爭爆發之後，日機轟炸福州，外祖父用他的船，把我們一家跟他們一家的婦孺載到一個漁村去避難。我們的住所走到海濱不過數十步，可以日夕與海相處。

這個漁村沙岸下泊著幾百艘漁艇，岸上晒著許多漁網、槳、舵、釣具、穿著繩子的鐵標、柳木梆。每天濛亮，出海捕魚，旁晚載著夕陽歸來。我走出大門就可以看到氣象萬千的大海，漁民討海辛苦的生活，和那些老漁夫告訴我有關大海與打漁的故事。有時我還請求他們帶我上船去釣魚。但最令我難忘的是他們全村合作捕捉大海魚的一件事。

老漁夫說：北方有一種大魚，叫做抹香鯨，身長一兩百尺，背色紅黑，時常在海上噴起十幾丈水柱。牠尾巴一甩，小艇撞上了，立即粉身碎骨，可是牠的腦油可以做蠟燭，腸子分泌的東西可以做香料。春夏之交，牠常常成群游向南方。這時，我們就要發動一兩百艘漁艇一起作業，挑水性好、鏢法準的年輕人，一艇幾個人駕著快槳等著牠來。那座山上可以看到幾十里外，只要平靜的海面，突然掀起了一座小山，白浪輕浮其上，黑雲鋪展其下，浪濤滔滔，潮聲滾滾，那就是大海鯨來啦！守在山上探望的人就會放起鞭炮做信號。——說時遲，那時快，山上果然傳來了劈哩啪啦的鞭炮聲。我就看見村裏的漁民紛紛跳上漁艇和大船，向海上飛快划去。我們這些老弱婦孺也都擁向海邊。不久，就看到鯨魚揚鰭鼓鬣，水花好像千軍萬馬飛撲過來，上噴的水柱，也幻化成大雨倒灑了下來。我們的衣服都被它淋濕了。艇上漁夫成群敲著柳梆，大海回盪著一片「卜卜，卜卜」的聲響。

老漁夫說：「鯨魚很怕這種梆子聲。」鯨魚的聲勢頓時受挫，尾巴下垂，不再翻江倒海。漁夫趁勢划著槳靠近牠，數以百計的鐵鏢一起激射出去。海鯨好像中了鏢，負痛而逃，一時捲起如山的波浪。漁夫漁艇都沒入大浪之中，一下子都看不見了！眞教人擔心！但浪頭一過，漁艇又紛紛出現。老漁夫說：「他們正在用力拉緊繩子，鐵鏢一離開魚身，鹹鹹的海水灌進魚皮，牠就更受不了！」漁艇漁夫緊追著受傷的鯨魚，再一次射鏢，再拉緊繩，再射出鐵鏢，直至牠死亡爲止。最後，他們用幾十支鐵鉤扎進大鯨魚的身上，又用十幾艘大船，一百多人哼著歌。背著纜，把大魚拖回岸邊！最後把牠拖上了沙灘。

大家一擁而上，觀看那碩大無朋的鯨魚。那條魚也眞大，好像一座小山丘，魚背上黏附著成千上萬的蠔點。漁民先把蠔剝走，才看清楚了大鯨魚的眞面目。牠的頭部約佔全身的四分之一，口寬二丈，頷下有鬚，好像一條一條的牛尾。他們用一丈來高的杉木撐開了魚嘴，裏面深黑如洞。他們在魚嘴裏點起了明亮的燈燭，然後從喉門爬了進去，用魚刀割取成塊成塊純白的腦油，又剖開肚子從腸子裏取出製造香精的原料。魚肉任人割取做魚羹。眞有「龍游淺沙」那樣的悲哀。這種漁艇捕鯨的事，是我生平第一次見過，也是我最後一次見過的，至今幾十年了，仍歷歷有如昨日發生的。

在福建坐船的機會很多。那一年，我才十一歲，父親前往江西參加抗日的戰爭，我們從福州南台在晨霧中搭輪船，溯閩江而上，旁晚到了南平，住進雙溪旅社。三天後，我和父母分手，他們去江西，我去上杭，我看著「丁」字江流兩邊山上，各聳立著一座古塔，映照著紅紅的太陽，還有輪船汽笛嗚嗚的聲音，我的眼淚不禁滾滾掉落！別了，父親，母親和小妹！

在我的記憶裏，船代表著的是漂泊，是奔波，是行旅。民國三十一年，我在寧化讀完初中一年級，因爲打擺子休學。這時，父親來信說：他們已經從江西回來在福清做事，要我到福清找他們。我就一人和其他旅客坐著烏篷船，順著九龍江到永安，又坐船經福州到福清。

九龍江那一段的行程最爲艱險。你知道它爲什麼叫做「九龍江」？船從寧化到清流，一路尚稱平穩。但到了一處叫做「鐵石磯」的地方，船主要乘客下船上岸步行。他說：「此去二十多里，有九大險灘，六灘在清流縣境，三灘在永安縣境，因此叫做『九龍江』；這段水路是非常危險的！」船主僱請當地的篙師來撐篙行船，幾個縴夫壯漢用力拉著粗大纜索，在岸邊倒背著走，減緩船下灘的速度。但我想看看九龍灘有多險，藉口「年小走不動」，因此留在船上，跟篙師船主一起下灘。只見兩岸石壁成峽，江道寬處數丈，窄處約一兩丈，亂石堆疊，水極湍急，飛花濺雪，灘聲如雷。時見巨岩突突，鋒利如刃，像石龍的背脊橫聳江中，露出水面有一兩丈高，上下落差非常大，船行下灘就像從懸崖失足墜落一樣的驚險。雖然有縴夫拉著縴減緩了船下衝之勢，速度仍然非常快速。我感受到每一條纜索都緊緊扣住了船尾，避免了船因速度過快，而向前倒翻過去。船順著急流下去，起伏顛簸。有一次到了一塊聳立江中巨大的黃石前，眼看船就要撞爲虀粉！眞是千鈞一髮，那個篙師把竹篙子往黃石上使勁一點，船就從巨石旁邊滑了下去，可以說擦身而過，驚險之極！這一種情趣自不是在平平淡淡的生活裏的凡夫俗子所能享受得到的，所能體驗得到的！

船給我也有極優美極溫馨的一面。那是抗戰勝利之後，學校遷回福州陳厝鄉。那時，我讀省立福州高級農業學校二年級。我那時是學生自治會的代表，每次和幾個同學去福州城裏領同學的公費，領出大綑大綑鈔票，用麻布袋裝了，扛著走十幾里路，還要坐一段船，才能夠回到學校。這時國幣已經貶值。這裏要說的不是這事，是學校所在地陳厝是一個水鄉，當地的人家大都有船；因此，我在這時學會了弄舟划船。我們時常在夕陽滿溪的時節，三幾人駕著一艘小船，在水上釣魚，穿行在如雪的蘆葦間，唱著「漁翁樂陶然」的民歌。蘆葦有一人多高，河道交叉錯出，常常是後船不見前船，只有槳聲相聞。大家且呼且歌，釣魚滿桶滿盆。你說當時我的生活是多麼的愜意！你當然也不會料到：後來我在台北和麗貞在碧潭蕩舟，悠悠談心，從前學會的划船本領，這時都派上了用場。就是今天再想起過去在蘆花深處，驚得白鷺和黃鳥紛紛亂飛，此情此景還是那麼的優美心甜！

船的確給了我許多感受，無論悲歡離合，都是饒有情趣而叫我畢生難忘的！

（一九九四年一月十六日中華日報）

小鎮草臺戲

記得那是民國三十一年間，我寄居東張鎮。那時又到了過年，鎮郊田野上的金稻早已收割過了，只剩下枯黃的殘梗，泥土也被寒霜凍得硬硬的。農人到了這時節，可說是一年中最閒暇不過的，許多勞苦的工作都已經做完。平常晨起，只是到菜園中挑水灌菜，捉蟲施肥罷了。尤其是在年景好大豐收之後，家家穀倉裏都裝滿了稻穀。這自然是值得慶祝的。

終年的流汗勤勞，省吃儉用，到了過年，又怎能再儉吝自苦呢？所以過去在農村，每家在除夕前都釀造一兩罈甜醴老酒，殺一兩隻肥豬，從園中摘來肥腴的白菜，碧綠的芥菜，又大又嫩的蘿蔔，還有包心菜、蕃薯，都堆滿了後廳。池塘也車乾了水，捕捉活脫蹦跳的紅蓮、金鯉、青魚，留一些自己食用，大部分都拿到市場上去賣；又殺雞宰鴨，醃糟滷烤風臘。又從市場上買回香菇、木耳、筍尖、豆腐、粉絲、麵條、米粉。自己又蒸造年糕、芋頭糕、蘿蔔糕。大家都準備好好過個快活的肥年。從除夕到元宵，——在這段期間，鄉村中人大都不大做事。

正月初一開始，大人小孩都開始玩樂看戲；小孩都穿新衣，放鞭炮，拿壓歲錢。最使我記憶難忘的，卻是看草臺戲。

平常鄉下偶爾演戲，多半在祠堂或神廟裏的戲臺上演出，人們自己搬了長板凳子坐著看，也有站著看的，說話與鑼鼓的聲音，交相嘈雜，秩序很亂。一般都是借祀祖祭神時演戲，大多是一天一夜；這也是農人們偶爾的娛樂。惟獨新年初一開始搬演的草臺戲不同。

說起草臺戲，可說是農村特殊的產物，就是在收割過的稻田中臨時搭起一座高高的戲臺，由地方集資請來好幾個戲班子輪流演出，大都是從正月初一上午十時開始，一本戲接著一本戲地搬演，由白天演到晚上，由晚上演到天亮，起碼連演三天三夜，多的要演到初五六。因爲那時在鄉間也只有這幾天可以痛快地看戲，樂一樂呀！平日大都是「日出而作，日入而息」。這幾天的夜裏，好幾盞煤氣燈照得田野，通亮如白晝，看戲的一伙來一伙去，一伙去又一伙來，非常自由而熱鬧，眞是盛況空前。

我們在家吃喝飽了，玩兒累了，想到看戲，就穿過鎮中的大道，走過空曠的田野，向鑼鼓喧鬧、人潮密集的地方走去，觀衆站在高臺的下面，仰著頭伸長了脖子在看戲。大家大都穿著棉袍、棉襖，圍著圍巾，戴著帽子，臉兒紅通通的，不知是喝多了春酒，還是被寒氣凍紅了？不過，他們的心兒都是非常歡樂暫無憂慮的。

戲臺上開鑼的戲，都是先跳靈官。靈官跳完，就將臺前高掛的一串鞭炮點燃了起來。在鞭炮畢畢剝剝的聲中，又跳加官。加官戴著寬寬而笑意盈盈的面具，手裏拿著長笏版，跳起種種身段，最後在桌上拿來一個金踏登盔頭，拉開活扣，就現出一幅紅錦，上繡著「五谷豐登」或「開市大吉」之類的吉利話，放在臺上的桌子中間。接著又有跳財神爺的。他的帽子上，插著雙金花，戴著一張黃金色的財神臉，穿著綠蟒袍，胸前掛著大彩球，手捧著一個大元寶，隨著樂聲，跳了出來，作各種喜悅送財的舞姿，到了正場，將大元寶放在桌上，隨手打開一幅紅錦，大抵是「萬事亨通」四字，也放在中間的桌子上。

這時，臺上的各種樂器逐漸更加熱鬧了起來，正戲也隨著開演了。有時銅鑼寬寬，鈸鐃鏘鏘，鼓兒像花雨點搥落，嗩吶、挑子滴滴打打，拉二胡，彈三弦的配合著戲子的唱曲做工嗚奏了起來，還時時有洞簫幽幽嗚嗚，長笛悠揚嘹亮。初一日演的大抵是八仙過海、鴻鸞禧、天官賜福、大團圓之類的吉祥戲。初二以後戲碼就逐漸拓廣，演出各種好戲了。

我們小孩子多數喜歡看武打的戲，像演七俠五義、水滸傳的俠義故事，演三國演義的歷史故事，還有全本鐵公雞，都是我們喜歡看的；不喜歡看文縐縐纏綿綿的才子佳人戲，像珍珠塔、彩樓配之類，當然更不喜歡幽怨悽惻的悲劇了。有一次，我看到一齣武打戲。一個武生在臺上連翻了許多觔斗；又一躍，跳過兩張疊起的桌面，好像飛燕點水般的輕盈，最後臺上高疊了好幾張四方桌，他爬到上面，從上直翻觔斗下來，快到了臺面，他一個很脆利靈活的鯉魚翻身，就毫不損傷、面不改色的站在臺子中央。臺下的觀衆直鼓掌讚好，叫絕不已。

但隔壁的李老伯，欣賞戲的角度，卻和我們不同。他說：「戲子的眼神肩腰手腳，都要合板合節的演出，才叫到家；而不止是跟著樂聲，唱著戲曲。」那天剛好有一個老生演甩鬍子，起先拍子很慢，他又長又密的鬍子甩得也慢，向左右兩邊，很整齊畫一的擺動，而有韻律味；慢慢腔板加快，到了後來越來越快，他鬍鬚也越甩越快了，卻能一絲不紊。表演甩鬚的眞功夫，我們覺得有趣；甩到後來連李老伯都連聲不停地喊好起來了。眞是凡事都要下苦功夫，才能有成就；就是連這娛樂人的草臺戲，也馬虎不得，更不必說做其他重要的事情了。

小時候雖看過許多這類草臺戲：這民間的戲文都是用方言唱出，當時聽來也著實感動，諒它也有許多動人的情節，美妙的曲詞，可是現在都記不起來了，所以也無從抄掇，提供大家共賞。不過其中有一節接近童話，所以還能約略記得一個大概，好像一個大花臉扮神判，在判決幾個人的來生的故事。這個大花臉判一個花旦說：「你喜歡唱歌兒，就罰你去做個滴溜聲圓的黃鶯兒吧！」又判一個中年人說：「錢五，你愛住香泥房子，就貶你去做一隻黑燕子，向燕窩裏去受用罷。」又判一個白臉書生說：「你愛滑臉油頭，就叫你去做個花蝴蝶呀。」又判一個丑角說：「李猴子，你幹這個營生，教我怎樣發落？」這一個紅臉尖腮的人說：「只揀好的，教人家做做。」這大花臉的又說：「哞，要做一個好的？就罰你去做一隻蜜蜂兒吧！」這猴裏猴氣的說：「蜜蜂啊，不錯，可以有甜蜜吃！」那花臉判又說：「好便好，只是屁股眼裏要常按裝一個針兒。如有人惹了你，你就針他這麼一針。」這猴臉兒的丑角說：「你這判老爺惹了我，也就先針你一針哪。」現在回想起來，還是蠻有趣味的對話。這大概就是地方戲的特點。

到了夜晚，場子裏亮起好幾盞熾亮的煤氣燈。我們看累了戲，就點起燈籠或火把，和鄰居的友伴，慢慢沿著田間道路回去。夜十分靜，只有我們的談笑聲，談論劇情，談論著戲中人物的悲歡離合的遭遇，隨著夜裏的寒風流水，流蕩在這幽暗之中。鑼鼓聲漸漸遠了，不知不覺也就到了家了。

（一九七七年二月十八日）

萍水相逢

1

他是一個不知名的老人。我和他相處僅僅四天；但幾十年來，卻時時想起了這位老人。雖然他的姓，我忘記了；名字，我也不知道；但他的形像卻永遠留在我的記憶裏。他是一個高高瘦瘦的人，當時大約五十來歲，兩鬢已經斑白，額頭眼角都已有很深的皺紋，眼中充滿了和藹的神采。他說話的聲音開朗有力。他穿著一身灰布的中式夾襖褲，有一雙粗骨節的大手；由這粗糙的大手，可以看出他是一個終年勞動做小工的人。除此之外，我對他的事蹟便一無所知了。

他和我同一天住進南平縣難民收容站。

2

民國三十二年，福州市被日本軍隊攻陷。那時我獨個兒在福清明毓初中求學。沒多久，福清亦告陷敵。我在炮火隆隆聲中，離開了福清，肩挑簡單的行囊，越山過嶺，經過柔腸寸斷的公路，過永泰，至閩清口，搭小輪船到了南平。

南平是一座山城，坐落在閩江上游劍溪邊。這時碼頭上到處是旅客，熙熙攘攘，非常熱鬧而有點緊張。尖銳的汽笛使我感到一陣淒清。我是第二度來此，幾年前隨著父親母親來過，住在濱江的大旅社。這次卻是我一人逃難，當我踏上了南平碼頭，身上僅餘下三四十元，不必說沒法子住旅社，就是北上永安的旅費，也都成了問題。我只好住進難民收容站，覓個暫時棲身吃飯的地方。住在裏面的難民不少。因此，我認識了這位老人。

我正打開行李，把棉被蓆子拿出來鋪在地上。他就在旁邊的位置上，斜靠著被子，在抽旱煙筒，一圈圈的煙霧，嗆得我直咳嗽。他向我點點頭，算是打一個招呼：

「喂，小夥子，你也是從福州逃出來的吧？」

「不是，我從福清來的。」

「打算上哪兒去？」

「永安，找我的二哥。」

「哦，那明天我們可以一道走咯！我也是去永安的。」

他的話，使我想起旅費尚無著落。我告訴他：「現在我要出去找一個住在這裏的親戚借錢。能借到錢，就跟你一道走吧！」

我出了難民站的大門，向下面遠遠望去，可以看到江上滔滔不停的流水。江的盡頭就是天際，有片片層疊的白雲，那大概就是我的故鄉福州吧？但不知陷身在敵人鐵蹄下的雙親與家人，是否都平安無恙，心裏實在感傷，不知甚麼時候臉上掛了兩行清淚。想起現在我隻身避難到這人地生疏的異地，沒有盤費，眞不知如何是好？

我走過幾條熱鬧的街道，也無心觀看，只是按址一路問去，終於找到了表姊的家門了。這時已近中午吃飯的時候，我舉手輕敲門上的銅環，出來開門的正是多年不見的表姊。我心裏才稍稍感到寬鬆，想道：「大概總可以借到一些旅費了。」不過，進門以後，我總覺和表姊之間有點陌生的感覺，可能是表姊離鄉多年的緣故吧？表姊請我喝茶。我靦覥地不知道如何向表姊開口借錢。我告訴表姊我是從福清逃出來，現在住在難民所裏。表姊只問我一句：「姑爹姑媽，近來可好？」她並沒有邀我搬到她的家裏去暫住；也沒有留我吃午飯；更沒有問我有沒有錢使用。以後我們都沈默了，好像不知從何談起，似乎沒有一絲親友關切的意思。我素來自尊心極強，再加年幼臉嫩，要求告貸的話，原先就梗在喉頭口，慢慢就用力將它咽了下去，不想說了。我向表姊告辭出來，四顧茫茫人海，無親無戚，又著實後悔。爲其麼我不能直率地問她借錢？我不開口，她又如何會想到我需要一筆前往永安的旅費呢？怎知我還沒吃過飯呢？也許她和我一樣的木訥，不善應對。唉，也許她並不如我想像那樣的不願幫助我，但是我不能再回去，因爲我是一個自尊心極強的人。我想我只好暫時淪落在這個異鄉，暫時寄居難民所了，設法去信給二哥，請他寄一些錢來吧！

我經過一家小飯店的前面，玻璃櫥窗中掛著紅燒蹄膀、肥鴨、烤雞，盤子裏盛者滷蛋、油蝦、薰魚，還有米飯的香氣，隨著風飄送過來，誘得我有點飢餓感；我看了一下，就硬著心快步走開。

我帶著滿臉的愁容，懊喪的心情，回到了難民站，一屁股坐在地鋪上。鄰床的那個老人看見我進來，很關切地問我道：「借到錢沒有？」我苦笑一下，坦白地告訴他說：「明天，我不能跟你一道走了！」

「沒借到錢嗎？」

「是的。」

沒想到，他卻安慰我說：「在戰爭的時候，大家的錢包都不太寬裕，自然不容易借到錢。」他停了一下，又說：「我給你想想辦法吧！」他說著，就打開箱子；從箱子裏很小心拿出一個白瓷小花瓶來，說：

「我等一下上街去，把這個德化瓷瓶變賣掉，假使能賣幾百塊錢，你明天就跟我一道走吧！待到了永安，再叫你二哥還給我吧！」

這個花瓶白中稍閃紅色，有凸起雕花，人物花草，毫髮畢現，工甚精細，整體看來，瓷質很厚，發出瑩亮的光輝。他拿著的時候，可以隱隱看到他的粗粗的指影映在上面。我想這可能是一種名貴的瓷器，不然一個小小花瓶，又怎能賣到一擔穀子的價錢呢？

他眞是一個好心的老人，對一個素不相識、萍水相逢的人，就這樣慷慨的給予援手。我除了感激之外，也眞無法拒絕他的好意。他匆匆把瓷瓶包好走了，留下我一人在那裏想著，人間眞是到處充滿愛。約略一個多小時後，他兩手空空的回來，告訴我明天可以跟他上路了。那天晚上，我終於很安心睡了，做了一個很甜的夢，夢見我和二哥團聚，並且和這個老人一起在永安的飯館裏吃飯的情形。

3

第二天早晨，我和他一起上路，肩挑著一扁擔簡單的行囊，踩著滿地白霜，留下一個一個鮮明的腳印。公路沿著山嶺而蜿蜒，早晨空氣非常新鮮，黃葉林間傳來幾聲鳥囀，山邊的流泉淙淙地唱著。我們一邊欣賞著滿山秋色，一邊談著日本軍閥侵略我國的戰爭造成了許多人背鄉離井，家破人亡。但我心裏想道：「假使人人都像這位老人，有仁者助人的胸懷，這個世界大概也就不會有戰爭了。」

我和他在路上一起走了三天，才到了永安。二哥把錢算還了他，請他吃了一頓飯，以後我就再也沒有見到他了。

秋夢

1

他自從那次大病後，好像從黑夜噩夢中醒轉過來。羽新已經在他海濱養病痊癒歸來的那個晚上嫁給別人了。因爲羽新的父親就是因這病早逝，她的寡母與大哥都強烈反對他們的婚事，認爲他的病不會好；軟弱的羽新終於順從母兄之意答應嫁給別人。他因此由歡樂的巔峰沈入了幾萬公尺下的深海，痛苦的重壓使他整天哀傷。在別人也許用淚可以發洩心中的悲痛；在他卻當做一種樂意的享受，心境當然鬱悒到了極點。假使不是羽新的么妹常來看他，安慰他；他眞會一手毀滅了他自己的生命。她來時多半陪著他坐在綠窗邊談心，有時也陪伴他出去看看電影。她好像在替她的二姊贖罪。

時間不斷流逝，他們的來往也有三四個月了。記得那是一個有月亮的初夏之夜，清澄的銀輝朦朦朧朧地從樹梢灑落到庭院裏，好像灑下許多圓圓的圖案，牆邊映畫著粉紅的月季花，青莖細蔓，發散著像薔薇的芳香。她這夜又來看他。他剛寫好了一首小詩，就拿給她看：

「姑娘，我的心已被妳
剖爲兩半！現在
只剩下一半兒
灰色的心在掙扎；
也許明兒醒來，
連這一半兒也將死去！」

當她低聲唸著這一首老調子的情詩的時候，他偷偷看她的側面。他聞到一股幽幽的夜百合的清香，從她蓬鬆黑亮的柔髮上飄了過來，引得他不禁把鼻尖湊近她的鬢邊，想吸一口沁心的香氣。

她轉過頭對他嬌羞地笑了一笑，一時卻也使他沈迷；恍惚間他又看見了羽新的影子，從她的身上湧現；其實她比羽新年輕俏麗。他沒有把心裏的感覺告訴她。他只是悄悄地凝視著她，好像要從這美如鮮花的臉兒上，尋找出那長睫毛黑靈珠所含蘊著一絲令人心醉的微笑。他幾乎將她看做了羽新。她也有這種感覺，常對他說：「嗯，我不是羽新哪！」

對呀，她只是羽新的一個幻像，並不能替代羽新；因爲從她的身上無法找出那種專屬於羽新的一顰一笑；這也就是他對初戀始終難以忘懷的原因。

「哦，我爲什麼還忘不了這個無情的女人？」他不禁又想起過去花好月圓的綺夢，像一縷林煙飄散了，像一瓣春花凋謝了。一顆滾圓的熱淚又奪眶而出，輕輕落在她的手背上。這是閃閃晶瑩的小珍珠，裏面卻映著他的心影。散哪，讓它痛痛快快散落呀，成串地幻滅吧！

她似乎因他泫然無語，感到非常歉疚。

「啊，眞對不起！我又惹你傷心哪！」

他跟她之間的來往，事實上也只限於極純潔的友情罷了。這是早就明白的事。最主要的還是因爲他認爲所有的愛已傾出，沒有餘下一滴，連一根小草也不能灌溉得活了，何況是愛苗的培養呢！啊，現在他的心中只有空虛、寂寞、悽傷、抑鬱、悲哀與瘋狂的情愫。他只希望能塡進一些人間的溫熱，好讓充滿創傷的心能夠在短期內療癒！她現在給他的友愛，已儘夠他滿足了。他想自己已沒有更多的企求！

2

盛夏去了，黃菊滿盆的秋天又來了。

一個星期日，他的好友B君突然光臨，想請他作媒；原來B君在一個偶然的場合遇到一個漂亮的女孩子，就一見鍾情了。想認識她，輾轉打聽，才知道是羽新的么妹；B君想他一定相熟，所以就來找他幫忙介紹。這對他來說確是一個很困惱的問題。他遲疑了老半天；無奈B君一再拜託、懇求，最後他還是答應了下來。

B君走了，他把這件事告訴他的大姊。他的大姊並不贊成。他說：

「我跟她只限於友情。B君想娶她；又怎麼能不幫忙？」

「大弟，人的感情是會變的，相交久了，也許有一天你會愛上她，而忘記了羽新！」

「這不可能，大姊。」他遲疑了一下，又說：「我不介紹她給B君，別人也會去追她呀！」

總而言之，他的大姊認爲他這樣做，不大聰明。可是他終於沒有聽從他大姊的勸告，將她介紹給了B君。這是去年秋間的事。

那天，他帶著她去拜訪B君。她穿了一套絲絨的洋裝，走起路來，下擺輕輕搖曳，好像一隻快樂依人的小鳥。

當他們走進了B君的住處；B君已經等了好久，臉上焦急的神色彷彿還可以看得出來。B君是一個長得很帥氣的男人，身材高高的，穿什麼都好看，談吐優雅，很惹女人喜歡。他向她特別介紹說：「B君是一位很有成就的音樂家。」由於B君和她都善於交際，一下子談得很熱絡，由音樂談到文學，由愛好談到人生。大家談得很愉快。B君並彈了一曲鋼琴，幽美清悠，使大家都沈醉在抒情鳴奏曲中。窗外映著皎潔的月色，迷濛的樹影，更增加了幾分琴韻。她說：

「美極了！」

他暗暗歡喜序幕已導演得很成功，因此在送她回去的路上，才決定告訴她：B君要他介紹女朋友的事，「你覺得B君怎麼樣？」

「不錯！」

但當他告訴她，B君要他介紹的就是她的時候，她還以爲是跟她開玩笑的，就笑著說：「你老愛拿人開心！好哇，那你就把我介紹給他吧！」

說著，車子已到了她家的附近，她就叫司機停車。

「你爲什麼要在這兒下車？」

「免得大哥看見你，又要嘮叨個老半天。」

他聽了，又不高興了起來。他想從前她們的家，他可以登堂入室，如今他們把他所愛的人嫁了，只是因爲他的肺門淋巴腺腫大。他又想起當他到海濱養病回來，第二天到羽新的家去，羽新的大哥見了他，劈頭就說：「羽新已經嫁了人，不能再跟你見面了；因爲你的病，我們不得不這樣做。現在你雖然病好了，但短期內還不適宜結婚。可是羽新的年紀已經不小了，不能再等下去。所以你的信，我都沒交給羽新。你也不必怪她。我這樣做，也是爲了你們好。也許有一天你會諒解我；而且『天涯何處無芳草』，慢慢你會認識到新朋友，就會淡忘了這件事。……」

他每想及這事，總認爲羽新的大哥是一個不懂愛情爲何物的人。

星期六上午，她給他打了一通電話：「今晚請B君來你的家吧。你不是要替他介紹女朋友嗎?六點鐘見。」於是他就替她約了B君。

到了傍晚，她踏著滿徑夕陽來了，還帶來一位女伴。經過介紹，才知道是她的同事C小姐，模樣兒很豐滿柔媚，二十七八歲，眼角已有些皺紋，露出一種擅於交際的笑容。不久，B君也來了。他走去開門。她跟著過來，低聲說：「給他們介紹。」

這晚由他做東道，請吃飯，看電影。七點多鐘，進了電影院，她安排C小姐和B君坐在一起，她自己坐在他的旁邊。銀幕上演著悱惻動人的愛情故事。他發覺B君和C小姐始終沒有談上幾句話兒，好像很專心在看電影。

散場後，他們從熱鬧的市中心區，轉到幽靜的公園路走去。路邊一盞一盞街燈，射下一派光霧，在路面上映著明暗深淺不同的光影。B君緊伴著她走在一道，卻像有意冷淡C小姐。他只好陪著C小姐說話。C小姐卻一聲不響，快步走著。這時他卻不禁同情起這位在身邊的女子，覺得現代男女要想找適當的對象都不太容易，許多年輕人都因愛情造成的絲繭，滋生了許多無端的煩惱、憂傷與苦悶。

星期日，B君又來看望他。他就把她要介紹C小姐的事告訴了B君。B君聽了，感到很失望，最後仍要他代約她們在下星期六的晚上，來他的家裏參加他妹妹慶生的晚會。

那晚上，她們都應邀來了。客人不少，十分熱鬧。晚會開始了，燈光變成藍色，輕快調子的舞曲由唱機上播送了出來，空氣間瀰漫著秋夢一般的氛圍。B君先邀C小姐下去共舞，臨走對他低語：「把我的誠心眞意告訴她吧！」

其他的人也雙雙對對跳起舞了。這時，只剩下他和她。她的髮香沁入他的心房。

「他對C小姐的印象，好嗎？」

「B君說要我介紹你！」

「笑話，這怎麼可以？C小姐，長得漂亮，又多才多藝，他嫌什麼？」

「不嫌什麼。B君只是要認識你。眞的，他要我介紹你！」

她才知道他的話，並不是說著玩兒的。她嬌媚地笑了一笑，說：「我跟他還不是從你這裏認識的一個普通的朋友罷了！」她把頭靠在他的肩上，不再說話了，也許還以爲他在試探她內心的秘密呢……。

他不禁在她的鬢邊偷偷吻了一下，而且產生了許多感想，猶如海濤的洶湧。事實上，現在他是最需要她愛情的一個人，因爲她曾經在他絕望時來安慰他，減輕他對她的三妹羽新的眷戀，也減少他心碎腸斷時的哀愁。相處的日子久了，也不能說沒有一點感情。她看來眞像他的妹子，又好似他的戀人。她似乎有點喜歡他；他也似乎有點喜歡她。但他是不可能娶她的。這種關係好像愛的箭鏃，插在心頭，眞是矛盾！他的情感就在這種矛盾下壓制著。現在他要將她介紹給B君，也好了卻喜歡她的一樁心事了。

一支舞曲完了。C小姐和B君並肩走了過來。他只聽到C小姐讚美B君說，

「你的舞跳得眞藝術。」

不到三分鐘，又播出另一支曲子。這次B君請她共舞。

「我陪他在這裏坐坐。」她婉轉的推辭。

B君拿眼睛向他示意，好像是說：「請幫忙——催催駕吧！」

「去跳吧！」於是他說，「我一個人坐坐，也好。」

客人都紛紛下去了，婆娑舞著。C小姐也被人邀去共舞，只有他一人坐在那裏。突然他有一種孤零空虛的感覺，像魔影般閃入他的心殿狂舞，漸漸地他只見許多人影兒在面前晃來晃去，男的女的精靈穿著奇異的服裝一陣風也似的舞著跳著，飄渺在虛幻的世界中，沈迷昏醉在靡麗輕快的樂聲之中。他們又好像都在喁喁耳語，暗暗竊笑他是一個孤獨者，現在又要自我逃避。難道這樣就能解決了問題？就可以永遠不再需要愛情了嗎？

其實只要他是個男人，一個身心正常的男人，他就註定一生需要女人。打從他嬰孩無知時期開始，就懂得如何去爭求女人的愛；愛情甜蜜溫柔的懷抱，是男人奮鬥忙碌之後的夢鄉；到了老病恍惚的晚年，他處處更需要女人愛心的照顧；甚至就是百年之後，他的靈魂也還不能離開所愛的女人；無論在黃泉在天堂，他還都需要女人的深愛，所謂「在天願爲比翼鳥，在地願爲連理枝！」所以「生則共衾，死則同穴」，這可以說是自萬萬古以來最懂得愛情眞諦的人所希冀實現的最後願望！所以「凡是人都需要愛」，這是自然的法則。他何以要拒絕，要逃避呢？……。

於是一下子他感覺到沒有愛情滋潤的生命，就像到了落葉的深秋，小河已開始乾枯了，一切都變成寂寞，無情，缺乏生的機趣，……。

眺望著窗外的天空中星斗。幽暗的夜裏，他看見淒冷的星光從天邊滴落，不知幾時他的臉頰上也掛了兩行清淚！

「你不舒服吧！」

他聽見她關切他的聲音，他從哀傷紊亂的幻想中醒來。原來一支舞曲又到了終了。他看見她驚愕的眼色。幸而燈光很暗淡，大家都沒有注意到他含淚的臉。他背過臉去，把眼淚偷偷擦乾。他自己對自己說：

「我在這裏總該壓住情感！免得他們把我當做一種笑話兒來看呢！」

一忽兒，當輕快的樂聲再起，他也捲入臀部擺動的旋律中。她的手軟綿綿的。他的手掌心微微滲出熱汗。她的舞姿搖曳得像春天裏駘蕩的柳絲，像火焰般點燃了他心中火種。他慘苦的心聞到一陣陣粉香脂香。他愛，他惶惑。在這時，他也有了強烈的愛的慾望，激蕩著心靈與肉體，他想讓這些香氣把他的靈魂暫時麻醉成了「木乃伊」吧。然而當曲終人散，他回到了家，卻更感到空虛與落寞。他覺得他自己並不適合於過這種熱狂的生活，他愛的是恬靜純眞的生活。

3

由於他不斷爲他們製造機會，日子久了，她對B君終於產生了感情，漸漸少來看他了。B君每次見到他，總是感謝他的幫忙，總是眉飛色舞地對他談起她的事情。你想他做月下老，聽了這些話，該是多麼高興。的確，他每一次聽了B君的敘述，臉上都露出微笑，爲他們歡喜，爲他們祝福。可是每一次B君走了後，他也都平添了一重淡淡的哀愁，心裏幽幽地流過一掬眼淚。爲什麼要流淚？只是因爲她不再來看他了，他的生活與心境又回復到她的二姊羽新剛出嫁時的情形，像處身於一片荒寂的沙漠。

她已經兩個多星期沒有來看他了。他想她一定忙著戀愛了。傍晚下著細雨，他就在這種悲喜的亂緒絞割中。他以爲那綿綿的細雨，就像他心裏的愁絲！在這冷冷清清的房間裏，他放熱門的音樂唱片，也無法消除他自己造成的煩惱。

時間一天一天的過去，他似乎患了神經逐漸衰弱症，白天他把自己交給忙碌的工作，使自己無暇多想。夜裏他卻有了嚴重的憂鬱，他常常失眠，常常不能安心在家，有時他像喝了酒的夜遊者在街上無目的的閒蕩，有時他一人連看兩場電影，一直到夜深更闌方才回家。一切不很正常的生活方式，都在使他自己忘記寂寞。他的家人都替他擔憂。他的大姊勸他換個新環境。

這一切都是他自己一手造成的，人就是這樣矛盾的動物。他終於在今年初春，帶著新希望，離開了這裏，獨自飛往國外留學去了。

最近，他從綺麗佳給他大姊的信，說：

「謝謝你勸告，我已忘卻這段蕭索的秋夢。在這裏，我認識些新朋友；不久，我就要跟珍妮結婚了。和珍妮一起，我才知道什麼是眞愛情？眞愛情在任何不幸變故下都不會改變。你不必再爲我擔心了。」

他的大姊看了這封信，心裏微微笑道：「大弟，終於想通了『愛』是什麼！」

擬情書

你才氣橫溢總令我多望你幾眼。我總盼望能夠在你心中出現，能夠像一點星光，在你人生的旅途上，給你一刻的溫存照耀。啊，你終於對我粲然微微一笑！就像春天的暖潮在我身體內流轉！又像春天的和風令我心花怒放！我給你寄去一封修飾了千百遍的彩牋，在日夜期盼中我終收到你的覆信。沒想到回音，竟不是令人歡欣鼓舞之歌，而是教人悲傷沮喪之曲，盡是春雨綿綿的情愁！使我長夜失眠，萬分痛苦！

啊，我不知道從何時起，我的生活變成如此單調，日復一日，墜入憂傷絕望的深淵！我眞希望時光能倒流，回到渾沌蒙昧，讓一切重新來過。希望我是一隻離開樊籠的雲雀，能夠跟你一起翱翔，遨遊世界，一起登上直插雲霄的艾菲爾鐵塔，一起乘坐快過光速的磁浮列車，一起在羅浮宮欣賞米開朗基羅和達芬奇的名畫，一起騎著駱駝瞻望神秘的埃及的金字塔，一起在拉薩布達拉寺陰暗的甬道漫步細語，一起在北京故宮走遍那九千九百九十九間的殿閣亭榭。

但願你是曲折的溪流，我是快樂的小魚，讓我永遠在你這道溪流之中悠游！但願你是一朵飄游的白雲，讓你依偎在我夕陽一般嬌豔的臉頰！可是邪惡的女巫敞開漆黑的大斗篷，作起了魔法，從天邊刮起了烏雲陰霾，白天瞬間變成黑夜，而讓狂風暴雨摧殘愛情的花朵！

我寫這一封信給你，就是要問你近況可好？就是要問你可知道我的內心愁緒萬千！我眞不知道要向誰傾訴才好！也許是我自尋煩惱！自作多情！有人告訴我說：你認爲現代人的愛情好像「速食麵」，聞之雖香，食之寡味！所謂情愛，都不可信！然而我的愛情卻是非常深摯，非常古典的！

我的心就像深藏海底的活火山，感情過熱過高時，一旦爆發，心都會被炸得粉碎。說到這裡，我的眼淚就像開了閘的水庫，淹沒了我的美麗，也淹沒家人的歡樂！我的心湖已經流乾。但我純眞的美麗已經蛻變爲成熟冷豔的彩蝶。當然也有許多人拜倒我的石榴裙下，說著美麗的謊言，一封封甜膩肉麻的情書，如雪片的飛來。不，我自不會爲之心動，我不會被這些甜言蜜語所迷惑！我會把他們的期待與謊言撕成碎片，讓它隨風飄逝！我要做一隻能夠自由翺翔歡歌的雲雀。

從今天起，我要把自己的一顆心珍藏在百寶盒裡，讓傷心和甜蜜的往事一起埋葬在意識的最深處，絕不讓他跑進我的心頭，也絕不讓他跑進我的夢裡！我一潭的心湖，雖然時而沉靜，時而氾濫，時而漣漪，時而翻騰。但現在我已下定決心要將它密密封存起來。雖說封存並不容易，有時鬱積太久的心事，足以將我壓成碎片，令我心身交瘁，我只有藉著跳動的音符彈奏出憂傷與甜蜜！藉著纏綿的歌聲抒唱出幽美的心曲，搖漾的淚光和快樂的笑影！我要讓憔悴和憂傷永遠離我遠去！啊，你那英俊的影子，不知道何時闖入我的心扉，像勤勞的蜘蛛在我的心殿盡日織著網，密密地織，一層又一層，數也數不清，總有千百層吧！我自己實在應該拿把利刃自心裡割斷！可是我實在做不到呀！還是任他一逕地織，讓縱橫交錯的絲緒爬滿我空虛的心靈。爲了你，我失去了玫瑰花般的笑靨，失去了靈明的神智，而蒙翳不明。啊，我的眼淚終如決堤般的滾滾而來，成串兒的飛落！

我這種無法自釋的矛盾，能夠向誰傾吐而結束，至今已然愈積愈重，愈纏愈深。我恐怕它會像氣球一般一戳即破，而不可收拾！愁眉苦臉已經成了我的畫像，全世界都已經知道我苦戀著你。所以有一個朋友來勸我說：「愛情像一杯香醇芳冽的毒酒，一口即會致命；而友情像一壺香留齒頰的苦茶，飲越多越清醇。」

今夜，我坐在窗邊看著那又圓又紅的月亮，望著街上夜遊尋樂的人群，但我的心卻倍感孤獨。我對於未來充滿了問號，好像飄泊海上的難民，將會飄到什麼地方？是痛苦的海角？是歡樂的天邊？實在無法知道。有人說熱情足以把冰山熔化；據我所知你是終古不化的冰山；我又怎能用熱情熔化你！所以那纏繞糾結我心中的絲團，終叫人難以解開。李後主所寫的「剪不斷，理還亂」正是此刻我的心境。這也許就是既惱人又惑人的情絲。想不見你也難！我眞要對你說：我愛你直到海枯，直到石爛！希望你千萬不要把我的愛情當做一頓點心，當做臨時別在胸襟前的一朵緞花，用過就忘，親過就丟。千萬也不要對我專挑些花言巧語，說給我聽。啊，從我心中流出來痛苦的眼淚，已經流成一條小河，我不知道能不能流進你的心田！親愛的你呀，你是不是知道：我已經爲你消瘦而憔悴，衣帶日已寬，但我的心始終一無所悔哩！

我一切的痛苦，都是我執著的心所造成的，黑夜雖深，黎明已近，往事如煙，何必苦思！我想濃濃的夜色總會過去，我會重新振作，迎接璀燦的明日。

每個人都有專屬於自己的心事。有人說這些心事有的像粉紅色的糖球，令人從舌頭到心頭都品嘗到甜情蜜意；有人說像一杯濃濃的苦汁，會將人全身上下腐蝕得千瘡百孔。然而我想深藏的心事應該是可以和你分享，可以向你傾訴，不妨把自己的情意寄託這寸紙尺素，也好讓你知道：請你將溫暖的陽光朗照我的深心。這樣，你我的心境都將會更健康、更快樂呢！

（一九九二年七月二十七日新生報）

癌彈

有一天早晨，我覺得咽喉乾乾癢癢的，咽口水都有一點痛，趕緊拿了一面鏡子，張開口一看，發現喉嚨口現出了一片小小潮紅，有點腫，而且小舌頭兒——也就是生理學所謂「懸雍垂」的左邊扁桃腺上面，有一個小突起物，像小半顆火紅的珍珠子；大概是咽喉發炎了吧，不知道是感冒病毒還是鏈球菌引起的？只覺得混身發痛，難受極了，還是趕快看醫生去吧！

當天，我就上公保醫院去看，在這裏我可以享受免費的醫藥治療。公保醫生開了三天份的青黴素和一瓶漱口液給我，慣常這種咽喉炎，用青黴素治療是很有效的。漱口液的氣味清冽芳香，剛漱有點刺舌頭，漱兩下，就齒頰生香，清爽極了，果然過了兩天，身上的疼痛早已消失了。我再照照鏡子，喉頭的潮紅腫脹也全部消退，只是扁桃腺上的那小半顆火珠子還是一動不動地留在原處，心裏想：「也許再幾天就會痊癒吧！」也就不擺在心上了。

這樣經過了五六個月，我卻逐漸感覺到喉嚨口好像有一個小東西，有一種說不出的壓迫感，夜裏睡覺一轉身不對，呼吸就有點不太舒暢。於是我再拿鏡子來看看口腔，看看喉嚨，才發現那半顆小突起物不但沒有消掉，而且特別顯眼，顏色鮮紅如丹朱，好像大了一點兒。這恐怕不是一時腫起來的，也許是小瘤吧！

第二天上午，我又到公保醫院，來這裏看病的人很多，同一科醫生也很多，從上午九點到十二點三小時內，每一位醫生總要看三四十個病人。醫生很忙，和病人的談話都很簡短，我把經過與感覺扼要地告訴了他，他要我張開口，看了一下，說：「這可能是扁桃腺慢性腫大，沒關係！開點藥，回去吃吃。不消，再來看。」

我吃了幾天藥，還消不下去，又去了幾趟醫院。因爲這裏的醫生都是從各大醫院調來的有經驗的醫師，每人每週只在這裏看一兩次，所以每次給我看病的大夫都不同。他們對形成這小紅腫的說法，也各自不同。有的說這是硬塊，有的說人到了四十多歲，喉邊的肌肉有的會萎縮變形，這也是常見的現象，也有的說這可能是天生的，因爲一個人喉口兩邊的柵門式肌肉，並不一定是對稱的，可能一大一小。但我想也許他們早知道這是一個腫瘤，除了開刀割掉，別無良法，只是不肯告訴病人罷了。因此，每當我問他們，「要動手術嗎？」他們總是回答：「現在還不需要。」因此，吃藥總是得不到有效的治療。

但是這種「異物感」逐漸困擾了我的睡眠，好似一個定時的鬧鐘，使我常常在凌晨兩三點鐘因呼吸不暢而自動醒來。每一天，我好像女人一樣都要照鏡子，張開口來，看看它有沒有惡化？這樣又過了幾個月，似乎又大了一點，有小半個豌豆那麼大了，顏色鮮紅奪目，更加重我精神的負擔了。

有時我將這個不痛不癢的紅腫，歸因於自己教書的工作，也許是我的「職業病」吧。每天要解惑傳道，聲帶喉肌都得要作「發音頻率運動」幾千上萬次，日夜不休息，常常講到聲音沙啞，又怎麼能不紅腫呢？我本來也並不把這事放在心上，可是現在不行了，這個腫瘤竟影響到睡眠，況且聽說有些朋友患喉癌死了。喉頭腫起一顆，也可能就是喉癌嗎？「不愛江山，只愛美人」的溫莎公爵也是死於喉癌，不過他已是七十六歲垂暮的老人，我呢，才四十出頭，正是學識經驗最成熟的收穫時代，又豈能輕易卸下肩上的重擔？因此，我對這似乎無害的小累贅，更注意了起來。假期快到了，有從容的時間開刀，因此又接連去醫院看過幾次。總括醫生們的看法是：吃藥看看，能消最好，不能消，也就不必吃藥了，只要它不繼續長大，也就沒有什麼危險，當然也就不必動什麼外科手術了。

我爲了要證實心裏這種懸慮，有一天故意笑著問替我看病的大夫：

「這是瘤嗎？」

「嚴格說起來，是瘤。」他也笑著答覆我。

「要開刀嗎？」

「要是在子宮頸，這樣的小瘤，早就割下來作切片檢查了。因爲在喉嚨口，不好拿，而且這一帶肌肉構造複雜，又是中樞神經通過的地方，非必要，不開刀。」

經他這麼一說，我想起了有一位朋友因爲患喉癌開刀，雖然保存了生命，卻也變成「失音」的啞吧，像我靠說話吃飯的怎麼辦呢？

最後，這位大夫只給我開了一瓶漱口藥水，大概他認爲這已無藥可治，同時藥吃多了對身體也沒有好處，只特別叮嚀我：「每隔一個月時間，找固定的醫生檢查一次，看看有沒有繼續腫大或惡化。」

我聽了這話，確定自己是長了一顆腫瘤，就在我的咽喉要道口，安放了一顆不知何時要爆發的癌彈，也許永遠不會惡化，也許十天半個月就會宣告死亡。今日醫學界對某些腫瘤仍然束手無策，這些瘤不惡化，就是良性瘤，假使惡化了，就是致人死命的癌症了。生在皮膚、子宮、乳房、口腔裏的，早期發現大都可以割除，沒有什麼危險，生在內臟像肝癌，要醫好也就不容易了。所以許多人聽到自己患了癌症，往往沒有幾天就精神崩潰，加速他的死亡。

從這時起，我逐漸覺得生命的可貴，我雖不覺得是到了生命的終結，卻也有些微沮喪，不過使我認識到人生有限，應該好好把握利用它。回來後，我把醫生的話告訴了麗貞。她卻安慰我說：「人遲早總要死的，假使你眞的患了這絕症，在你生命存在的每一秒鐘裏，你就盡量去做你自己愛做的事吧！」

於是我想起了許多我愛做的事，我憧憬的美夢，但我最喜歡的事情，還是讀書。書本會給人許多智慧，會使我思想的境界提高，精神超脫。陶潛的「神釋」詩：

「應盡便須盡，無復獨多慮。」使我徹然大悟。人是無法長留於人間，一切儘可聽隨自然變化，生不必歡喜，死亡也不必憂懼。心境的平靜，使我先前一點沮喪也消失了，慢慢我睡覺時漸漸忘記了喉嚨口的異物感，常常可以一枕到了天亮。

這使我體會到心理對病人有很大的影響。許多癌患者在不知道自己患了這絕症前，往往生活得很好，過得很快樂，一旦知道了，往往兩三天就過世了。這不能說和心理因素沒有關係。

另一方面，我仍到處打聽私人的耳鼻喉科的名醫。後來有一位朋友告訴我在中英藥房的附近，有一家蘇耳鼻喉科很不錯的，可以去試試看。

記得那是天氣很晴朗的一個上午，我大概九點十分左右到了，這家診所是在二樓，我由旁邊一個獨立樓梯走了上去。樓上一間醫療室，已有八九個人在等著看病，室內有兩個醫療椅和藥臺。這個蘇醫師看來有四十歲左右，正在替病人看病，另外有一個不到三十歲的醫師，在另一張醫療椅邊替一個病人上藥，看來是蘇醫師的助手。

我在那裏等了好久，病人川流不息，進進出出。九點半過了，才聽到蘇醫師叫到我，我坐上了醫療椅。他很親切地問我：「有什麼毛病？」

我就把前後的病歷很扼要地說了一遍，他很注意地聽著，然後說：「請張開口腔，啊，啊的發聲，讓我看一看。」他又用「壓舌板」壓住我的舌頭，仔細看了一會兒說：「你放心。這可以治好的。那小紅腫裏有一點化膿，有一黃點，那就是膿。等膿熟了，擠了出來，也就不會再長大了，不過要花一點時間。」

他把他的診斷與醫療的過程很清楚明白地告訴了我，而且語氣親切，使病人對他的治療產生了信心。

接著他用一個彎形的棉棒蘸了些咖啡色的藥水，在我的喉頭上輕輕塗擦了幾下，又說：

「這膿頭大概要三個星期，甚至要一個月，才可以動手挖擠出來，你不必天天來，我給你開了一小瓶『碘甘油』，你帶了回去，自己擦，它會幫助消腫。每天擦三次，一個禮拜後，再來檢查，還有早晚用清茶漱口。」

「大夫，用什麼來擦呀！」我問他。

「對的，我差點忘了呀。你可以到這附近的醫藥儀器行，去買一個『喉頭棉棒』，就像我手裏拿的這種。柄上有兩個『圓洞眼』，可以把手指攏進去握住，那頭上要有像螺絲紋的細溝，這樣才能纏住消毒棉花蘸藥水擦，用前要用開水煮過。」

我回來後，用鏡子一看，果然那紅紅的腫瘤中間有一點針頭大的膿點，這是我過去所沒有注意到的。我按照他的吩咐每天擦藥，過了一星期，又去看蘇醫生。他替我檢查了一下，吩咐我繼續擦碘甘油，半個月後再去。

我每次對著鏡子，用喉頭棉棒自己擦藥水，慢慢我發現那個黃色的膿頭逐漸大了一點，好像要穿透出那薄薄的粘膜似的。

半個月的時間又很快地過去了，當我第三次坐上醫療椅的時候。張開口腔，讓他看了一下，蘇醫生一邊擦了藥水，一邊說：「現在就可以把這膿頭取出來了，這個小手術，不會很痛，口張大，忍住一點，不要動。」說著，他用一把小手術刀，開始動手術，我只覺得刀口在那腫瘤上輕輕劃了兩三下，接著他又用棉棒一擠，拿了出來，那乾棉棒上沾了些黃色的膿液，還有一小粒膿頭。他又用新棉棒又擠一下。「擠乾淨了。」又擦過藥水，說，「好了，吃一天消炎片，明天再來看看吧！」

第二天，我又去了一趟蘇耳鼻喉科。他看了一下說：「膿完全擠出來了，這個瘤雖然不能完全消失，但它會慢慢小下去，就不會影響你的睡眠了。」

「大夫，這叫什麼病？」

「膿栓。」

這是幾年前的一段往事。

其實，那個朱紅的小瘤還在我的喉頭左邊的扁桃腺上，不過小了一點，只是經過蘇醫師這一次治療，在我心裏已經不感覺它存在了，好像它眞的就是我扁桃腺上天生的一部分了。

（世界日報）

方祖燊先生著作年表

一九五二至一九六二 《古今文選》精裝本四集，（十六開本，二〇六四頁）與梁容若、齊鐵恨、鍾露昇編註語譯，臺北國語日報社出版。其中約一百萬字爲方氏工作的成果。

一九五七 《怎樣作文》（適合初中學生）臺北中南書局出版。

一九六一 《國音常用字典》，與那宗訓等五人合纂，臺北復興書局出版，爲臺灣第一部小學生用的精確的國音字典。

一九六二至一九六九 《古今文選續編》精裝本二集（十六開本，一〇二四頁）方祖燊、鍾露昇主編，臺北國語日報社出版。

一九六七 《漢詩研究》（學術論文集，二十五開本，三二〇頁）臺北正中書局出版。

一九七〇 《散文結構》，與邱燮友合著，專談寫作散文的技巧與原理。臺北蘭臺書局出版，後改由福記文化圖書公司出版。

一九七一《成語典》（二十五開本，一三四〇頁）與繆天華等七人合纂，臺北復興書局出版。

一九七一《陶潛詩箋註校證論評》（二十五開本，三四七頁。高明教授贊爲光輝四射的大著），臺北蘭臺書局出版。一九八八年改由臺北臺灣書局出版。

一九七二《六十年來之國語運動簡史》（歷史專著），收於《六十年來之國學》二中，臺北正中書局出版。

一九七三《魏晉時代詩人與詩歌》（文學史），臺北蘭臺書局出版。

一九七八《陶淵明》（評傳，二十五開本，二七〇頁），臺北河洛出版社出版。一九八二年改由臺北國家出版社出版（三十二開本）；一九九五年重新排版（恢復二十五開本）。

一九七八《中國文學家故事》（文學傳記），與李鍌、邱燮友合著，臺北中央文物供應社出版。

一九七九《春雨中的鳥聲》（散文雜文集，三十二開本，一九五頁），臺北益智書局出版。

一九七九《中國少年》（少年勵志讀物），臺北幼獅文化事業公司出版。

一九八〇　《三湘漁父——宋教仁傳》（文學傳記，二十五開本，五一二頁），描寫肇造中華民國的可歌可泣的革命先烈的事蹟，臺北近代中國出版社出版。
一九八一　《中國文化的內涵》（文化史），與黃麗貞、李鍌合著，收在《中華民國文化發展史》中，臺北近代中國出版社出版。
一九八二　《國立臺灣師範大學四十暨四十一級級友畢業三十年紀念專刊》，（十六開銅版紙彩色本，三八九頁），方祖燊主編，師大紀念專刊委員會出版。
一九八三　《散文的創作鑑賞與批評》（散文寫作理論），臺北中央文物供應社出版。
一九八六　《大辭典》（十六開本，六一九〇頁，一千六百萬字），與邱燮友、黃麗貞等數十人合纂，臺北三民書局出版，是臺灣出版界所出版的最大最完善的一部辭典。
一九八六　《說夢》（爲方祖燊、黃麗貞伉儷的散文合集），臺北文豪出版社出版。
一九八六　《幸福的女人》（爲方祖燊、黃麗貞伉儷的短篇小說合集），以黃麗貞爲主，臺北文豪出版社出版。

一九八九　《談詩錄》（評論古典詩人與詩歌，二十五開本，二一五頁），臺北東大圖書公司出版。

一九九〇　《生活藝術》（雜文集，二十五開本，二九五頁，論介臺灣人的生活與社會的情況，並寄以理想），臺北臺灣書店出版。

一九九一　《現代中國語文》十二冊（香港小學語文課本的範文），與兒童文學作家香港的阿濃、大陸的蔡玉明、關夕芝合撰，香港現代教育研究社有限公司出版。

一九九五　《小說結構》（十八開本，約七百頁，六十多萬字），內容包括中國小說的歷史、西方小說流派、小說的寫作理論、範例評析與中外小說年表等等，臺北東大圖書公司出版。

一九九五　《教育家的智慧》（劉眞先生語粹），劉眞著，方祖燊輯，臺北遠流出版社出版。

一九九六　《方祖燊全集・論文第一集》（人物、雜論、教育。二十五開本，二三九頁），臺北文史哲出版社出版。

一九九六　《方祖燊全集・論文第二集》（語法、文藝文學、國語運動歷史。二十五開本，二四三頁），臺北文史哲出版社出版。

一九九六　《方祖燊全集·樂府詩解題》（漢朝、魏晉至宋齊。二十五開本，二四一頁），臺北文史哲出版社出版。

一九九六　《方祖燊全集·中國文化史》（二十五開本，三六六頁），與李鍌、黃麗貞合著，臺北文史哲出版社出版。

一九九七　《中國寓言故事》（寓言新編，加中英文註釋例句，外國人士學習中國語文教材），國立編譯館約撰，與黃迺毓合著。臺北正中書局出版。

一九九八　《玄空師父開示錄—萬般由心》方祖燊改作。一月，財團法人行天宮文教基金會編著出版。六月，改由遠流出版公司出版。

一九九九　《當代名人書札》劉眞先生珍存、方祖燊編述。臺北正中書局出版。精印十六開本。

一九九九　《方祖燊全集·中短篇小說選集》，386頁，收傳奇小說、歷史小說、報告小說（殲癌日記）、私小說，共二十七篇。臺北文史哲出版社出版。

一九九九　《方祖燊全集·散文雜文、兒童文學、詩歌戲劇選集》臺北文史哲出版社出版。

一九九九《方祖燊全集・漢詩、建安詩、魏晉詩》，臺北文史哲出版社出版。
一九九九《方祖燊全集・宋教仁傳》增訂本，臺北文史哲出版社出版。
一九九九《方祖燊全集・文學批評與評論集上編》，臺北文史哲出版社出版。
一九九九《方祖燊全集・文學批評與評論集下編》，臺北文史哲出版社出版。
一九九九《方祖燊全集・散文理論叢集》，包括《中國散文簡史與散文類型》、《散文結構》與《散文的創作鑑賞與批評》三本論集。臺北文史哲出版社出版。
一九九九《方祖燊全集・飛鴻雪泥集》專收方祖燊已出版但未收入全集中的著作，包括書名、序文目錄、論介文字、出版年代與書局，及方祖燊〈梁容若老師傳〉、方祖燊的〈黃麗貞《實用修辭學》序〉等數十篇文章。
一九九九《方祖燊全集・方祖燊自傳》，臺北文史哲出版社出版。
另有《詩》（論析中國詩歌，並附註文，中英對譯，陳鵬翔等教授英譯），世界華文協進會主編。（尚未出版）。